Christian Strasser, Susanne Rolinek, Gerald Lehner

IM SCHATTEN VON HITLERS „ALPENFESTUNG"

Reiseführer durch die braune Topografie

SALZKAMMERGUT

Czernin Verlag, Wien

Gedruckt mit Unterstützung des Landes Oberösterreich,
des Nationalfonds der Republik Österreich für Opfer des Nationalsozialismus,
des Zukunfsfonds der Republik Österreich
und der Stadt Wien, Kultur

Strasser, Christian; Rolinek, Susanne; Lehner, Gerald: Im Schatten von Hitlers „Alpenfestung". Reiseführer durch die braune Topografie Salzkammergut/ Christian Strasser, Susanne Rolinek, Gerald Lehner
ISBN: 978-3-7076-0837-3

Coverbild: Bundesdenkmalamt Wien
Lektorat: Joe Rabl
ISBN: 978-3-7076-0837-3

INHALT

Steiermark

Salzburg

IM SCHATTEN VON HITLERS „ALPENFESTUNG“

Dieser Reiseführer steht in der „Im Schatten"-Reihe – „Im Schatten der Mozartkugel. Reiseführer durch die braune Topografie von Salzburg" (2009), „Im Schatten von Hitlers Heimat. Reiseführer durch die brauen Topografie von Oberösterreich" (2010) sowie „Im Schatten der Ringstraße. Reiseführer durch die braune Topografie von Wien" (2015) – und fokussiert im Jahr der „Kulturhauptstadt Europas Bad Ischl Salzkammergut 2024" auf die brüchige Vergangenheit und Gegenwart des Salzkammerguts.

Das Salzkammergut, eine der weltweit schönsten und bekanntesten Berg- und Kulturregionen, wurde in nationalsozialistischer Zeit – und auch davor – zum Brennpunkt vieler Gegensätze, die der neue Reiseführer zugänglich macht.

Durch ihren Salzreichtum schon in vorrömischer Eisenzeit (Hallstattkultur) von überregionaler Bedeutung, stieg die Region seit Beginn des 19. Jahrhunderts zur beliebten Sommerfrische der österreichischen Kaiserfamilie, des Adels und wohlhabenden Bürgertums auf. Die Stadt Bad Ischl vermarktet noch heute Kaiserkult, Sisi-Romantik und Lehár-Operettenseligkeit. Zugleich hat das Salzkammergut eine lange sozialdemokratische (und etwas kürzere kommunistische) sowie widerständige Tradition.

Bereits vor dem „Anschluss" an das Deutsche Reich herrschte in Österreich eine austrofaschistische Diktatur, die vom christlichsozialen Bundeskanzler Dollfuß als diktatorischer Gegenentwurf zum Nationalsozialismus aufgebaut worden war. Politische Spannungen und bewaffnete Konflikte in dieser Zeit – der Februaraufstand 1934 von Teilen der Sozialdemokratie gegen das Vorgehen des austrofaschistischen Regimes einerseits sowie der nationalsozialistische „Juliputsch" 1934 zur Etablierung einer NS-Diktatur andererseits – betrafen auch das Salzkammergut.

In der NS-Zeit folgten im Salzkammergut aggressive „Arisierungen", Vertreibung und Auslöschung von Jüdinnen und Juden, Kunstraub, Entziehung von Vermögen in großem Stil für die Ziele der NS-Kriegswirtschaft, Verfolgung von Menschen mit anderer politischer Ausrichtung, Behinderungen, unerwünschter ethnischer oder religiöser Zugehörigkeit und sexueller Orientierung sowie tausendfaches Sterben in Konzentrations- und Zwangsarbeitslagern. Zugleich gab es massentouristische „Kraft durch Freude"-Fahrten und unzählige Mütter-, Kinder- und Flüchtlingsheime für Angehörige des „deutschen Volkes".

1945 war die Region einer der letzten Kampfplätze des „Dritten Reiches". Hitlers sogenannte „Alpenfestung" war jedoch nur eine Propagandalüge zur Abschreckung der Alliierten. Statt auf uneinnehmbare Bollwerke stießen die US-Truppen bei der Befreiung auf Zwangsarbeits- und Konzentrationslager, auf Stollen und Bergwerke, in denen NS-Raubkunst lagerte, und auf eine Widerstandsbewegung gegen das NS-Regime, die in ihrer Dimension eine Ausnahmeerscheinung in Österreich darstellte. Erstmals liegt in diesem Buch auch ein Fokus auf alliierten Flieger-Crews, die für Österreichs Befreiung ihr Leben ließen, in Kapiteln, die sich mit Abschüssen, Abstürzen und Bruchlandungen von (meist sehr jungen) Männern der United States Army Air Forces (USAAF) und der britischen Royal Air Force (RAF) befassen.

In der Nachkriegszeit überdeckten „Wirtschaftswunder" und Massentourismus all diese Verwerfungen. Doch NS-Ideologie, Faschismus und deutschvölkisches, rechtes Gedankengut waren 1945 nicht plötzlich verschwunden, sie lebten fort – rechtsextreme und rechte Gruppierungen sowie Parteien halten diese Ideologien bis heute am Leben, auch dazu gibt es im Salzkammergut einige irritierende Beispiele.

Die Schönheiten des Salzkammergutes können heute nicht ohne diese oft sehr unbequemen Themen gedacht werden. Gerade im Jahr der Europäischen Kulturhauptstadt 2024, wenn internationales Publikum auf Bad Ischl und seine Umgebung blickt, dürfen die historischen Verstrickungen und Auswirkungen der nationalsozialistischen Verbrechen nicht unerwähnt bleiben, denn sie wirken bis heute nach.

GEBRAUCHSANLEITUNG

Dieser Reiseführer erhebt nicht den Anspruch auf thematische Vollständigkeit, sondern auf thematische Vielfältigkeit. Auf den Übersichtskarten finden sich die Nummern zu den Reisezielen und Erinnerungsorten. Zu jedem Reiseziel/Erinnerungsort gibt es Reiseinformationen (Adresse). Darüber hinaus werden kurz die touristischen Highlights der jeweiligen Gegend beschrieben und Hinweise zu verwendeter bzw. weiterführerender Literatur und Websites angeführt. Für den Inhalt der Texte zu den einzelnen Reisezielen/Erinnerungsorten sind die jeweiligen Autor:innen verantwortlich, die Texte sind am Ende mit dem Namenskürzel versehen (gl, sr, cs).

1 KAISERVILLA BAD ISCHL

Eingang zum Haupthaus der „Kaiservilla" in Bad Ischl.
Bild: Gerald Lehner

Reise
Die „Kaiservilla" ist vom Zentrum in wenigen Minuten zu Fuß erreichbar – auf dem linken Ufer des Ischlbaches unweit der Mündung in die Traun. Adresse: Jainzen 38, 4820 Bad Ischl

Gegend
Die Umgebung eignet sich als Naherholungsgebiet und für kurze Wanderungen perfekt. Vom Jainzenberg prachtvoller Blick über das Ischler Becken, zum Berg Katrin und nach Süden in Richtung Bad Goisern und Dachsteingebiet.

DER ALTE KRIEGSTREIBER UND TOTENGRÄBER

An der Entstehung des Ersten Weltkrieges mit 17 Millionen Toten war Österreichs Kaiser Franz Joseph I. maßgeblich beteiligt. Und da wären noch der Zweite Weltkrieg und der Holocaust – mit ca. 80 Millionen Toten. Fachleute sagen, diese Apokalypse hätte es nicht gegeben ohne den Ersten Weltkrieg. Der Monarch jedenfalls unterschrieb am 28. Juli 1914 in der „Kaiservilla" in Bad Ischl seine Kriegserklärung „An meine Völker!". Danach begann das große Sterben.

110 Jahre nach der Kriegserklärung präsentieren die Kurverwaltung Bad Ischl und die örtliche Tourismuswerbung ihr Festprogramm für ihr EU-Kulturhauptstadtjahr 2024: Der „Kaiserin Elisabeth Damensattelritt" wird darin als Programmpunkt aufgelistet; dazu kommen „Kaiserschmarrn-Anekdoten aus der k&k Zeit", die „Foto-Audienz mit dem Kaiserpaar", das „Kaiserfest der Bürgermusikkapelle", die Ausstellung „Die Habsburger in Ischl", die Ankunft des „Kaiserzuges", der „Festakt des Nostalgievereins", der „Kaiserflohmarkt", der „Abmarsch der Traditionsverbände zur katholischen Pfarrkirche", die „Kaisermesse und im Anschluss der Empfang vor der Kaiservilla", die Sonderführung durch die Ausstellung „Auf den Spuren von Sisi und Franz" sowie der „Kaiserbummel" im Stadtzentrum.

Solche und ähnliche Veranstaltungen gibt es in der Europäischen Kulturhauptstadt des Jahres 2024 seit Jahrzehnten. Alljährlicher Höhepunkt ist dabei der 18. August, an dem der Geburtstag von Franz Joseph I. groß gefeiert wird. Es nehmen zahlreiche Monarchisten aus dem In- und Ausland teil, unter den Augen von Tausenden Touristen, die extra anreisen. Dazu schrieb der Journalist Edmund Brandner in den „Oberösterreichischen Nachrichten" schon vor Jahren, die Bad Ischler hätten ihre „Marotten". Und deshalb würden sie im übrigen Salzkammergut (und darüber hinaus) „gerne als Kaiserscheißer verunglimpft". Eine

Franz Joseph I. auf einem Aquarell von Josef Schuster (1910). Der Balkon gehört zu seinem Arbeitszimmer, in dem er 1914 die Kriegserklärung unterschrieb. Laut Gemäldetext beobachtet der Kaiser vor dem Aufbruch zur Jagd das Wetter auf dem Dachstein. Bild: Gerald Lehner

dieser Marotten ist die unkritische, verherrlichende Beziehung zu „ihrem" Kaiser Franz Joseph.

„Kriegserklärung unvermeidlich"

Bereits 1848, zu Beginn seiner Regentschaft, hatte der junge Herrscher gespürt, dass es seine wesentliche Lebensaufgabe werden würde, die vielen Völker seines Reiches zusammenzuhalten. Ab 1908 intensivierte Franz Joseph mit der Annexion von Bosnien und Herzegowina dann seine imperialistischen Bestrebungen auf dem Balkan, die zum Ersten Weltkrieg sechs Jahre später beitrugen. 1914, nach dem Mord an seinem Thronfolger und Neffen Franz Ferdinand in Sarajevo, entschied sich der Kaiser in der sogenannten „Julikrise" zu einem äußerst harten Kurs gegen Serbien. Dieses hatte mit dem Zaren in Russland einen starken Verbündeten. Franz Joseph folgte kriegslüsternen Militärs, Politikern und Journalisten in den eigenen Reihen und hielt die in Bad Ischl unterschriebene Kriegserklärung für „unvermeidlich".

Im Sommer 1914 hatte es noch Warnungen aus den eigenen Reihen gegeben, sein Ultimatum an Serbien würde einen europäischen Krieg auslösen. Darauf hatte der Kaiser geantwortet: „Gewiss, Russland kann diese Note unmöglich akzeptieren." Der

Bad Ischl am Zusammenfluss der Traun und des Ischlbaches. Es gibt hier ca. 14.000 Einwohner, dazu viele Kur-, Kultur- und Feriengäste, Winter- und Bergsportbegeisterte. Blick nach Westen in Richtung Wolfgangsee und den Salzburger Teil des Salzkammergutes.
Flugbild: Gerald Lehner

österreichische Historiker Manfried Rauchensteiner – der lange das Heeresgeschichtliche Museum in Wien leitete – ist überzeugt, dass Franz Joseph ganz bewusst schon länger auf einen Krieg zusteuerte. Auch sein Thronfolger und Neffe Franz Ferdinand sei im Grunde kein Kriegsgegner, kein politischer Erneuerer und keine kommende Reformkraft gewesen, wie manche Historiker betonen.

Schon 2011 bestritten Verena Moritz und Hannes Leidinger in ihrer Studie „Der Erste Weltkrieg" das zwei Jahre später von dem Australier Christopher Clark auf fast tausend Seiten beschriebene Szenario, wonach alle europäischen Großmächte eine Mitschuld am Ausbruch des Ersten Weltkrieges tragen würden. Auch ihre Kollegin Brigitte Hamann wandte sich in ihrem Standardwerk „Wahrheit und Lüge in Bildern und Texten" gegen Darstellungen, die für Franz Joseph und seine Regierung entlastend wirkten. Gegenwärtig ist die österreichische akademische Forschung mit großer Mehrheit der Auffassung, dass die Hauptverantwortung sehr wohl das habsburgische Kaiserhaus treffe.

Gedenkkirche von Solferino: kleiner Teil des Beinhauses – mit Unmengen von Schädeln aus der Schlacht vom 24. Juni 1859. Viele sehen diesen Tag nach der Schlacht bei Magenta (4. Juni) als zweiten Sündenfall des jungen Franz Joseph I. Es folgte wenig später noch das Blutbad von Königgrätz.
Bild: Gerald Lehner

Systematische Verbrechen der österreichischen Armee

Zudem fand der Erste Weltkrieg laut Historiker Rauchensteiner u. a. auch in Afrika und Asien statt, und zwar mit österreichischer Beteiligung. Und allein der fürchterliche Stellungskrieg gegen Russland in den Karpaten des südöstlichen Polen habe zwischen Jänner und April 1915 rund 800.000 Tote, Vermisste, Schwerverwundete und Gefangene allein auf österreichischer Seite gebracht. Die Armeen des Kaisers hätten außerdem systematisch und massiv gegen die Haager Landkriegsordnung verstoßen, auch bei der Behandlung von Kriegsgefangenen. Hinzu kamen unzählige Kriegsverbrechen der k. u. k. Armee an der Zivilbevölkerung.

Nichts, was einen noch überraschen könnte, wenn man einen kritischen Blick auf die Regierungszeit von Franz Joseph wirft. Seine frühen Kriege und imperialistischen Irrwege als junger Mann, mit denen er die Sehnsucht seiner Untertanen nach mehr Freiheit und Demokratisierung quittierte, sollten sogar – ohne, dass er es geahnt hätte – zur Gründung des Internationalen Roten Kreuzes führen. Freiheitskämpfer und Nationalisten in den norditalienischen Provinzen bereiteten Ende der 1850er-Jahre einen Aufstand vor – unter Federführung des Königreiches Sardinien-Piemont mit Unterstützung aus Frankreich. Also fiel der 28-jährige Franz Joseph im Piemont ein. Es folgten mehrere Niederlagen der Österreicher bei verschiedenen Schlachten. Die mit Abstand größten Blutbäder sollte der Frühsommer 1859 bringen. Am 4. Juni verheizte die kaiserliche Armee bei Magenta anlässlich einer weiteren kapitalen Niederlage mehr als 10.000 ihrer Männer. Bestätigt sind 1.400 Tote, 4.500 gelten bis heute als vermisst, die übrigen waren Verwundete und Verstümmelte. Auf der italienischen Gegenseite starben 707 Soldaten, 655 wurden vermisst.

Verdrängtes, verschwiegenes Blutbad von Solferino

Wenig später, am 24. Juni 1859, folgte die berüchtigte Schlacht von Solferino am Südrand des Gardasees. Weil General Ferenc Graf Gyulay das österreichisch-ungarische Heer zuvor schon bei Magenta ins Desaster geführt hatte, rückte nun der Kaiser aus Wien höchstpersönlich an. Die Schlacht besiegelte die Niederlage der Habsburger und ihre endgültige Vertreibung aus der Region. Der mit Solferino und Franz Joseph verbundene Blutzoll, das sinnlose Abschlachten von Zehntausenden, wird beim alljährlich im Sommer zu Hochform auflaufenden Kaiserkult in Bad Ischl wohlweislich ignoriert: 29.000 Tote, Vermisste und Verwundete auf beiden Seiten.

Die Grausamkeit dieser Schlacht und die Hilflosigkeit der Verletzten motivierten Henry Dunant, der das Schlachtfeld kurz nach dem Gemetzel privat besuchte, zu seinem berühmten Buch „Eine Erinnerung an Solferino". Dieses führte zur Gründung des Roten Kreuzes und zur Vereinbarung der ersten Genfer Konvention

Inkompetenz, Ignoranz und Machtgier von Franz Joseph I. gingen der Initiative dieses Humanisten voraus: Henry Dunant – das Denkmal in Solferino für den Gründer des Internationalen Roten Kreuzes. Der Schweizer besuchte 1859 kurz nach dem Blutbad das Schlachtfeld. Die Schicksale der Überlebenden und Toten prägten ihn für immer. Den Ersten Weltkrieg musste er nicht mehr miterleben.

Bild: Gerald Lehner

von 1863. Dunants mutiger Beitrag für die Humanisierung einer barbarisch geführten Menschheit kann nicht hoch genug bewertet werden.

Wer heute die Gedenkstätte für die Toten in Solferino besucht, kann sich angesichts ihrer Gestaltung vom Militarismus und Nationalismus beteiligter Mächte überzeugen. Niederschmetternd sind die viersprachigen Gedenktafeln in der riesigen Kapelle, in der die Gebeine und Schädel von tausenden Gefallenen beider Seiten ausgestellt sind. Im Kampf von 1859 seien diese Männer noch Feinde gewesen, nun im Tod seien sie aber „Brüder", heißt es da. Falsch. Sie waren schon immer Brüder, diese Bauern- und Arbeitersöhne aus vielen Regionen der Donaumonarchie, Italiens und Frankreichs. Sie mussten sich für ihre Regierungen – konservative Adelsgespenster auf der einen und revolutionäre Nationalisten auf der anderen Seite – gegenseitig abschlachten und verstümmeln.

In den Erinnerungskulturen nördlich der Alpen spielt das kleine Dorf unweit des Gardasees heute keine Rolle mehr. Die Geschichte des Roten Kreuzes von Henry Dunant wird an österreichischen und deutschen Schulen wohl gelehrt, aber so, dass der Zusammenhang mit dem habsburgischen Kaiserhaus heruntergespielt oder gar verschwiegen wird. Und diese Schlacht hatte Franz Joseph keineswegs davon „geheilt“, junge Männer weiterhin in großen Stückzahlen als Kanonenfutter zu verheizen – wenn es um territoriale Zugewinne ging.

Inferno bei Königgrätz

1866 ließ sich der Kaiser auf einen harten Konflikt mit dem Königreich Preußen ein. Das Reich der Habsburger war nach den Napoleonischen Kriegen ein Teil des Deutschen Bundes geworden, in dem die vielen deutschen Fürstentümer organisiert waren. Der Bund löste das seit dem Mittelalter bestehende „Heilige Römische Reich Deutscher Nation“ ab.

In dieser neuen Friedensordnung sollten Preußen und Österreich gemeinsam die Gebiete Schleswig und Holstein in Norddeutschland verwalten. Dabei entstand ein Konkurrenzkampf um die Vorherrschaft. Menschenleben zählten dabei nichts. Der preußische König Wilhelm I. und sein Kanzler Otto von Bismarck ließen Holstein besetzen, daraufhin machte Franz Joseph seine eigene Armee mobil. Preußen trat aus dem Deutschen Bund aus und erklärte am 19. Juni 1866 den Österreichern den Krieg. Für die Truppen von Franz Joseph unter Ludwig von Benedek wurde die folgende Schlacht bei Königgrätz in Nordböhmen wieder ein unbeschreibliches Desaster: 20.643 Tote, Vermisste und Verwundete, dazu 22.170 Gefangene. Preußen hatte „nur“ 9.153 Tote zu beklagen. Als der Kaiser in Wien vom Resultat erfuhr, schimpfte er über seinen Feldherrn: „Benedek, der Trottel.“

Der bis heute in Bad Ischl und ganz Österreich als gütige Vaterfigur verherrlichte Kaiser war in Wirklichkeit eine zwiespältige und tragische Gestalt. Er zelebrierte seinen Neoabsolutismus weiterhin mit großem Starrsinn. Bei Franz Joseph paarte sich dieses historische Erbe mit schweren persönlichen Schicksalsschlägen, die sein ganzes Leben überschatteten. Es begann mit seinem ersten Kind Sophie, die 1857 mit nur zwei Jahren an Typhus verstarb. Ein Jahrzehnt später wurde sein Bruder Maximilian als Beherrscher von Mexiko von republikanischen Freiheitskämpfern gefangen genommen und hingerichtet. 1889 musste Franz Joseph den Suizid seines Sohnes und ersten Thronfolgers Rudolf verschmerzen, den er wegen seiner

Modernisierungstendenzen politisch ohnehin nicht schätzte. Und 1898 erstach ein italienischer Anarchist die Kaiserin Elisabeth („Sisi") am Genfer See mit einer Feile. Diese hatte sich nach der Eheschließung (1854) über Jahrzehnte vom Wiener Hof möglichst ferngehalten. Der „Franzl" und sein Umfeld gingen der Naturfreundin auf die Nerven. Die Habsburger bezeichnete die gebürtige Wittelsbacherin aus Bayern zum Beispiel als „verkommene Brut".

Für den finalen Höhepunkt der familiären Tragödien sorgte der serbische Nationalist Gavrilo Princip, als er am 28. Juni 1914 den zweiten Thronfolger Franz Ferdinand – den jungen Neffen des Kaisers – und dessen Frau in Sarajevo erschoss. Darauf folgte Österreichs Kriegserklärung an Serbien in Bad Ischl, die den Untergang des Habsburgerreiches einläutete. Eine bemerkenswerte Bilanz zog der österreichische Psychiater und Suizidforscher Erwin Ringel (1921–1994). Franz Joseph sei „mit der zwangsneurotischen Pedanterie einer Maschine" an seinem Schreibtisch gesessen: „Der Mann wurde schon in seiner Kindheit durch seine Mutter und die Erziehung vernichtet. Er hat in den 68 Jahren seiner Regierungszeit keine einzige konstruktive Idee gehabt." (gl)

➠ ZWEITER REGIERUNGSSITZ NEBEN WIEN

Zentrale Kultstätte für Fans der Habsburger aus aller Welt ist die „Kaiservilla" in Bad Ischl. Sie diente Franz Joseph I. neben Wien seit den 1850er-Jahren als zweiter Regierungssitz. Hier verbrachte er auch fast jedes Jahr die Sommerferien.

Die Liebe des Kaisers zu Bad Ischl ging schon auf seine Kindheit zurück, als er mit seinen Eltern hier zur Sommerfrische weilte. Auch sein Faible für die Jagd zog ihn immer wieder in die Gegend. Oft war er bei der Pirsch auf Rotwild und Gämsen mit lokalen Führern unterwegs, teils sehr einfachen Menschen. Bevorzugt wurden das Höllengebirge und die Ausläufer des Toten Gebirges. Besonders liebte er im Sommer die frühmorgendliche „Drückjagd" auf dem nahen Jainzenberg.

Ursprünglich war die Ischler „Kaiservilla" ein eher einfaches Haus im Stil des Biedermeier, das sich der Wiener Notar und Kurgast Josef August Eltz 1834 am Fuß des Jainzenberges erbauen ließ. 1853 kaufte es Erzherzogin Sophie als Hochzeitsgeschenk für ihren Sohn Franz Joseph und seine bayerische Braut Elisabeth („Sisi"). In den folgenden Jahren wurde das Anwesen im klassizistischen Stil erweitert. Es kamen im Auftrag von Franz Joseph zwei Seitenflügel dazu. Aus der Vogelschau bekam die Villa dadurch die Form eines E, was zur Legendenbildung führte, es sei die Hommage an Kaiserin Elisabeth („Sisi"). Den bis heute existierenden Englischen Garten, der die Villa umgibt, ließ der Wiener Hofgärtner Franz Rauch anlegen, ebenso das sogenannte „Marmorschlössl", ein komfortables Gartenhaus. Es diente der Kaiserin in späteren Jahren als Rückzugsort, als sie schon längst nicht mehr mit dem starrsinnigen Familien- und Reichsoberhaupt das Bett teilen wollte.

Der Monarch verlegte jeden Sommer große Teile seines Wiener Hofstaats ins Salzkammergut, die alle in der Umgebung der „Kaiservilla" untergebracht werden mussten, unter anderen der Generaladjutant mit seinen Helfern, ein eigener Pfarrer und der Leibarzt. Auch die Töchter und Erzherzoginnen Gisela und Valerie kamen regelmäßig. Sie wohnten mit ihren Familien in der „Griesvilla" am rechten Ufer der Traun.

Heutiger Eigentümer der „Kaiservilla" ist Markus Emanuel Habsburg-Lothringen, über seine Großmutter Valerie ein Urenkel von Franz Joseph I. und Kaiserin „Sisi". Das ganze Ensemble steht unter Denkmalschutz der Republik Österreich. Der Englische Garten ist im Originalzustand erhalten. 2015 fand hier die Oberösterreichische Landesgartenschau statt. „Kaiservilla" und Park sind im Sommer und teils auch in den Wintermonaten öffentlich zugänglich.

Literatur:

Christopher Clark: Die Schlafwandler. Wie Europa in den Ersten Weltkrieg zog. München 2013.

Brigitte Hamann: Hitlers Wien. Lehrjahre eines Diktators. München 1998.

Brigitte Hamann: Kronprinz Rudolf. Ein Leben. München 2006.

Hannes Leidinger, Verena Moritz, Berndt Schippler: Schwarzbuch der Habsburger. Wien 2003.

Herfried Münkler: Der große Krieg. 1914–1918. Hamburg 2015.

Manfried Rauchensteiner: Der Erste Weltkrieg und das Ende der Habsburger-Monarchie. Wien 2013.

Web:

kaiservilla.at

imschatten.org/salzkammergut

Das Kaiser-Jagdstandbild in der Kaltenbachau wurde 1910 anlässlich des 80. Geburtstags Kaiser Franz Josephs eingeweiht. Während der NS-Zeit diente es den Angehörigen der Widerstandsgruppen als heimlicher Treffpunkt.
Bild: Susanne Rolinek

Reise

Kaiser-Jagdstandbild, Soleleitungsweg, Kaltenbachau, 4820 Bad Ischl

Gegend

Die Kaltenbachau in Bad Ischl befindet sich abseits des Stadtzentrums. Auf dem Soleleitungsweg oder der parallel verlaufenden Straße entweder in Richtung Stadtzentrum oder in Richtung Lauffen zur nah gelegenen Villa Blumenthal. Diese wurde als „Urahnin" des Fertigteilhauses 1893 aus Pechkiefer gefertigt und bei der Weltausstellung in Chicago gezeigt, zerlegt und 1895 von Eigentümer Oskar Blumenthal in der Kaltenbachau neu aufgebaut. Weiter nach Lauffen. Das einstige bedeutende Zentrum des Inneren Salzkammerguts versprüht morbiden Charme. Hier Elisabeth-Hospiz (ehemaliges Salzfertigerhaus) und oberhalb von Lauffen zu den Schautafeln und Gedenksteinen bei den teilweise noch vorhandenen Bauten und Stollen des ehemaligen Ischler Salzbergwerks in Perneck/Lauffen. Ausflug zur Hoisenradalm (ehemaliger Treffpunkt kommunistischer Widerstandszellen im Austrofaschismus), Rettenbachtal und Rettenbachalm (Richtung Blaa-Alm als Ausgangspunkt für die Wanderung zum NS-Widerstandsstützpunkt „Igel"). Direkt in der Kaltenbachau Talstation der Katrin-Seilbahn, oberhalb der Talstation Burgruine Wildenstein. Breites Angebot an Rad-, Wander-, Berg-, Kletter-, Mountainbike-, Skilanglauf-, Schneeschuh- und Skitouren rund um Bad Ischl im Toten Gebirge, Höllen- und Katergebirge.

MUTIGE FRAUEN UND MÄNNER IM WIDERSTAND

Die Widerstandsbewegung gegen die NS-Diktatur im Inneren Salzkammergut stellt in ihrer Dimension eine Ausnahmeerscheinung dar. Der Kreis der Aktivistinnen und Aktivisten sowie Unterstützenden umfasste gegen Ende des Zweiten Weltkriegs rund 500 bis 600 Personen. Ziel war die Schwächung der deutschen Wehrmacht und damit eine Verkürzung des Krieges sowie der nationalsozialistischen Gewaltherrschaft. Die Männer, Frauen und sogar Jugendlichen versteckten Deserteure, übermittelten Nachrichten, beschafften Lebensmittel, Medikamente, Sprengstoff und Waffen, informierten die Bevölkerung über die Kriegslage und hielten politische Schulungen ab.

Beim Kaiser-Jagdstandbild in der Kaltenbachau tauschten Angehörige der Widerstandsgruppen Informationen aus und hielten das Netzwerk und die Aktivitäten der über die ganze Region verstreuten Widerstandszellen am Laufen. Es ist kein Zufall, dass sich gerade im Inneren Salzkammergut Widerstand gegen das NS-Regime formierte. Protest und Rebellion fielen hier auf fruchtbaren Boden. Seit dem Mittelalter war das Salzkammergut durch seine Bedeutung im Salzbergbau und Salinenwesen direkt dem Landesfürsten unterstellt. Die Sonderstellung führte zu einem ausgeprägten regionalen Selbstverständnis und zu einem frühen politischen Bewusstsein der Bevölkerung. Diese Umstände sowie langjährige Erfahrung in der Konfrontation mit der Obrigkeit begünstigten ein Widerstandsverhalten. Darüber hinaus war das Salzkammergut ein verkehrsmäßig und topografisch relativ abgeschlossenes alpines Gebiet, in dem die ortsansässigen Angehörigen des Widerstands aufgrund ihrer Ortskenntnisse leichter untertauchen konnten.

Nach dem „Anschluss" waren es vor allem Kommunistinnen und Kommunisten, die den Widerstand organisierten. Sie konnten auf ein funktionierendes Informations- und Organisationsnetz

Mitglieder der Widerstandsgruppe „Willy-Fred", Karl Gitzoller (ganz rechts im Vordergrund) und Sepp Plieseis (Bildmitte, links neben Gitzoller).
Bild: Zeitgeschichte Museum Ebensee, Archiv Peter Kammerstätter

zurückgreifen. Drei Widerstandsgruppen im Inneren Salzkammergut entstanden unabhängig voneinander mit zunächst unterschiedlichen politischen Ausrichtungen und Zielsetzungen. Eine Ausseer Geheimorganisation bildete sich 1940 um den Sozialdemokraten Albrecht Gaiswinkler, den Polizisten Valentin Tarra und seine Frau Anna sowie einen Salinenbeamten. Mit der Einberufung der Mitglieder in die Wehrmacht 1943/44 und dem Verrat an die Gestapo verliefen die Aktivitäten zunächst wieder im Sand. Die zweite und wichtigste Widerstandsgruppe „Willy-Fred" wurde im November 1943 unter der Führung von Sepp Plieseis, Karl Gitzoller und Alois Straubinger, die aus Gefängnis und KZ flüchten hatten können, und den Aktivistinnen Resi Pesendorfer, Zilli Langeder und Maria Ganhör gegründet. Die dritte Gruppe, gegründet von Beschäftigten des Altausseer Salinenbetriebs, wurde erst gegen Ende des Kriegs bei der Rettung der Kunstschätze im Berg aktiv (siehe Kapitel „Raubkunst im Bergwerk").

Oberstes Ziel von „Willy-Fred" war die Schwächung der deutschen Wehrmacht, das Ende des Kriegs und die Förderung regimekritischer Einstellungen in der Bevölkerung. Angehörige der Widerstandsgruppe hörten systematisch ausländische Sender ab, trafen mit Gegnerinnen und Gegnern der NS-Diktatur Vereinbarungen, die Gruppe mit Informationen, Lebensmitteln und Medikamenten zu unterstützen, versteckten andere Widerständige und Deserteure und überredeten auf Heimaturlaub befindliche Wehrmachtssoldaten zur Desertion. Im Frühjahr 1944 bauten sie in der Nähe der Rettenbachalm den „Igel", der als Unterschlupf und Kommandozentrum für die männliche Führungsriege der Gruppe diente. Ehemalige Angehörige der Ausseer Widerstandsgruppe beteiligten sich nun auch an den Aktionen von „Willy-Fred". Marianne Feldhammer überbrachte Nachrichten an die im „Igel" Befindlichen. Resi Pesendorfer besorgte gemeinsam mit Anna Tarra Sprengstoff und Waffen, um sich im Falle einer unvermeidlichen Konfrontation mit Gestapo oder SS verteidigen zu können. Pesendorfer erinnerte sich an die oftmaligen Treffen mit anderen Widerstandskämpferinnen und -kämpfern beim Kaiser-Jagdstandbild in der Kaltenbachau: „Ja, ich musste oft ganze Nächte opfern, aber ich tat es gerne. Bei strömendem Regen hatte ich beim Kaiser-Jagdstandbild ein Treffen mit Partisanen. Um halb zwei sollte ich an Ort und Stelle sein, aber dann habe ich wieder einmal zwei Stunden umsonst gewartet."

Die Ausseer Widerstandskämpferin Marianne Feldhammer.
Bild: Zeitgeschichte Museum Ebensee, Archiv Peter Kammerstätter

Schon der Widerstandskämpfer und Historiker Peter Kammerstätter stellte fest, dass es ohne Frauen keinen Widerstand gegeben hätte. Sie trugen nicht nur das gesamte Widerstandsnetzwerk und hielten es am Laufen, sondern ergriffen

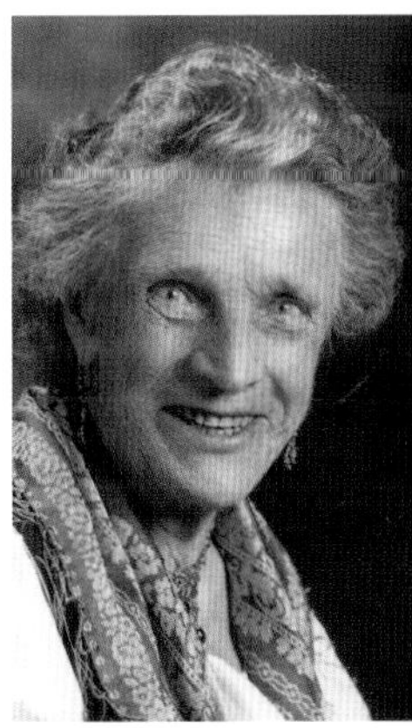

Die Ischler Widerstandskämpferin Resi Pesendorfer.
Bild: Zeitgeschichte Museum Ebensee, Archiv Peter Kammerstätter

Der Standort des „Igels“, des ehemaligen Verstecks der männlichen Führungsmitglieder des Widerstands in den Bergen zwischen Bad Ischl und dem Ausseerland, im Jahr 1995.
Bild: Zeitgeschichte Museum Ebensee

unter höchster Lebensgefahr auch vielfach selbst die Initiative. Ihr Widerstandskampf wurde aber in der auf männliche Partisanen verengten Perspektive nach 1945 vielfach ignoriert oder reduziert.

Zurück in die Jahre 1944 und 1945: Zunehmend unterstützten nun auch katholische sowie konservative Kreise und sogar enttäuschte NSDAP-Angehörige die Widerstandsgruppen. Im April 1945 sprangen Gaiswinkler, Karl Lzicar, Karl Standhartinger und Josef Hans Grafl, die zu den Briten übergelaufen waren, als Fallschirmjäger über dem Höllengebirge ab und stellten den Kontakt von „Willy-Fred“ mit den Alliierten her (siehe Kapitel „Mit Fallschirmen zur Jagd auf Goebbels“). Kurz vor der Befreiung Anfang Mai 1945 unterbrachen Widerstandskämpferinnen und -kämpfer den Nachschub für SS und Volkssturm, um die Kampfhandlungen zu verkürzen. Unmittelbar nach der Befreiung von der NS-Diktatur erhielten die Aktivistinnen und Aktivisten gegen die NS-Diktatur Schlüsselpositionen in den Gemeinden. Doch der beginnende Kalte Krieg brachte Ernüchterung. Die US-Armee war nur noch am Kampf gegen den Kommunismus und der Aufrüstung gegen die UdSSR interessiert. Zudem erhielten viele ehemalige hochrangige Nazis wieder ihre Ämter und Würden im demokratischen Österreich, während der Einfluss der ehemaligen Widerstandskämpferinnen und -kämpfer zurückgedrängt und ihr Verdienst für ein freies Österreich kaum gewürdigt wurde. Dazu kamen interne Streitigkeiten der politisch unterschiedlich positionierten Angehörigen der Widerstandsgruppen.

Dem schon erwähnten Peter Kammerstätter ist die umfassende Dokumentation des Widerstands im Salzkammergut für nachfolgende Generationen zu verdanken. 1985 drehte Ruth Beckermann einen Dokumentarfilm über den Widerstand im Salzkammergut mit dem Titel „Der Igel" und verhalf so den mutigen Frauen und Männern im Kampf gegen das NS-Regime zu mehr Bekanntheit. In den folgenden Jahren ergriffen lokale Kultur- und Geschichtsvereine Initiativen zur Erinnerung an den umfassendsten Widerstand gegen die NS-Diktatur in Österreich. Seit 2018 gibt es eine Graphic Novel von Thomas Fatzinek zu diesem Thema. Und im Rahmen der „Kulturhauptstadt Europas 2024" wurden bzw. werden einige Straßen im Salzkammergut nach Widerstandskämpferinnen und -kämpfern benannt; auch das trägt dazu bei, dass der Widerstand im Salzkammergut nicht vergessen wird. (sr)

Literatur:

Raimund Bahr (Hg): Für Führer und Vaterland – Das Salzkammergut von 1938 – 1945, St. Wolfgang 2008.

Rainer Besenbäck (Hg.): Salzkammergut – Ausseerland. Widerstand und Partisanenbewegung 1943–1945. Eine Materialsammlung von Peter Kammerstätter, Weitra 2024.

Thomas Fatzinek. Die Schönheit der Verweigerung, Wien 2018.

Elisa Frei, Martina Gugglberger, Alexandra Wachter: Widerstand und Zivilcourage. Frauen in Oberösterreich gegen das NS-Regime 1938–1945, Linz 2021.

Helmut Kalss: Widerstand im Salzkammergut. Neue Aspekte, Univ.-Diss., Graz [2]2013.

Peter Kammerstätter: Materialsammlung über die Widerstands- und Partisanenbewegung Willy-Fred im Oberen Salzkammergut-Ausseerland 1943–1945, 2 Bände, Typoskript, Linz 1978.

Wolfgang Quatember, Ulrike Felber, Susanne Rolinek: Das Salzkammergut. Seine politische Kultur in der Ersten und Zweiten Republik, Ebensee 2024.

Christian Topf: Auf den Spuren der Partisanen. Zeitgeschichtliche Wanderungen im Salzkammergut, Grünbach 2006.

Zeitgeschichte Museum Ebensee (Hg.): Widerstand im Salzkammergut. Geschichte und Erinnerung. Eine Sammlung von Zeitzeugeninterviews und Kommentaren, Ebensee 2010.

Der Igel. Ein Film von Ruth Beckermann, 1985.

3 VILLA HAENEL-PANCERA, BAD ISCHL

Das Haenel-Pancera'sche Familienmuseum beherbergt mutmaßlich Raubgegenstände aus jüdischen Villen und ist heute „geschlossen". Jahrelang wurde es als kulturelle Attraktion von Bad Ischl beworben, ohne die Herkunft der Exponate zu hinterfragen.

Bild: Christian Strasser

Reise

Villa Haenel-Pancera, Concordiastraße 3, 4820 Bad Ischl

Gegend

Bad Ischl im südlichen Teil von Oberösterreich wird als kulturelles Zentrum des Salzkammergutes bezeichnet. Es ist Kaiserstadt, Kurstadt und 2024 Kulturhauptstadt Europas. Auf dem Ischler Kulturpfad (www.kulturpfade–badischl.at) kann man virtuell und zu Fuß unter anderem auf den Spuren von berühmten Literaten, Künstlern, Musikern und historischen Persönlichkeiten wandeln.

„DER WILDE ARISEUR“: WILHELM HAENEL

Die „Arisierungen“ im Salzkammergut haben vor allem einen Namen: Wilhelm Haenel. Als mutmaßlich selbsternannter und geduldeter „Beauftragter der Partei für die Arisierung jüdischer Besitzungen für den Bezirk Bad Ischl“ verleibte er dem „Reich“ Immobilien in Serie ein.

Ein eifriger „Illegaler“ und Nationalsozialist der ersten Stunde war Haenel schon lange vor 1938. Der Zimmervermieter und Likörproduzent aus Bad Ischl wurde „mit der Bildung und Gründung reichsdeutscher Organisationen“ beauftragt und als „Vertrauensmann der NSDAP“ eingesetzt. Der aus Brandenburg stammende Ingenieur hatte eine wesentlich ältere Wiener Pianistin geehelicht, die die Villa ihres Lehrers gekauft hatte (Concordiastraße 3).

Wilhelm Haenel nutzte die antisemitischen Strömungen in der Bevölkerung und führte, vorerst ohne dazu ermächtigt zu sein, „Arisierungen“ durch, mit dem Argument, leerstehende oder nur im Sommer bewohnte Liegenschaften dürften „aus politischen, rassischen und wirtschaftlichen“ Gründen nicht brachliegen und verfallen. Im Namen der Landesregierung von Oberdonau teilte er über die Ortsgruppe der NSDAP Bad Ischl am 14.11.1938 mit: „1. Die Verkäufe jüdischer Besitzungen an Privatverkäufer sind zunächst einzustellen. Laufende Verhandlungen, bzw. deren schriftliche Niederschläge und eventl. schon erstellte Kaufverträge sind mir sofort vorzulegen.“

Nina Höllinger und Wolfgang Quatember vom Zeitgeschichte Museum Ebensee werteten jahrzehntelang unbeachtet gebliebene „Arisierungs“-Akten aus dem Keller des Stadtgemeindeamts Bad Ischl aus. Die als „unmenschlich“ zu qualifizierende Vorgangsweise des Raubpressers wurde erst nachträglich durch Verwaltungsakte legitimiert. Er bestellte mithilfe von Behörden die Besitzer von Immobilien nach Bad Ischl und zwang ihnen Kaufverträge auf, die einen Wert weit unter Schätzwert nannten. Sich selbst setzte er als Verwalter ein. Die Sparkasse Bad Ischl spielte willfährig mit. Ein Beispiel ist von der Villa Gross überliefert: Den Schätzwert von 80.000 Reichsmark reduzierte er auf ein Anbot von 16.000, wovon 9.200 als

Der selbsternannte „Ariseur" Wilhelm Walter Ernst Haenel, in Medien „Nazi-Erpresser ohne Skrupel" genannt.
Bild: Staatsarchiv München

„Sühnebeitrag" abzuziehen und die verbleibenden 6.800 auf ein Sperrkonto zu überweisen seien. Die so an sich gerafften Immobilien verhökerte er um ein Vielfaches an Private oder Partei- und Gaugliederungen weiter und behielt sich üppige Spesen ein: „Es war ungemein schwer mit der Jüdin Gross zu verhandeln und hat grosse [sic!] Mühe gekostet die Jüdin überhaupt zu einer Unterschrift bewegen zu können. Da wir aber sonst fürchten müssten, dass wir nicht mehr so billig in den Besitz dieses Hauses kommen würden, haben wir mit dieser geriebenen Jüdin gleich einen Kaufvertrag abgeschlossen."

Argumente gegen die „Verkäufer" untermauerte er mit Lügen und Drohungen mit der Gestapo oder der Einweisung in ein Konzentrationslager. Er ging sogar noch weiter: Der Familie des berühmten Librettisten Fritz Löhner-Beda – er schrieb unter anderem den Text zu Franz Lehárs „Land des Lächelns", aber auch zum „Buchenwaldlied" – drohte er, wenn sie ihr Haus, die ehemalige Schratt-Villa, nicht zu einem Bruchteil des Schätzwertes verkaufe, sei fraglich, „wie es ihrem bereits deportierten Mann im KZ weiter erginge". Löhner-Beda wurde 1942 in Auschwitz erschlagen, seine Frau in Maly Trostinec durch Gas ermordet.

Haenels Vermögensanhäufung blieb von den Nationalsozialisten nicht unbemerkt. Doch selbst jetzt schaffte er es noch, durch Lügen seine Aufdeckung zu verhindern und sich auf die geflohenen jüdischen Ex-Besitzer auszureden. Sein Handeln sei wegen deren rascher Abreise und Gefahr der „Vermögensvernichtung" geboten gewesen.

Später, durch den „Salzkammergut-Erlass", einen Sondererlass des Reichswirtschaftsministeriums vom 8. November 1939, mit dem die Vermögensverkehrsstelle jüdische Liegenschaften einziehen und veräußern konnte, wurde der Raub scheinlegitimiert. Aufgrund seines brutalen Vorgehens gewann Haenel wieder die Oberhand und wurde sogar zum „Verwaltungstreuhänder für den Verfall an das Deutsche Reich" bestellt. In Bad Ischl wurden insgesamt 98 Liegenschaften, Häuser und Hausanteile, aber auch

Das „maurische Zimmer" im Familienmuseum in Bad Ischl.
Bild: Internet

Wiesen und Wälder „arisiert". Allein 66 wurden schon in den ersten Monaten nach dem „Anschluss" den jüdischen Eigentümern entzogen. An 35 Zwangsverkäufen wirkte Wilhelm Haenel mit. Später weitete Haenel seine Tätigkeit auf Bad Aussee aus.

Haenel konnte sogar nach dem Krieg die US-Behörden täuschen, die ihn zuerst als Kriegsverbrecher anklagen wollten. Nach vierjähriger Haft wurde er lediglich als „minderbelastet" anerkannt und unter Zahlung eines Sonderbeitrags von 100,- DM an den Wiedergutmachungsfonds „ohne Nachverfahren" sofort in die Gruppe der Mitläufer eingestuft. Haenel behauptete, außer seinem Haus sei er ohne Besitz. Dabei war dieses mit Bildern und Antiquitäten so vollgestopft, dass er von Touristen jahrzehntelang Eintritt für Führungen durch das „Haenel-Pancera'sche Familienmuseum" kassieren konnte. Dass es sich dabei möglicherweise um Möbel aus geraubtem jüdischen Besitz handelte, blieb stets unerwähnt. Auch beim Lokalaugenschein des Autors im Herbst 2023 prangte an der Tür das Schild „Museum geschlossen". Eine Dame im fortgeschrittenen Alter winterte den weitläufigen Garten ein. So dämmert das Haus als Denkmal der Schande weiter vor sich hin. (cs)

Literatur:

Marie-Theres Arnbom: Die Villen in Bad Ischl. Wenn Häuser Geschichten erzählen, Wien 2017; darin: Die Villa Vockner/Pancera/Haenel, S. 158 ff.

Ingrid Nowotny: Das Haenel-Pancera Familienmuseum in Bad Ischl, in: David. Jüdische Kulturzeitschrift, 33. Jg., Nr. 129, Juni 2021, S. 40–43.

Wolfgang Quatember: „Im übrigen müssen wir es der GESTAPO überlassen ...", Protokoll der staatlich sanktionierten Beraubung und Ermordung der österreichischen Juden am Beispiel der Helene Löhner, Besitzerin der Villa Felicitas („Schratt-Villa") in Bad Ischl. Eine Dokumentation, in: Betrifft Widerstand, Zeitschrift des Zeitgeschichte Museums Ebensee, Nr. 43, S. 14.

4 VILLA FELICITAS (VILLA SCHRATT)

Einheimische NS-Funktionäre und die Gestapo pressten Helene Löhner, der Frau von Fritz Löhner-Beda, im November 1938 nach monatelangem Druck die Villa Felicitas (auch Schratt-Villa genannt) ab. Die Villa ging um 15 Prozent des tatsächlichen Werts in Besitz des Landes „Oberdonau" (Oberösterreich) über, der Erlös kam auf ein Sperrkonto, auf das die Familie Löhner-Beda keinen Zugriff mehr hatte. Bereits vor 1938 hatten einheimische Nazis Bölleranschläge auf die Villa verübt.

Bild: Susanne Rolinek

Reise

Villa Felicitas (Villa Schratt), Steinbruch 43, 4820 Bad Ischl

Gegend

Der Ortsteil Steinbruch liegt außerhalb des Stadtzentrums. Spaziergang über Ischl- und Traunuferwege ins Zentrum mit seinen Gebäuden im schrägen Kaiser-, Sisi- und Lehár-Flair (Lehár-Theater, Kurmittelhaus, Trinkhalle, Esplanade, Kaiservilla mit Marmorschlössl, Museum der Stadt, bekannte Cafés und Hotels), aber auch architektonisch interessante Sommerfrischevillen (viele während der NS-Zeit „arisiert"). Darüber hinaus vielfältiges, ganzjähriges Veranstaltungsprogramm, gerade auch in der „alternativen" Kulturszene. Friedhof Bad Ischl als letzte Ruhestätte vieler bekannter Persönlichkeiten. Alte Schmalspurlok mit Waggon der ehemaligen „Ischlerbahn" vor dem Bahnhof Bad Ischl. Der Traun entlang zum Ausflugsziel Siriuskogel. Über Waldwege zum Nussensee. Soleleitungsweg. Burgruine Wildenstein, Rettenbachtal und Rettenbachalm (Richtung Blaa-Alm als Ausgangspunkt für die Wanderung zum NS-Widerstandsstützpunkt „Igel"), vom Weißenbachtal auf die Postalm als größtes zusammenhängendes Almgebiet Österreichs (auch per Mautstraße erreichbar), hier kleines Familienskigebiet. Breites Angebot an Rad-, Wander-, Berg-, Kletter-, Mountainbike-, Skilanglauf-, Schneeschuh- und Skitouren rund um Bad Ischl im Toten Gebirge, Höllen- und Katergebirge (Katrin-Seilbahn).

DUNKLE SCHATTEN IM „LAND DES LÄCHELNS"

Bad Ischl wirbt offensiv mit dem Komponisten Franz Lehár. Es gibt ein Lehár-Museum und ein Lehár-Theater, doch Lehárs Librettist und Schlagertexter wurde lange Zeit vergessen. Der Schriftsteller Fritz Löhner-Beda war bis in die 1930er-Jahre ein Star des Genres. Er schrieb unter anderem das Libretto zur berühmten Operette „Land des Lächelns" und heute noch bekannte Schlagertexte. Löhner-Beda und seine Frau Helene verbrachten mit ihren beiden Töchtern jeden Sommer in der Ischler Villa.

Fritz Löhner-Beda wurde 1883 in Böhmen als Friedrich Löwy geboren und wuchs in Wien auf, er war sehr sportlich und erster Präsident des legendären jüdischen Sportvereins „Hakoah" Wien. Löhner-Beda verfasste in den 1920er- und 1930er-Jahren viele populäre Schlagertexte: „Dein ist mein ganzes Herz", „Ich hab mein Herz in Heidelberg verloren" oder „Ausgerechnet Bananen", und schuf für den Komponisten Franz Lehár zahlreiche Libretti. Sehr bekannt wurde Löhner-Beda mit dem Text für Lehárs Operette „Land des Lächelns". 1932 kaufte er in Bad Ischl die Villa Felicitas (ehemals Villa Schratt, benannt nach Katharina Schratt, der Gefährtin von Kaiser Franz Joseph) und schenkte sie seiner Frau Helene. Die Familie verbrachte jedes Jahr mehrere Monate in Bad Ischl, einer der beliebtesten Sommerfrischen der Zwischenkriegszeit, wo sich die kulturelle Elite Österreichs und Deutschlands erholte.

Bereits am 13. März 1938 verhaftete die Gestapo den Künstler. Löhner-Beda wurde mit dem ersten sogenannten „Prominententransport" am 1. April 1938 ins KZ Dachau deportiert, die Villa Felicitas „arisiert". Dutzende weitere Jüdinnen und Juden waren in Bad Ischl von „Arisierungen" und Verfolgung betroffen. Im Juni 1938 erklärte die Ischler Kurkommission Jüdinnen und Juden zu „unerwünschten Sommergästen". Wenige Monate später kam Löhner-Beda ins KZ Buchenwald, wo er Ende 1938 mit dem bekannten Wiener Komponisten Hermann Leopoldi, der ebenfalls dort inhaftiert war, das „Buchenwaldlied" verfasste:

„O Buchenwald, ich kann dich nicht vergessen,
weil du mein Schicksal bist.
Wer dich verließ, der kann es erst ermessen,
wie wundervoll die Freiheit ist!
O Buchenwald, wir jammern nicht und klagen,
und was auch unser Schicksal sei,
wir wollen trotzdem Ja zum Leben sagen,
denn einmal kommt der Tag, dann sind wir frei!"

Die ersehnte Freiheit kam für Fritz Löhner-Beda nicht. Er hoffte bis zuletzt, Lehár würde bei Hitler für ihn intervenieren, schließlich schätzte der „Führer" Lehár und seine Werke. Doch Lehár tat offenbar nichts dergleichen für seinen Librettisten, während er seine jüdische Frau Sophie von Hitler zur „Ehrenarierin" ernennen ließ.

Indessen hatte Löhner-Bedas Frau Helene verzweifelt versucht, sich und ihre beiden Töchter Liselotte und Evamaria vor der NS-Verfolgung zu retten. Vergeblich. Am 31. August 1942 wurden alle drei nach Maly Trostinec bei Minsk deportiert und in der Folge ermordet.

Fritz Löhner-Beda wurde am 17. Oktober 1942 von der SS ins KZ Auschwitz überstellt. Über das Schicksal seiner Frau und der gemeinsamen Kinder wusste er nicht Bescheid. Sein Zustand verschlechterte sich zusehends, nach einer Inspektion der von den KZ-Häftlingen durchgeführten Arbeit durch SS-Männer und Direktoren der „IG Farben" – deren Betriebe die Arbeitskräfte der Inhaftierten ausbeuteten – erschlugen NS-Schergen den ehemals gefeierten Librettisten und Schlagertexter. Ein Zeuge erinnerte sich an die Ermordung am 4. Dezember 1942: „Einer der Direktoren wies auf Dr. Löhner-Beda und sagte zu seinem SS-Begleiter: ‚Diese Judensau könnte auch rascher arbeiten.' Darauf bemerkte ein anderer IG-Direktor: ‚Wenn die nicht mehr arbeiten können, sollen sie in der Gaskammer verrecken.' Nachdem die Inspektion vorbei war, wurde Dr. Löhner-Beda aus dem Arbeitskommando geholt, so geschlagen und mit Füßen getreten, dass er als Sterbender zu seinem Lagerfreund zurückkam und sein Leben in der IG-Fabrik Auschwitz beendete."

Für Hermann Leopoldi ging der Wunsch nach Freiheit hingegen in Erfüllung, er überlebte. Leopoldis Frau war 1939 bereits in den USA und konnte ihn von dort im letzten Moment aus dem KZ „freikaufen" und nach New York bringen.

Fritz Löhner-Beda (ganz rechts) mit dem Komponisten Franz Lehár (Mitte) und dem Librettisten Ludwig Herzer (links), vor 1938. Herzer konnte im November 1938 vor der NS-Verfolgung noch in die Schweiz fliehen.
Bild: Österreichische Nationalbibliothek

Helene Löhners Geschwister, die den Holocaust überlebt hatten, erhielten das entzogene Eigentum ihrer Schwester – darunter die Villa Felicitas – im Restitutionsverfahren zurück. In den 1950er-Jahren verkauften sie die Villa an den österreichischen Komiker Maxi Böhm.

Fritz Löhner-Beda geriet nach 1945 nicht nur in Bad Ischl in Vergessenheit. Erst 2012 wurde an der Villa Felicitas eine Gedenktafel angebracht, 2015 beschloss der Gemeinderat, eine Straße nach ihm zu benennen. Fünf Jahre später befasste sich der Musiker Hubert von Goisern in seinem Lied „Freunde" mit der Lebensgeschichte Fritz Löhner-Bedas. Und im Jahr 2024 soll nun endlich auch in Erinnerung an Helene Löhner eine Ischler Straße benannt werden. (sr)

Literatur:

Marie-Theres Arnbom: Die Villen von Bad Ischl. Wenn Häuser Geschichten erzählen, Wien 2017.

Barbara Denscher, Helmut Peschina: Kein Land des Lächelns. Fritz Löhner-Beda 1883–1942, Salzburg/Wien/Frankfurt am Main 2022.

„Die Causa Löhner. Der verzweifelte Kampf einer Frau". Ein Film von Ulrike Schmitzer und Matthias Widter, Wien 2011.

5 STEFAN-MEYER-HAUS, BAD ISCHL

Der Physiker Stefan Meyer, hier 1915 im Wiener Institut für Radiumforschung, überlebte als Jude die NS-Zeit mit seiner Familie in Bad Ischl.
Bild: Österr. Zentralbibliothek für Physik, Wien

Reise
Stefan-Meyer-Haus (Villa Maass-Portheim), Lindaustraße 7, 4820 Bad Ischl

Gegend
Bad Ischl im südlichen Teil von Oberösterreich wird als kulturelles Zentrum des Salzkammergutes bezeichnet. Es ist Kaiserstadt, Kurstadt und 2024 Kulturhauptstadt Europas. Auf dem Ischler Kulturpfad (www.kulturpfade-badischl.at) kann man virtuell und zu Fuß unter anderem auf den Spuren von berühmten Literaten, Künstlern, Musikern und historischen Persönlichkeiten wandeln.

STEFAN MEYER – ÜBERLEBEN IN BAD ISCHL

Wie der Physiker Stefan Meyer, Pionier der Erforschung der Radioaktivität, die NS-Diktatur überstand, ist Zufällen, aber auch gelungenen Täuschungsmanövern zu verdanken. Als die Emigration des Wissenschaftlers jüdischer Herkunft scheitert, flieht Meyer aus seinem bürgerlichen Umfeld in Wien in die Provinzstadt Bad Ischl.

Stefan Meyer (1872–1949) war einer der bedeutendsten österreichischer Physiker des 20. Jahrhunderts. Der Boltzmann-Schüler leitete das Wiener Institut für Radiumforschung und zählt zu den Pionieren der Erforschung der Radioaktivität. Obwohl jüdischer Abstammung, überlebte er die NS-Zeit in Österreich: In der Ischler Villa Fanny, einem Anwesen im ortsüblichen Zuckerbäckerstil, führten er und seine Familie sechs Jahre lang eine Existenz auf Abruf (der Vater von Meyers Frau Emilie, ein hochverehrter Mäzen des Kurorts, hatte die Villa errichten lassen).

„How did Meyer survive?", fragte sich der Autor des gleichnamigen Buches, Wolfgang Reiter, selbst Kernphysiker am Institut für Radiumforschung und Kernphysik, wo Meyer arbeitete, und in Bad Ischl gebürtig, wo Meyer die Jahre der Judenverfolgung überstand. Dennoch war die Recherche alles andere als einfach: Meyers Nachfahren drohten gar mit gerichtlichen Schritten, wollten die jüdische Abstammung des prominenten Physikers nicht zum Thema machen.

Stefan Meyer war bis 1938 Leiter des Instituts für Radiumforschung der Universität Wien und mit der europäischen Physiker-Elite eng vernetzt. Er korrespondierte und forschte mit Ernest Rutherford in England, mit Marie Curie-Skłodowska und Pierre Curie in Paris, sowie mit Henri Becquerel. Die Curies konnten nur durch tonnenweise Pechblendenmaterial aus Österreich das chemische Element Radium entdecken. Rutherford besuchte Meyer sogar in Bad Ischl. Nur Tage nach dem Anschluss reichte Meyer sein Gesuch um Versetzung in den Ruhestand ein, um aus der Schusslinie der Nazis zu

Die genauen Umstände, weshalb Meyer, hier in der Villa Fanny in der Ischler Lindaustraße 7, von den Behörden nicht behelligt wurde, bleiben ungeklärt (Foto aus dem Jahr 2023).
Bild: Christian Strasser

kommen. Auf seine Mitgliedschaft in der Akademie der Wissenschaften verzichtete er freiwillig, um dem Ausschluss zu entgehen. Meyers ererbte Kunstsammlung wurde von den Nazis beschlagnahmt, darunter holländische und deutsche Meister, sowie Schmuck seiner Frau, Tafelsilber, deren Aktien und Immobilien in Bad Ischl. Meyers Pension wurde erheblich reduziert. Er sah sich überdies mit „Vermögensabgaben" der Nazis von zigtausend Reichsmark konfrontiert. Nun mussten er, seine Frau Emilie, die Tochter Agathe und die Schwiegermutter Fanny Maass fürchten, in den Wirren des Untergangs doch noch ihr Leben zu verlieren. Meyer meldete sich aus seiner fingierten Adresse in Berlin (um seinen Aufenthaltsort zu verschleiern) ab und zog nach Bad Ischl. Die Gestapo war dennoch über die Familien- und Vermögensverhältnisse bestens informiert.

Die Meyers waren eine vertraute Erscheinung, die Ischler nahmen sie offensichtlich nicht als Juden wahr. Sie trugen nach 1941 auch nicht den gelben Stern. Als die ersten Juden aus Bad Ischl deportiert wurden, entwickelte Meyers Tochter einen raffinierten Plan: Durch falsche Zeugenaussagen und Gutachten von „Rassenforschern" versuchte sie zu belegen, dass Stefan Meyer ein uneheliches Kind „arischer" Eltern war. Mit immer abenteuerlicheren Geschichten versuchte sie im Kampf gegen die NS-Bürokratie Überlebenszeit gewinnen – und hat damit wohl entscheidend zum Überleben beigetragen.

Auch angesichts der Deportationen von Juden in Sammellager im Osten schlug Meyer Fluchthilfe-Angebote von Kollegen nach Schweden und anderswohin aus, weil er seine Familie nicht im Stich lassen wollte. Meyer setzte alles daran, die tödliche Bürokratie der Nazis zu schlagen. Anwälte und Rassenforscher wurden um teures Geld beschäftigt und mit immer abenteuerlicheren Zeugenaussagen versorgt. Nun war der „rettende Strohhalm", alles daranzusetzen, den rechtsgültigen Abschluss des Verfahrens zu verhindern und die Gründe, warum das Verfahren in Schwebe war, zu verschleiern. Nach Jahren entschied das Reichssippenamt zwar negativ, aber der Beschluss wurde niemals offiziell veröffentlicht.

Nach der Befreiung kehrte Meyer in seine alten Funktionen zurück und verfügte auch als rationaler Denker nur über eine Erklärung für sein Überleben: „Es ist ein Wunder." So resümierte er nach dem Krieg: „Mein Bruder, der Prof. an der Prager Universität war und sein Sohn, Botaniker, wurden in Konzentrationslagern ermordet, ebenso fast alle Verwandten meiner Frau. (…) Aber wir haben tatsächlich oft nur von Erdäpfeln und Brennnesseln gelebt und von den Beeren und Schwammerln, die wir aus dem Wald holten. Nun sind alle diese Schrecknisse, die verschärft waren durch das fortwährende Zittern davor, wenn der Briefträger oder ein ‚Funktionär' kam, vorbei."

Meyer überlebte gegen jede Wahrscheinlichkeit. Während etliche seiner Verwandten den Holocaust nicht überlebten, starb Stefan Meyer erst vier Jahre nach Kriegsende kurz vor seinem 78. Geburtstag in Bad Ischl. (cs)

Literatur:

Wolfgang Reiter: How Did Meyer Survive? Wie der Physiker Stefan Meyer die NS-Diktatur überlebte. Wien 2022.

6 KALTENBACHSTR. 9 / HASNERALLEE 10

Alfred Grünwald am Schreibtisch seiner Bad Ischler Villa.
Bild: KHM-Museumsverband, Theatermuseum

Reise

Kaltenbachstraße 9 und Hasnerallee 10 (Gedenktafel), 4820 Bad Ischl

Gegend

Bad Ischl im südlichen Teil von Oberösterreich wird als kulturelles Zentrum des Salzkammergutes bezeichnet. Es ist Kaiserstadt, Kurstadt und 2024 Kulturhauptstadt Europas. Auf dem Ischler Kulturpfad (www.kulturpfade-badischl.at) kann man virtuell und zu Fuß unter anderem auf den Spuren von berühmten Literaten, Künstlern, Musikern und historischen Persönlichkeiten wandeln.

ALFRED GRÜNWALD: „IM ZORN BIS ZUR KENNTLICHKEIT ENTSTELLT"

Der Operettenlibrettist Alfred Grünwald nutzte einen Freigang aus der Gestapohaft, um nach Paris zu flüchten. Mit Komponisten wie Leo Fall, Emmerich Kálmán und Edmund Eysler hatte er einen inoffiziellen „Operettenzirkel" in Bad Ischl gebildet. Sein Haus an der Esplanade musste er an die Nazis „verkaufen".

Alfred Grünwald startete seine Karriere als Feuilletonist und Theaterkritiker. Daneben verfasste er kleinere Bühnensketche und Einakter fürs Kabarett sowie Schlagertexte. Für die Texte zu Operetten von Paul Abraham und Oscar Straus fand er in Fritz Löhner-Beda einen kongenialen Partner. Grünwalds erfolgreichste Schaffensperiode war die Zwischenkriegszeit mit ihrer Nostalgie nach der Belle Époque vor 1914, in der er die Texte zu zahlreichen Operetten und Schlagern schuf. Eine kleine Auswahl von bekannten Werken: „Die lustigen Weiber von Wien" mit Musik von Robert Stolz (1908), „Die Rose von Stambul" mit Musik von Leo Fall (1916), oder die Operette „Gräfin Mariza" mit Musik von Emmerich Kálmán (1924). Am produktivsten war die Zusammenarbeit mit Julius Brammer (Handlungsidee und Dialoge; Gesangstexte: Alfred Grünwald).

Seit 1921 besaß Grünwald eine Villa an der Esplanade von Ischl (Kaltenbachstraße 9). Diese Villa fiel per Kaufvertrag 1939 an einen ehemals illegalen Nazi, den Arzt Dr. Franz Hörnisch, der als Vertreter Grünwalds agierte. Vom Erlös sah Grünwald nichts.

Nach dem „Anschluss" Österreichs 1938 wurde der Jude Grünwald von der Gestapo verhaftet. Er teilt die Gefängniszelle mit dem späteren österreichischen Bundeskanzler Bruno Kreisky. Als er vorübergehend auf freien Fuß gesetzt wurde, nutzte er die Chance zur Flucht nach Paris. Da er in den USA aufgrund seiner erfolgreichen Bühnenstücke bekannt war, konnte er zwei Jahre später mit seiner Frau Mila Löwenstein und seinem Sohn über Casablanca und Lissabon in die Vereinigten Staaten emigrieren. Bereits 1914

1921 kauft Alfred Grünwald das Haus Kaltenbachstraße 9 an der Esplanade in Bad Ischl, 1938 flüchtet er, 1951 stirbt er, ohne sein von den Nazis geraubtes Haus wiederzusehen.
Bild: Christian Strasser

war die Eysler-Operette „Der lachende Ehemann" (Libretto von Julius Brammer und Alfred Grünwald) als „The Laughing Husband" am Broadway aufgeführt worden. Am 6. September 1945 erlebte das Musical „Mister Strauss goes Boston" („from a story bei Gesa Herczeg und Alfred Gruenwald") mit der Musik von Robert Stolz im New Century Theatre seine Uraufführung. Nach zwölf

Vorstellungen wurde das Stück aber wieder abgesetzt. Grünwald konnte nicht mehr an seine Vorkriegserfolge anknüpfen.

Alfred Grünwald starb am 25. Februar 1953 in Forest Hills, New York. Sein geliebtes Haus in Ischl hatte er Ende 1947 zurückerhalten. Er hat es aber nie wiedergesehen. Bitter resümierte Grünwald über seine Zeit vor der Flucht und über die Gestapohaft: „Ich kann wohl kaum vergessen, wie man mich in ‚Schutzhaft' nahm, was ich in der Karajangasse ansehen musste." Von Grünwald stammt auch das Zitat: „Manche Gesichter werden im Zorn bis zur Kenntlichkeit entstellt." Viele „Operettenkönige" endeten tragisch: Löhner-Beda wurde in Auschwitz erschlagen. Brammer starb 1943 im französischen Exil. Eysler überlebte im Wiener Unterschlupf.

Grünwalds Sohn Henry Grunwald, geb. 1922, schaffte es als Chefredakteur bis an die Spitze des Nachrichtenmagazins „TIME", und von 1987 bis 1990 war er als Botschafter der USA in Wien. Der Kreis schließt sich: 1988 entsandte Grunwald den Autor dieser Zeilen im Zuge der „Waldheim-Affäre" in die USA, um ein Bild von einem „anderen Österreich" zu verbreiten. Um Teile der geraubten Kunstsammlung Grünwalds, darunter Werke von Schiele, streiten dessen Erben mit verschiedenen Museen bis heute. (cs)

Literatur:
Marie-Theres Arnbom: Die Villen von Bad Ischl. Wenn Häuser Geschichten erzählen. Wien 2017.

7 EHEM. HOTEL „GOLDENES KREUZ"

Teilnehmerinnen und Teilnehmer der Ischler „Milchdemonstration" vor dem Hotel „Goldenes Kreuz" am 20. August 1947, aufgenommen von im Hotel befindlichen jüdischen Überlebenden.

Bild: Zeitgeschichte Museum Ebensee

Reise

Ehemaliges Hotel „Goldenes Kreuz", Kreuzplatz 7, 4820 Bad Ischl

Gegend

Bad Ischler Zentrum mit seinen Gebäuden im schrägem Kaiser-, Sisi- und Lehár-Flair (Lehár-Theater, Kurmittelhaus, Trinkhalle, Esplanade, Kaiservilla mit Marmorschlössl, Museum der Stadt, bekannte Cafés und Hotels), aber auch architektonisch interessante Sommerfrischevillen (viele während der NS-Zeit „arisiert"). Darüber hinaus vielfältiges, ganzjähriges Veranstaltungsprogramm, gerade auch in der „alternativen" Kulturszene. Friedhof Bad Ischl als letzte Ruhestätte vieler bekannter Persönlichkeiten. Alte Schmalspurlok mit Waggon der ehemaligen „Ischlerbahn" vor dem Bahnhof Bad Ischl. Der Traun entlang zum Ausflugsziel Siriuskogel. Über Waldwege zum Nussensee. Soleleitungsweg. Burgruine Wildenstein, Rettenbachtal und Rettenbachalm (Richtung Blaa-Alm als Ausgangspunkt für die Wanderung zum NS-Widerstandsstützpunkt „Igel"), vom Weißenbachtal auf die Postalm als größtes zusammenhängendes Almgebiet Österreichs (auch per Mautstraße erreichbar), hier kleines Familienskigebiet. Breites Angebot an Rad-, Wander-, Berg-, Kletter-, Mountainbike-, Skilanglauf-, Schneeschuh- und Skitouren rund um Bad Ischl im Toten Gebirge, Höllen- und Katergebirge (Katrin-Seilbahn).

„SCHLAGT DIE JUDEN TOT!": DIE ISCHLER „MILCHDEMONSTRATION" 1947

Der Untergang des „Dritten Reichs" und die Befreiung durch die Alliierten bedeuteten für die Jüdinnen und Juden Europas zwar das Ende von systematischer Verfolgung und Ermordung, doch es gab kein Ende des Antisemitismus, wie Pogrome 1946 in Polen oder die sogenannte „Milchdemonstration" in Bad Ischl im Sommer 1947 zeigten.

In Österreich befreiten die Alliierten zehntausende Jüdinnen und Juden aus Konzentrations- und Zwangsarbeitslagern sowie bei den sogenannten „Todesmärschen". Tausende starben noch in den Tagen und Wochen nach der Befreiung an den Folgen des NS-Terrors. Die Überlebenden wurden zunächst neuerlich in Lagern – ehemaligen Kasernen, Schulen, Tourismusbetrieben wie dem Hotel „Goldenes Kreuz" in Bad Ischl, Lazaretten usw. – untergebracht. Viele kehrten, als sie kräftig genug waren, in ihre Heimatländer zurück, suchten ihre Familienmitglieder und hofften auf einen Neubeginn. Doch ihre Angehörigen waren vielfach ermordet, ihre ehemaligen Besitztümer zerstört oder von „arischen" Personen übernommen und die jüdischen Gemeinden ausgelöscht worden. Aufgrund der unerträglichen Lebensbedingungen, antisemitischer Übergriffe und fehlender Zukunftsperspektiven machten sich zehntausende jüdische Überlebende aus Polen, Ungarn, Rumänien, der Tschechoslowakei und der Sowjetunion auf in die US-Zone Deutschlands und Österreichs. Dort warteten sie wiederum in Lagern auf ihre Ausreise in das unter britischer Verwaltung stehende Palästina (ab Mai 1948 in den neugegründeten Staat Israel), nach Kanada, in die USA und andere Länder.

Besonders in Tourismusregionen wie dem Salzkammergut wurden die jüdischen Überlebenden als Störfaktor gesehen. Allein die Anwesenheit der jüdischen Überlebenden nach dem Ende der NS-Diktatur erinnerte an die Rolle Österreichs während dieser Zeit, was Aggressionen hervorrief. Mit dem Rückgriff auf alte Feindbilder bekräftigte vor allem auch die Presse altbekannte antisemitische Stereotype. In der „Salzkammergut-Zeitung" war 1946 im Stil der NS-Hetze

Das ehemalige Hotel „Goldenes Kreuz" in Bad Ischl.
Bild: Susanne Rolinek

von „unsauberen Elementen" im Hotel „Goldenes Kreuz" die Rede, die auszuforschen seien: „Schieber und Schleichhändler zehren wie eine gefährliche Krankheit am Mark unseres Volkes und stehen dem gesunden Wiederaufbau im Wege, der das Ziel aller anständigen Österreicher ist. (...) Es muss jedoch möglich sein, dieses gefährliche Übel auszurotten, wenn nur alle anständigen Elemente zusammenstehen." Ignoriert wurde in diesem Kontext, dass die Nachkriegswirtschaft in Österreich nach dem Schwarzhandelsprinzip funktionierte und daher ein Großteil der österreichischen Bevölkerung darin involviert war.

In Bad Ischl kam es am 20. August 1947 gegenüber jüdischen Überlebenden, die von der US-Armee im „Goldenen Kreuz" untergebracht waren, zu gewalttätigen Ausschreitungen. Rund 200 Demonstrantinnen und Demonstranten versammelten sich zunächst vor dem Ischler Rathaus, um gegen den Entzug von Frischmilch für ihre Kinder zu protestieren. Kommunistische Parteifunktionäre wie Herbert Filla sen., Raimund Zimpernik, Franz Steinkogler, Franz Pesendorfer sowie zwei Funktionärinnen, Maria Sams und Maria Ganhör, übernahmen die Organisation der nicht genehmigten Kundgebung. Alle männlichen Genannten waren während der NS-Diktatur als Widerstandskämpfer in Konzentrationslagern inhaftiert gewesen und versuchten nun, sich nach der im November 1945 erlittenen Wahlniederlage der KPÖ wieder politisch in Stellung zu bringen.

Filla und Zimpernik sprachen vom Balkon des Ischler Rathauses zu den anwesenden Protestierenden, forderten Neuwahlen, eine bessere Versorgung der einheimischen Bevölkerung sowie verstärkte Kontrolle der angeblichen „Schleichhändlerzentrale" im Hotel „Goldenes Kreuz". Die aufgebrachte Menge, darunter auch ehemalige Nazis, zog nun weiter zum Hotel und schrie „Schlagt die Juden tot!", „Hängt die Saujuden auf!", „Nieder mit den dreckigen Juden!" sowie „Heil Hitler!". Die Protestierenden schlugen Fensterscheiben des Hotels ein. Die Gendarmerie schritt jedoch nicht ein, sondern forderte die Anwesenden nur auf, nach Hause zu gehen. Die im Hotel befindlichen Jüdinnen und Juden hatten Todesangst. Erst nach Stunden löste sich die gewalttätige Demonstration auf. Nur zwei Tage später demonstrierten in Gmunden dutzende Personen gegen die in ihren Augen bevorzugte Behandlung jüdischer Überlebender und verprügelten vier „jüdisch aussehende" Insassen eines Autos.

Die Ischler „Milchdemonstration" erregte knapp neun Jahre nach der Reichspogromnacht vom 9. November 1938 und nur ein Jahr nach dem Pogrom in Kielce (Polen) im Juli 1946 mit mehr als 40 Toten und dutzenden Schwerverletzten international großes Aufsehen. Anfang Dezember 1947 begann der Prozess gegen die Anführerinnen und Anführer der Demonstration vor dem US-Militärgericht in Österreich, das am 25. September harte Urteile verkündete: 15 Jahre Haft für den Hauptangeklagten, mehrjährige Strafen für die anderen. Nach Protesten der österreichischen Regierung, der Gewerkschaften und verschiedener Verbände wie dem KZ-Verband bei US-Hochkommissar General Keyes wurden die Strafen drastisch herabgesetzt, der Hauptverantwortliche erhielt ein Jahr Gefängnis, ein weiterer Angeklagter acht Monate. Ortsbekannte ehemalige Angehörige der NSDAP, darunter viele Frauen, die während der Demonstration vor dem „Goldenen Kreuz" antisemitische Parolen gerufen und Steine gegen das Hotel geworfen hatten, wurden nicht vor Gericht gestellt. Zu Recht kritisierten manche in diesem Kontext die milde Behandlung ehemaliger Nazis durch die US-Armee im Zuge des Kalten Krieges, während Angehörige der KPÖ zu langjährigen Haftstrafen verurteilt werden sollten. Dass bei dieser Argumentation zugleich antisemitische Ausschreitungen verharmlost wurden, ist ebenso offensichtlich. (sr)

Literatur:

Michael Kurz, Brigitta Schmid: Das goldene Kreuz. 500 Jahre bunte Hotelgeschichte in Bad Ischl, Bad Ischl 2019.

Margit Reiter: „In unser aller Herzen brennt dieses Urteil". Der Bad Ischler „Milch-Prozeß" von 1947 vor dem amerikanischen Militärgericht, in: Michael Gehler, Hubert Sickinger (Hg.): Politische Affären und Skandale in Österreich. Von Mayerling bis Waldheim, Wien 1995, S. 323–345.

8 PKS-VILLA ROTHSTEIN, BAD ISCHL

Nazi-UFOs, sogenannte „Reichsflugscheiben", sollen mit dem Mondsee in Verbindung stehen. Ob es sich um geheime Experimentalfluggeräte oder um braune Hochtechnologie – hier vor der Drachenwand am Mondsee – handelte, ist noch ungeklärt (Simulation).
Bild: Christian Strasser

Reise

PKS-Villa Rothstein (Museum nach Viktor und Walter Schauberger), Engleitenstraße 17, 4820 Bad Ischl

Gegend

Die Marktgemeinde Mondsee im oberösterreichischen Salzkammergut liegt am Mondsee, dessen Südufer an Salzburg grenzt. Der See selbst befindet sich im Privateigentum. Er gab auch Pfahlbau-Siedlungen ab 2800 v. Chr. seinen Namen. Prägend ist das 748 gegründete Schloss Mondsee. Zahlreiche Kulturveranstaltungen und ein Kulturwanderweg ziehen Besucher an.

LIEGEN NAZI-UFOS IM MONDSEE?

Filme und Bücher über die „Reichsflugscheiben" der Nazis befeuern die Legenden über UFOs, die als „Geheimwaffe" in letzter Minute die Kriegswende hätten bringen sollen. Um sie vor dem Zugriff durch die US-Armee zu schützen, seien sie 1945 im Mondsee versenkt worden.

Nach Kriegsende kamen die Befreiungsarmeen ins Staunen, welche technischen Errungenschaften die deutsche Ingenieurskunst unter dem Druck des Krieges hervorgebracht hatte: Raketen mit großer Reichweite, Höhenaufklärer, Stratosphärenflugzeuge und Orbitalbomber, die unter Technikern wie Eugen Sänger in Ainring nahe Salzburg von der DFS („Deutsche Forschungsstelle für Segelflug") getestet worden waren. Sogar Hubschrauber flogen über das Salzkammergut – kriegsbedingt war die „Transportstaffel 40" mit 20 Tragschraubern „Fa 223" und 24 „Fl 282" einst von Salzburg an den Fliegerhorst Aigen im Ennstal südlich des Salzkammergutes verlegt worden.

Bis heute halten sich hartnäckig Gerüchte, die Nazis wären dazu imstande gewesen, sogenannte Flugscheiben zu konstruieren, die Hitler zur Antarktis, laut anderen Berichten auf die erdabgewandte Seite des Mondes fliegen sollten. Schon 1939 gab es kreisförmige Prototypen von Fluggeräten, die aber an der Aerodynamik scheiterten („Sack AS-6"). Sehr wohl flugfähig war die „Horten 229" (1943), die 1945 in die USA transportiert wurde. Die Mythen um Nazi-UFOs stützen sich auf Erfinder, die angeblich bahnbrechende Entdeckungen gemacht hätten, die ihrer Zeit weit voraus gewesen seien: etwa Carl Schappeller aus dem oberösterreichischen Innviertel, der behauptete, eine „Urkraftmaschine" bauen zu können, die alle Energieprobleme der Welt lösen könne.

Bis zu seiner Frühpensionierung 1918 in Aurolzmünster arbeitete Schappeller an einer „Kraftkopplung" zwischen den Kräften der Erde und des Kosmos, was ab 1924 zu großen Schlagzeilen führte. Wer diese „Urkraft" besäße, wäre der Herr der Welt, denn

„Aber in dieser Ecke (Innviertel, Anm.) scheint ein besonderer Boden für das Wachstum zwielichtiger zweitgesichtiger medialer oder auch pathologisch deformierter Halb-Genies oder Ganz-Charlatane zu sein", meinte Carl Zuckmayer 1948. Darunter fiel auch Carl Schappeller.
Bild: Landespressebüro Salzburg

das biomagnetische Phänomen sollte auch alchemistische Stoffveredelung ermöglichen und die soziale Not beseitigen. Es gelang ihm, die britische Admiralität, den österreichischen Bundeskanzler Ignaz Seipel, ungarische Fürsten und Industrielle in ganz Europa, aber auch einfache Bauern aus der Umgebung zu überzeugen, ihn zu unterstützen und ihm ihr Vermögen anzuvertrauen. Sogar der ehemalige Kaiser Wilhelm übergab ihm 280.000 Kronen, um Autos ohne Motoren, nur angetrieben von der „Urkraft", bauen zu können. Mit dem Geld bezahlte Schappeller, der aus dem Armenhaus gekommen war, die prunkvolle Renovierung des Schlosses Aurolzmünster.

Im April 1933 wollte der ebenfalls esoterischen Thesen zugeneigte Heinrich Himmler Schappellers Erfindungen anlässlich eines Gesprächs in München kaufen, dieser sagte ihm aber ab, 1940 wiederholte er seine Ablehnung auch Rudolf Heß gegenüber. Der Hitler-Ideengeber und Antisemit Jörg Lanz von Liebenfels lobte

Verschwörungstheorien im Internet beflügeln die Fantasien von „NS-Reichsflugscheiben".
Bild: Internet

ihn als „Titane auf technisch-physikalischem Gebiet", den Nazis kam Schappeller als Antithese zur „jüdischen" Atomkraft Albert von Einsteins gerade recht. Einzigartig war seine Begabung, die Menschen zu überzeugen, obwohl arrivierte Wissenschaftler von „Bierschwefel und Hanswurstiade" sprachen. In neueren Büchern und Internetforen, gespeist von Verschwörungstheoretikern, „braunen Esoterikern" und Neonazis, wird Schappeller heute noch als „Beweis" für die Existenz von UFOs angeführt. Schappellers Leben inspirierte den in St. Wolfgang ansässigen Schriftsteller

Viktor Schauberger mit einem Modell seines Heimkraftwerks. Nazi-Esoteriker sprechen ihm die Entwicklung eines fast „betriebsstofflosen" „UFO"-Antriebs zu. Der NS-Gegner wurde 1943 in einer KZ-Außenstelle von Mauthausen zwangsverpflichtet und entwickelte mit Häftlingen „U-Boot"-Motoren, die nach seinem Wirbelstrom-Prinzip und der „Implosionstechnologie" funktionieren sollten.
Bild: Internet

Alexander Lernet-Holenia zu dem Roman „Der Mann im Hut" (1937).

Dass geheimnisvolle Kräfte aus der Wasserverdichtung geschöpft werden könnten, um als Antrieb für U-Boote oder Flugscheiben zu dienen, sowie andere die Land- und Forstwirtschaft revolutionierende Theorien versuchte der Oberösterreicher Viktor Schauberger Adolf Hitler 1934 in der Reichskanzlei zu erklären. 1935 vermittelte der fränkische Gauleiter Julius Streicher den Bau einer Turbine nach Schaubergers Vorgaben bei Siemens, die jedoch bei 4.000 Grad Celsius zerschmolz. 1941 sei ein weiterer Prototyp, der „Kelvinsche Wassertropfengenerator", der Messerschmitt-Flugmotoren kühlen sollte, beim Probelauf zusammengebrochen. Bis Kriegsende konstruierte der Nazi-Gegner unter Zwang, unterstützt von KZ-Häftlingen und überwacht von der SS, verschiedene Antriebe, die dem Reich den „Endsieg" bringen sollten, unter anderem den „Repulsator" (ein Implosionsmotor und eine Weiterentwicklung des Flugzeugmotors mit Luftantrieb). Sein rebellischer Geist brachte ihn bis zur Beinahe-Hinrichtung im KZ Mauthausen, seine Ideen wurden immer wieder von anderen plagiiert. 1949 erschien in Salzburg seine Schrift „Die Entdeckung der Levitationskraft".

Braune Esoteriker mutmaßen heute noch, dass geheime Flugantriebe des naturgeleiteten Tüftlers und Querdenkers über das Modellstadium hinausgefunden hätten. Sein Sohn, der Physiker Walter Schauberger, hat in der Villa Rothstein in Bad Ischl das „PKS-Seminarzentrum" (Pythagoras Kepler System) errichtet – mit einer öffentlich als Museum zugänglichen einzigartigen Sammlung von Prototypen und Modellen.

Der Film „Iron Sky" (2012) verschaffte dem Flugscheibenmythos neuerlich Auftrieb. Berichte über die Flugscheibenentwicklung im „Dritten Reich", die bereits in den 1950er-Jahren veröffentlicht worden waren, sind heute mit einem esoterischen Neonazismus vermischt. Boulevardmedien geben dem Mythos weiter Auftrieb, und mit ihm den Theorien eines „Vierten Reiches", zurückgehend auf die Holocaustleugner und Neonazis Ernst Zündel und Miguel Serrano, der fantasiert, dass Nazifunktionäre ins ewige Eis oder in die Südsee geflohen wären, um dort neue Waffensysteme zu entwickeln.

Die Wahrscheinlichkeit, dass bei einer Seeputzaktion der Wasserrettung Mondsee eines Tages Reichsflugscheiben geborgen werden, ist jedenfalls gering. Und der Mythos darum gehört auf den Müllplatz der Geschichte. (cs)

Literatur:

Gerhard Wiechmann: Von der deutschen Flugscheibe zum Nazi-UFO. Leiden/NL 2022.

9 ALBIA BAD ISCHL

Sitz der 1908 gegründeten schlagenden pennalen Burschenschaft „Albia Bad Ischl" in der Ischler Kreuterer Straße, das erste „Kneiplokal" nach dem Zweiten Weltkrieg befand sich im Gasthof zum Goldenen Ochsen. Die Heimstätte der 1919 gegründeten schlagenden Mittelschulverbindung „Arminia Gmunden" befindet sich in der Gmundner Wunderburgstraße.

Bild: Susanne Rolinek

Reise

Kreuterer Straße 1, 4820 Bad Ischl

Gegend

Der Ortsteil Jainzen mit gleichnamigem Aussichtsberg liegt außerhalb des Stadtzentrums. Spaziergang über Ischl- und Traunuferwege ins Zentrum mit seinen Gebäuden im schrägen Kaiser-, Sisi- und Lehár-Flair (Lehár-Theater, Kurmittelhaus, Trinkhalle, Esplanade, Kaiservilla mit Marmorschlössl, Museum der Stadt, bekannte Cafés und Hotels), aber auch architektonisch interessante Sommerfrischevillen (viele während der NS-Zeit „arisiert"). Darüber hinaus vielfältiges, ganzjähriges Veranstaltungsprogramm, gerade auch in der „alternativen" Kulturszene. Friedhof Bad Ischl als letzte Ruhestätte vieler bekannter Persönlichkeiten. Alte Schmalspurlok mit Waggon der ehemaligen „Ischlerbahn" vor dem Bahnhof Bad Ischl. Der Traun entlang zum Ausflugsziel Siriuskogel. Über Waldwege zum Nussensee. Soleleitungsweg. Burgruine Wildenstein, Rettenbachtal und Rettenbachalm (Richtung Blaa-Alm als Ausgangspunkt für die Wanderung zum NS-Widerstandsstützpunkt „Igel"), vom Weißenbachtal auf die Postalm als größtes zusammenhängendes Almgebiet Österreichs (auch per Mautstraße erreichbar), hier kleines Familienskigebiet. Breites Angebot an Rad-, Wander-, Berg-, Kletter-, Mountainbike-, Skilanglauf-, Schneeschuh- und Skitouren rund um Bad Ischl im Toten Gebirge, Höllen- und Katergebirge (Katrin-Seilbahn).

KADERSCHMIEDE FÜR „RECHTE RECKEN“

Seit der sogenannten „Lehnitzsee-Konferenz“ deutscher und österreichischer Rechtsextremer, die im November 2023 in Potsdam (Deutschland) über eine Massendeportation unerwünschter Menschen berieten, ist der österreichische Rechtsextreme Martin Sellner in aller Munde. Weniger bekannt ist seine Sozialisation in der schlagenden rechtsextremen Burschenschaft „Olympia“. Auch der ehemalige rechtspopulistische FPÖ- und BZÖ-Politiker Jörg Haider (1950–2008) aus Bad Goisern wurde in deutschnationalen Burschenschaften sozialisiert.

Angehörige deutschnationaler schlagender Burschenschaften (und weniger deutschnationaler Mädelschaften) sind überproportional in Politik, Verwaltung und Exekutive vertreten. 2017 bestand der FPÖ-Nationalratsklub aus 20 deutschnational Korporierten bei insgesamt 51 FPÖ-Abgeordneten. Heinz-Christian Strache, Burschenschafter bei der rechtsextremen schlagenden Mittelschulverbindung „Vandalia“, wurde Vizekanzler in der ÖVP-FPÖ-Regierung, Anneliese Kitzmüller (Mitglied der völkischen Mädelschaften „Iduna zu Linz“ und „Siegrid zu Wien“) Dritte Präsidentin des Nationalrats. FPÖ-Mann Udo Landbauer, Angehöriger der schlagenden rechtsextremen „Germania“, stieg 2023 zum Landeshauptfraustellvertreter in der niederösterreichischen ÖVP-FPÖ-Landesregierung auf. Im Liederbuch der „Germania“ findet sich der Liedtext „Gebt Gas, ihr alten Germanen, wir schaffen die siebte Million“ in Anspielung auf die sechs Millionen Opfer des Holocaust.

Der oberösterreichische ÖVP-Landeshauptmann Thomas Stelzer bestellte schon 2015 FPÖ-Mann Manfred Haimbuchner zum Landeshauptmannstellvertreter. Haimbuchner ist unter anderem Mitglied der schlagenden „Gothia Wels“ und des „Corps Alemannia Wien zu Linz“ (wie es auch der bekannte SA-Führer Horst Wessel war). Der Linzer SPÖ-Bürgermeister Klaus Luger hatte kein Problem, FPÖ-Politiker Ulrich Püschel (zuvor in Haimbuchners Team sowie

Miteigentümer der rechtsextremen Publikation „Info-Direkt") als Direktor für Gesundheit und Sport in die Stadtverwaltung zu holen. Ob sich Püschel Inspirationen für seinen Job bei seiner rechtsextremen schlagenden Burschenschaft „Arminia Czernowitz" oder bei Demos mit der 2012 gegründeten „Identitären Bewegung Österreichs" („Identitäre") unter Sellner holt?

Warum gelten so viele schlagende deutschnationale Burschenschaften als Kaderschmieden für Rechtsextreme und Neonazis? Der Historiker Michael Gehler konstatierte, dass ein Teil der österreichischen Burschenschaften von einer „bis ins Neonazistische reichenden Gesinnung" geprägt sei. Deutschvölkisches und rassistisches Menschen- und Weltbild, autoritäres Führer- und Gefolgschaftsprinzip, Verharmlosung und Leugnung von NS-Verbrechen, antiliberale und antifeministische Haltung dominieren die Prinzipien dieser Burschenschaften. Zudem haben rechte deutschnationale Burschenschaften und die FPÖ ideologische und personelle Verbindungen. Und es gibt Kontakte zu den „Identitären" bzw. der Nachfolgeorganisation „Die Österreicher" sowie zu anderen rechtsextremen Organisationen in Europa, den USA und Russland. All diese Organisationen fluten das Internet mit rechter Agenda. Auch der Rechtsruck des öffentlichen und politischen Diskurses (in Österreich durch FPÖ und ÖVP initiiert) spielt eine nicht zu unterschätzende Rolle.

Burschenschaften im Salzkammergut

Doch zurück ins Salzkammergut. Haider trat als Gymnasiast der pennalen Burschenschaft „Albia" in Bad Ischl und während des Studiums der „Akademischen Jägerschaft Silvania" in Wien bei. Die „Albia" stellte nach eigenen Angaben auch eine eigene Turnerriege beim „Österreichischen Turnerbund", der laut Dokumentationsarchiv des österreichischen Widerstandes (DÖW) als rechtsextrem einzustufen war. Dass Stelzer allein 2019 den deutschnationalen schlagenden Mittelschulverbindungen in Oberösterreich 120.000 Euro für „Jugendarbeit, Persönlichkeitsbildung, Freizeitgestaltung" zukommen ließ, freute die „Albia" sicher.

Unweit von Bad Ischl, in Gmunden, feierte 2019 die schlagende pennale Burschenschaft „Arminia" ihr 100-jähriges Bestehen mit

Demonstration unter dem Motto „Burschiball anfechten. Solidarität statt Hetze" im Februar 2017 gegen den sogenannten „Wiener Akademikerball" in der Wiener Hofburg. Dieser Ball wird seit 2013 von der Wiener FPÖ organisiert und ist die Nachfolgeveranstaltung des seit 1952 stattfindenden „Wiener Korporationsballs" der deutschnationalen (und meist schlagenden) Burschenschaften. Seit Jahren gibt es Proteste und Demonstrationen gegen den Auftritt von Rechtsextremen, darunter auch Martin Sellner, beim Ball und gegen die teils rechtsextreme Ideologie der Burschenschaften sowie die Rolle der FPÖ. Auch in Linz findet jährlich ein ähnlicher Ball statt.
Bild: Unbekannt / APA / picturedesk.com

einem dreitägigen Fest im Stadttheater, am Stadtplatz und im Kongresszentrum Toscanahof. Die Verantwortlichen der Stadt und des Tourismusverbands hatten offenbar kein Problem damit, die Veranstaltungsräume an eine deutschnationale schlagende Verbindung zu vermieten. Ob noch jemand daran dachte, dass 1991 in Gmunden eine Zelle der gewalttätigen neonazistischen „Volkstreuen Außerparlamentarischen Opposition" („VAPO") unter Gottfried Küssel (Mitglied der „Danubo-Markomannia" und der Ferialverbindung „Das Reich") gegründet worden war, die auch hier in der Region Anschläge verübte? Oder daran, dass der rechtsextreme Gmundner Peter Kienesberger (1942–2015) mit Norbert Burger (1929–1992), einem Angehörigen der „Olympia", und anderen 1966/67 zu den Gründungsmitgliedern der neonazistischen „Nationaldemokratischen Partei" gehört hatte, die 1988 behördlich aufgelöst wurde? Eine ähnlich rechtsextreme Partei, die 2007 gegründete „Nationale Volkspartei", wollte 2009 unter ihrem Motto „frei sozial national" in Bad Ischl agitieren. Deren Parteigründer Robert Faller war zuvor schon als Anführer der „Kameradschaft Germania" aufgefallen. Aufgrund der Verstöße gegen das

Verbotsgesetz – ein Teil des Parteiprogramms schien wortwörtlich aus einem SS-Lehrplan übernommen – wurde die Partei nicht zu Wahlen zugelassen, die Hauptverantwortlichen erhielten bedingte Haftstrafen. Trotzdem konnte Faller mit seiner Internetplattform Altermedia, die auch eine Abschaffung des NS-Verbotsgesetzes propagierte, zehntausende Interessierte erreichen.

In Bad Aussee hat die deutschnationale schlagende Mittelschülerverbindung „Normannia" ihren Sitz. Ein Angehöriger der „Normannia" stieg zum Bundesobmann des „Rings freiheitlicher Studenten" auf. Ausseer Detail am Rande: 2015 musste der Ausseer FPÖ-Parteiobmann Hans Wunner von seiner Funktion zurücktreten, als bekannt wurde, dass er für die neonazistische und holocaustleugnende „Europäische Aktion" aktiv war.

Hipster-Nazis als Influencer, die Pandemie als Brandbeschleuniger und Kickl als Rechtsextremen-Unterstützer

Zweigstellen der „Identitären" und des Spin-offs „Die Österreicher" wiederum gibt es in allen drei Salzkammergut-Bundesländern: Oberösterreich, Salzburg und Steiermark. Sellner und sein Kampfbund gehören zu den sogenannten „Hipster-Nazis", die mit trendig verpackten rechtsextremen Slogans, medienwirksamen – auch gewalttätigen – Aktionen und hippen Social-Media-Auftritten sowie einem eigenen Online-Versand im Pool der unzufriedenen Bevölkerung fischen und den Weg zu einer rechten Gesellschaftsordnung bahnen wollen. Zwar wurden Sellner und 16 Mitangeklagte 2018 vor Gericht vom Vorwurf der Verhetzung und der Bildung einer kriminellen Vereinigung freigesprochen, doch drei Jahre später erließen die Behörden ein Verbot der Verwendung der Symbole der „Identitären" (einschließlich „Die Österreicher"). Auch einige von Sellners Social-Media-Accounts wurden gesperrt. Bei Hausdurchsuchungen im Umfeld der „Identitären" kamen Waffen, Anleitungen zum Bau von Rohrbomben und rechtsextremes Propagandamaterial zum Vorschein. Sellner und Co agitierten unbeirrt weiter.

2023 beobachtete der oberösterreichische Verfassungsschutz mit Sorge die weitere Annäherung rechtsextremer Gruppen und der teilweise gewaltbereiten Szene der Corona-Maßnahmen-Gegnerinnen und -Gegner. Rechtsextreme, neurechte und neonazistische Gruppierungen wussten die Unzufriedenheit eines Teils der Bevölkerung zu nutzen, führten „Corona-Demos" teilweise auch an. Wie die Plattform stopptdierechten.at 2022 recherchierte, radikalisierte sich unter anderem eine Gmundner Telegram-Gruppe namens „Offline-Vernetzung" als Ableger einer internationalen Gruppe, die Verschwörungsmythen anhängt, als „gewaltbereit, brandgefährlich und Demokratie zerstörend" gilt und auch Morde plante.

Was sagt FPÖ-Chef Herbert Kickl, der zwar kein Burschenschafter ist, aber demnächst „Volkskanzler" werden will und bei dessen Reden man bzw. frau sich irritiert an jene des NS-Propagandaministers Joseph Goebbels erinnert fühlt, zu all dem? – Er habe bei den deutschnationalen Burschenschaften niemanden getroffen, der eine mangelnde Distanz zum Nationalsozialismus habe erkennen lassen. Und er sehe die „Identitären" als „interessantes und unterstützenswertes Projekt", quasi „eine NGO von rechts". Von den Massendeportationsplänen Sellners distanzierte er sich auch auf Nachfrage von Presse und Rundfunk explizit nicht. (sr)

Literatur:

Julian Bruns, Kathrin Glösel, Natascha Strobl: Die Identitären. Handbuch zur Jugendbewegung der Neuen Rechten in Europa, Münster 2014.

Michael Gehler: Studentenverbindungen und Politik an Österreichs Universitäten. Ein historischer Überblick unter besonderer Berücksichtigung des akademischen Rechtsextremismus vom 19. Jahrhundert bis heute, in: H. Reinalter et al. (Hg.): Das Weltbild des Rechtsextremismus. Die Strukturen der Entsolidarisierung, Innsbruck 1998, S. 338–428.

Hans-Henning Scharsach: Stille Machtergreifung. Hofer, Strache und die Burschenschaften, Wien 2017.

www.doew.at/erkennen/rechtsextremismus/neues-von-ganz-rechts, aufgerufen am 8.1.2024.

https://www.doew.at/erkennen/rechtsextremismus/rechtsextreme-organisationen, aufgerufen am 26.1.2024.

www.doew.at/erkennen/rechtsextremismus/rechtsextremismus-in-oesterreich, aufgerufen am 8.1.2024.

www.stopptdierechten.at, aufgerufen am 8.1.2024.

Ein kapitaler Fang, ganz nach dem Geschmack von Emil Jannings (r.), mit dem 1938 exilierten Autor Carl Zuckmayer und dem Dichter Alexander Lernet-Holenia (m.), der auch am Wolfgangsee wohnte. Jannings rettete den regimekritischen Lernet-Holenia vor der Einberufung durch Scheinengagements beim Film, sein Werk „Mars im Widder" wurde von Goebbels verboten.

Bild: Sammlung Christian Strasser

Reise

Romantik Hotel Im Weissen Rössl, Markt 74, A-5360 St. Wolfgang

Gegend

Der Wolfgangsee liegt größtenteils in Salzburg, ebenso die Schafbergspitze, auf die eine Zahnradbahn führt, sowie alle Seeanrainerorte, mit Ausnahme von St. Wolfgang, das zu Oberösterreich gehört. St. Wolfgang ist ein beliebter Tourismusort mit einer Pilgerkirche, die einen prachtvollen Flügelaltar von Michael Pacher beherbergt. Im 16. Jahrhundert war die Gemeinde die weltweit viertgrößte Pilgerstätte. Der Mythos um das „Weiße Rössl" machte St. Wolfgang europaweit bekannt. Die Region weist heute um die 900.000 Nächtigungen auf. Vielfältige Berg- und Wassersportangebote, Schifffahrt, Literaturveranstaltungen, Konzerte, Adventveranstaltungen.

Auf seinem Lieblingsbesitz, auf der Landzunge des Zinkenbaches am Wolfgangsee, feierte er seine großen Feste mit illustrer Gesellschaft. Er und seine vierte Frau Gussy Holl lebten am See in Saus und Braus. Emil Jannings setzte durch, dass 1930 Aufnahmen zu seinem Lustspiel „Der Liebling der Götter" im Salzkammergut stattfanden. St. Wolfgang war Kulturhauptstadt. Der Filmdreh zum „Weißen Rössl" (1934) bewirkte wieder einen weltweiten Bekanntheitsgrad für die Noblen, Reichen und Schönen. Das sollte sich im Dritten Reich nicht ändern. Jannings drehte einige Propagandafilme und stand 1944 in der „Gottbegnadeten"-Liste des Reichsministeriums für Volksaufklärung und Propaganda. Die Nazis hofierten ihn – Chef seiner eigenen Filmproduktion, Staatsschauspieler, Kultursenator. Seine Karriere florierte, er kassierte Traumgagen. Seinen wunden Punkt – eine jüdische Mutter – „exportierte" er in die Schweiz, wo er ab und zu den Tresor öffnen ließ und an den Goldbarren schnüffelte. Seinen Freund und „Halbjuden" Carl Zuckmayer lieferte er 1938 fast den Nazis aus, als er ihn beruhigte, er werde sich bei Hitler für ihn einsetzen, „er solle nicht wie ein elender jüdischer Flüchtling" abhauen. Zuckmayer gelang in letzter Sekunde die Flucht in die Schweiz.

Nach dem Zweiten Weltkrieg verhängten die Alliierten ein Berufsverbot über Emil Jannings. „Offener Widerstand hätte KZ bedeutet", versuchte er seine Kollaboration kleinzureden. 2022 kamen der Gemeinde Strobl Zweifel wegen der Nazi-Vergangenheit des schillernden Schauspielers. Sein Denkmal erhielt eine Zusatztafel, eine Straße soll unbenannt werden.

Unweit von St. Gilgen, in Scharfling (Mondsee), lebte der Schauspieler Werner Krauss, der im antisemitischen Hetzfilm „Jud Süß" (1940) die Hauptrolle spielte. Zwischen 1933 und 1935 war er stellvertretender Präsident der Reichstheaterkammer. Er wurde 1946 aus Österreich ausgewiesen, jedoch als „minderbelastet" eingestuft und konnte seine Karriere auf der Bühne fortsetzen. (cs)

Literatur:
Christian Strasser: Carl Zuckmayer. Deutsche Künstler im Salzburger Exil 1933–1938. Wien 1996.

11 KIENBACHKLAMM

Felsritzbild bei einem – damals geheimen – Berg- bzw. Waldfriedhof der vom Katholizismus verfolgten Protestanten im Salzkammergut.
Bild: Gerald Lehner

Reise

1. Kienbachklamm zwischen Bad Ischl und St. Wolfgang, Ortsteil Rußbach. Zum Gasthaus Branntweinhäusl, dann Forststraße zu Wasserreservoir. Nach dem Wehr deutlich ausgeprägter Weg bergauf. Achtung, etwas ausgesetzt! An der ersten Felswand hoch über dem Bach erste Ritzbilder. Absturzgefahr.
2. Notgasse beim Stoderzinken auf dem Weg zu höheren Almen im östlichen Dachsteinplateau. Nur für Trittsichere! Klamm mit bis zu 60 Meter hohen Felswänden und Ritzbildern. Start beim Berggasthof Steinerhaus in 1.829 Meter Seehöhe, Stoderzinken-Alpenstraße, 8962 Gröbming.
3. Das Mausbendlloch auf dem östl. Dachsteinplateau; nur für Erfahrene und Trittsichere zu empfehlen.
   Generell gilt: Unerfahrene sollten Wander- oder Bergführer engagieren. Nie allein, nie ohne passende Ausrüstung, nie ohne Bergeversicherung ins Gebirge. Nie ohne Tourenplanung. Immer mit Kartenstudium.
   Alpinnotruf: 140.
4. Alpinismus-Museum: Zwischen Himmel und Erde – Gerlinde Kaltenbrunner und die Welt der 8000er. Stiftsplatz 1. 4582 Spital am Pyhrn.

ALTE FELSBILDER FÜR DEN RASSENWAHN MISSBRAUCHT

Rund 950 Felsritzbilder können Interessierte in der – nur zehn Kilometer von Bad Ischl entfernten – Kienbachklamm betrachten. Die Nationalsozialisten versuchten, solche Spuren der Vergangenheit im Rahmen ihres „Ahnenerbes der SS" für sich zu instrumentalisieren. Sie wollten damit beweisen, dass elitäre Vorfahren der Germanen hier schon in vorgeschichtlicher Zeit gelebt hätten. In Wahrheit stammen die meisten Felsbilder aus dem Mittelalter und der Frühen Neuzeit. Sie sind in weiten Teilen des Salzkammergutes vorzufinden – bis zum Ostrand des Toten Gebirges und zum Ennstal in der Obersteiermark.

Jagd und Wilderei gehörten seit Urzeiten zu den populären Kulturtechniken, die dem besitzlosen Land- und Bergvolk das Überleben in der oft sehr unwirtlichen Natur sicherten. Deshalb verewigten Menschen gerne ihre Jagdszenen in Felswänden. Man ritzte animistische, auch christliche Symbole oder Zeichen der Fruchtbarkeit ein. Manche deuten auch auf den Jahreslauf in der Alm- und Landwirtschaft hin. Andere stehen in Verbindung mit Fruchtbarkeit und Erotik, zum Beispiel phallusartige Motive und „magische" Dreiecke, die Fachleute als Vulven deuten.

Der aus Ried im Innkreis stammende Volkskundler Ernst Burgstaller (1906–2000) machte im Nationalsozialismus eine steile Karriere, nachdem er begonnen hatte, die Felsritzbilder der Nördlichen Kalkalpen und ihre mutmaßliche Herkunft für die Propaganda des Hitlerregimes zu missbrauchen. Nach 1945 konnte er damit weiter – bis in die 1990er-Jahre völlig ungehindert – sein „wissenschaftliches" Unwesen treiben. Burgstaller sicherte sich zudem einschlägiges Material des niederländischen Symbolforschers, Philologen, Germanisten, Nationalsozialisten und SS-Offiziers Herman Wirth. Dieser war im Dienst von Heinrich Himmler ein Mitbegründer der „Deutschen Forschungsgemeinschaft Ahnenerbe der

SS". Wirths im „Dritten Reich" entstandene Sammlung von Felsbildern sollte nach seinem Tod (1981) in einem eigens gebauten Museum in Deutschland untergebracht werden. Zuständige Politiker erkannten spät, dass es sich um Devotionalien handelte, die den Nationalsozialismus wissenschaftlich untermauern sollten. Und so wurde dieses neue Museum gerade noch verhindert.

Anders die Lage in Oberösterreich, wo Wirths NSDAP-Parteifreund im hohen Alter noch immer recht aktiv war: Ernst Burgstaller überredete 1986 die Gemeindepolitik von Spital am Pyhrn am Ostrand des Toten Gebirges zum Ankauf von Wirths Nachlass. So kam dessen Sammlung von esoterischen Büchern, Schriften und Gipsabgüssen schwedischer Felsbilder – die eine urgermanische Hochkultur beweisen sollten – ins „Österreichische Felsbildmuseum" nach Spital. Dieses war 1979 gegründet worden. Natürlich von Burgstaller. Bei Fachkollegen der Volkskunde an Universitäten war er schon seit Kriegsende als „unbelehrbarer Egomane" bekannt. Er habe keine anderen Fachmeinungen geduldet und sei nur an seinen eigenen Interpretationen der Felsbilder interessiert gewesen. Als „wissenschaftlicher Leiter" seines Museums fungierte Burgstaller bis kurz vor seinem Tod im Alter von 94 Jahren.

Alte Schau entfernt, nun Museum für Gerlinde Kaltenbrunner

Das Felsbildmuseum musste 2012 geschlossen werden. Offizieller Grund: Das ehemalige Kloster in der Gemeinde Spital, in dem es untergebracht war, wurde an Investoren verkauft. Die betreiben hier nun ein Jugendhotel. In den Räumen Burgstallers gibt es nun ein anderes Museum – über Leben und Werk der Extrembergsteigerin und Achttausender-Pionierin Gerlinde Kaltenbrunner. Sie stammt aus der Gegend.

In Wahrheit seien viele in der Region froh, so hört man zwischen Spital am Pyhrn, Hinterstoder, Tauplitz, Gröbming im Ennstal, Hallstatt und Bad Ischl, dass Burgstallers „Tempel der Naziforschung" mittlerweile verschwunden sei.

„Diese Exponate sind Beweisstücke eines verbrecherischen Regimes, die keinesfalls unkommentiert ausgestellt werden sollten

Alpinistin entfernt Verwitterungsschmutz, Flechten und Moose von einem ca. 300 Jahre alten Ritzbild an einer Felswand – möglichst schonend.
Bild: Gerald Lehner

wie in Spital", sagt der steirische Felsbildforscher und Autor Franz Mandl, Gründer des Vereins für alpine Forschung (ANISA): „Wirths und Burgstallers Material ist wegen der ideologischen Ausrichtung für eine moderne Felsbildforschung unbrauchbar. Es könnte

Ritzbilder an einer Felswand über dem Westufer des Traunsees bei Traunkirchen.
Bild: Gerald Lehner

höchstens von der Zeitgeschichte zur Aufarbeitung der nationalsozialistischen Mythologie herangezogen werden."

Mandl nennt als Beispiel für den Stil Burgstallers ein Felsritzbild mit einer abstrakten Figur, die in einer schwer zugänglichen Felsspalte des Toten Gebirges gefunden wurde: „Sie besteht aus einem viergeteilten Viereck, dem ein so genannter Dreispross mit einem nach oben und einem nach unten gewandten Besen aufsitzt." Burgstaller deutete 1942 dieses Zeichen als Elch-Rune. Der NS-Forscher soll mit größter Vorliebe immer wieder „Runen" identifiziert haben, auch in vermeintlich prähistorischen Motiven. Dass er damit die besonders frühen Vorfahren der Germanen im Salzkammergut nachweisen wollte, sei doppelt irreführend, betont Franz Mandl: „Runen sind nachweislich frühestens erst im 2. oder 3. Jahrhundert nach Christus entstanden." Generell habe Burgstaller die Anzahl prähistorischer Felsbilder völlig überschätzt: „Es sind nur sehr, sehr wenige." Hauptgründe dafür seien die starke Verwitterung und der wasserlösliche Kalkstein. Deshalb seien die meisten noch vorhandenen Felsbilder viel jüngeren Datums – aus dem Mittelalter und der Neuzeit, sagt Franz Mandl.

Neben der in diesem Kapitel verorteten Kienbachklamm bei Bad Ischl bzw. Strobl/St. Wolfgang am Wolfgangsee (rund 950 Einzelbilder) gibt es in der Region noch andere Plätze mit besonders vielen Felsbildern:

- Notgasse bei Gröbming am Ostrand des Toten Gebirges: 700 Einzeldarstellungen;
- Mausbendlloch bei Tauplitz: 550 Felsbilder;
- Höll beim Warscheneck, Hinterstoder: 500 Bilder;
- Traunkirchen am Traunsee, wo sich von der Gegenreformation verfolgte Protestanten an Felsen im Hochwald verewigt haben.

Weltweit gibt es in 77 Staaten rund 144 Gebiete mit Felsbildern mit mehr als 20 Millionen Einzeldarstellungen. In Österreich wurden bisher 800 Orte gefunden – mit etwa 30.000 Motiven aus Mittelalter und Neuzeit. Touristen und Wanderer haben die historischen Felsbilder vielerorts, zum Teil auch großflächig, zerstört – durch eigene Ritzbilder. Dazu kommen natürliche Schäden durch Verwitterung. So werden Dokumentation und Analyse für die moderne Forschung von Jahr zu Jahr schwieriger. Wenn Sie diese Orte besuchen, lassen Sie also bitte die Finger von den Felswänden! (gl)

Literatur:

Franz Mandl: Almen im Herzen Österreichs. Haus im Ennstal 2009.

Franz Mandl: Wege in die Vergangenheit rund um den Dachstein. Innsbruck 2009.

Franz Mandl: Felsbilder. Österreich-Bayern. Haus im Ennstal 2012.

Franz Mandl: Forschung in den Nördlichen Kalkalpen. Haus im Ennstal 2014.

Web:

Verein für alpine Forschung ANISA – anisa.at

imschatten.org/salzkammergut

12 BAD GOISERN

Südwand des Hohen Dachsteins auf steirischer Seite. Die bis heute beliebte Kletterroute des Erstbegehers und Judenhassers Eduard Pichl führt großteils durch den rechten Wandteil, hier komplett von der Sonne beschienen.
Flugbild: Gerald Lehner

Reise

1. Grab von Eduard Pichl, seinem gleichnamigen Neffen, den Zwillingsbrüdern Anton und Felix Steinmaier sowie Annemarie Pichl.
   Katholischer Friedhof, rechts vom mittleren Hauptweg im zentralen Teil, Obere Marktstraße/Kreuzung zur Schrempfgasse, 4822 Bad Goisern

Für Besuche und Wanderungen im Dachstein-Massiv:

2. Dachstein-Gletscherbahn, Schildlehen 79, 8972 Ramsau am Dachstein
3. Seilbahn Krippenstein & Simonyhütte
   Anreise/Zustieg über Hallstatt bzw. Obertraun, Seilbahn-Talstation, Winkl 34, 4831 Obertraun am Hallstättersee
   Generell gilt: Unerfahrene sollten Wander- oder Bergführer engagieren. Nie allein, nie ohne passende Ausrüstung, nie ohne Bergeversicherung ins Gebirge. Nie ohne Tourenplanung. Immer mit Kartenstudium.
   Alpinnotruf: 140.
4. Historisches Dachstein-Relief, im privaten Garten der Familie Schiendorfer, Pernecker Straße 74, 4820 Bad Ischl
   Wichtig: Das Relief ist von der Straße her gut sichtbar. Bitte respektieren Sie die Privatsphäre der Familie.

FRÜHER JUDENHASS IM ALPENVEREIN

Der Dachstein (2.995 Meter) beflügelt als höchster Punkt des Salzkammergutes seit Jahrhunderten die Fantasien. Auch in der Geschichte des Bergsteigens spielt das riesige, noch immer stark vergletscherte Massiv eine wichtige Rolle. Vielschichtig damit verbunden ist der Lebensweg von Eduard Pichl, einem der besten Kletterer seiner Zeit. Der Wiener Diplomingenieur und Alpinfunktionär hatte einen pathologischen Hass auf alles Jüdische. Seine antisemitischen Umtriebe verwandelten schon kurz nach dem Ersten Weltkrieg den Deutschen und Österreichischen Alpenverein zur frühen Brutstätte des Nationalsozialismus.

Eduard Pichl war mit dem 30 Jahre älteren Wiener Politiker und Deutschnationalen Georg Ritter von Schönerer (1842–1921) befreundet. Kurz nach dem Tod dieses fanatischen Antisemiten, dessen Schriften auch Hitler stark beeinflussten, begann Pichl mit den Arbeiten an einer Schönerer-Biografie. Deren erste Bände erschienen 1923, der letzte dann 1938 – als Österreich von den Nationalsozialisten an Hitlers „Drittes Reich" gewaltsam „angeschlossen" wurde.

Pichl wurde nie für seine über Jahrzehnte praktizierte Hetze und als geistiger Wegbereiter des Holocaust zur Verantwortung gezogen. Er erlag 1955 mit 82 Jahren im Ortsteil Lauffen bei Bad Ischl den Folgen seiner Parkinson-Erkrankung, wegen der er schon jahrelang im Rollstuhl gesessen war.

54 Jahre zuvor – im Sommer 1901 – hatte er seinen schon lange bestehenden Ruf als Kletterstar und Erstbegeher atemberaubender Touren gefestigt. Mit zwei anderen Bergsteigern fand er eine Route durch die bis dahin als unbezwingbar geltende Südwand des Dachsteins. Der heutige „Pichlweg" verläuft unter dem Hauptgipfel im rechten Teil der Wand – über 900 Höhenmeter, 21 Seillängen und vier bis sechs Stunden Kletterzeit.

Die Zwillingsbrüder und Extrembergsteiger Anton und Felix Steinmaier, Bildnis auf dem Gemeinschaftsgrab in Bad Goisern. In diesem ist auch der Judenhasser, Alpenvereinsfunktionär und Alpinist Eduard Pichl bestattet. Toni Steinmaier hatte nichts gegen Juden, er war auch Seilpartner des legendären Paul Preuß.
Bild: Gerald Lehner

Schwierigkeit laut heutigen UIAA-Standards: 3 plus, einige Stellen im vierten Grad. Die eigentlichen Herausforderungen sind noch immer Länge und Höhenunterschied sowie die Gefahren bei Schlechtwetter.

Das vergletscherte Dachstein-Hochplateau ist über die Südwandbahn vom steirischen Ramsau her leicht erreichbar. Sportlichere wählen gern den Anstieg von Norden her – via Hallstatt und Obertraun und über die Simonyhütte. Der „Pichlweg" gehört noch immer zu den Klassikern in den Ostalpen, kann auch von Genusskletterern gut bewältigt werden. Regionale Tourismusverbände bewerben ihn als Attraktion. Auf zeitgeschichtliche Zusammenhänge verzichtet man in der Werbung wohlweislich. Hier legen sich lange und dunkle Schatten über das Dachsteinmassiv.

1921 wählte die Wiener Alpenvereinssektion Austria – eine der größten Sektionen im Deutschen und Österreichischen Alpenverein (DuÖAV), der damals ein deutschnationaler Gesamtverband war – den politisch aggressiven Pichl zu ihrem Obmann. Zu seinen ersten Aktionen gehörten der Hinauswurf jüdischer Männer und Frauen aus der Sektion und die Aufnahme eines sogenannten „Arierparagraphen" in die Vereinssatzung. Demnach sollten nur „deutschblütige" („arische") Leute beim Alpenverein sein.

Die Sektion Austria folgte damit der Sektion Wien, der Akademischen Sektion Wien und dem Österreichischen Touristenklub, die ihre jüdischen Mitglieder zum Teil schon 15 Jahre zuvor ausgeschlossen hatten. Pichl setzte den „Arierparagraphen" anschließend noch bei anderen Sektionen (u. a. Österreichischer Gebirgsverein) und – gegen den Widerstand von Willi Rickmer Rickmers und Johann Stüdl – auch beim Dachverband des DuÖAV durch. Hier zeigte sich, dass viele, zum Teil wirtschaftlich sehr potente Sektionen in Deutschland viel weniger oder auch gar nicht antisemitisch waren. Gegen Pichls weit über Österreich hinausgreifende Intrigen und Machenschaften nützte das jedoch nichts.

Die ausgeschlossenen Männer, Frauen und Jugendlichen in Wien gründeten 1921 ihre eigene Sektion Donauland. Deren Mitglied war zum Beispiel auch der später weltberühmte Viktor Frankl, ebenso der spätere Hollywood-Filmregisseur Fred Zinnemann und der an der Wiener Staatsoper gefeierte Musiker und Schriftsteller Joseph Braunstein, der nach seiner Flucht vor den Nazis in den USA als Universitätslehrer arbeitete.

Als die jüdische Donauland den DuÖAV nicht freiwillig verlassen wollte, wurde sie 1924 – wiederum auf Pichls Betreiben hin – ausgeschlossen. Schon 1923 hatte dieser mit nach Österreich geflüchteten Rechtsradikalen aus Deutschland den „Alpinen Wehrverein Edelweiß" und die „Deutsche Wacht" gegründet, die terroristische Attentate gegen Andersdenkende verübten.

Pichl wollte in den Alpen überhaupt keine Leute mehr sehen, die nach seinen Kriterien keine „Arier" waren. Bei diesem Kampf bediente er sich geschickt vieler Klischees und der schon damals modernen Kritik des alpinen Massentourismus. Er schwadronierte, dass die Berge immer mehr „von Schwärmen volksfremder Männer und Weiber bevölkert" seien. Sein enger

Gemeinschaftsgrab der Familie Pichl in Bad Goisern – zwei Eduards (Onkel und Neffe) sowie Annemarie. Daneben liegen hier noch Felix und Anton Steinmaier, der erste Ehemann von Annemarie Pichl.
Bild: Gerald Lehner

Freund, der Wiener NSDAP-Pionier Walter Riehl, warnte vor „Kaftanträgern auf dem Glocknergipfel". Und man sei empört, „wenn man auf der Rax blonde Mädel sieht, die von einem Schieberjuden geführt werden".

Im „Dritten Reich" gehörten Eduard Pichl (als Schönerer-Biograf) und Hitlers Jugendfreund August Kubizek zu jenen Menschen aus der gemeinsamen Jugend, an die sich der nunmehrige Reichskanzler gern erinnerte. Hitler unterstützte über das „Reichsinstitut für Geschichte des neuen Deutschlands" im Jahr 1938 den Druck der beiden noch fehlenden Bände von Pichls Schönerer-Biografie. Er ließ die halbe Auflage (500 von 1.000 Exemplaren) mit Staatsgeld ankaufen. Schönerers 100. Geburtstag wurde dann 1942 – wieder mit dem Segen Hitlers

– bei einer Ausstellung im Wiener Messepalast gefeiert. Organisatoren waren Pichl und andere Schönerer-Jünger.

Nach dem Zweiten Weltkrieg offenbarte sich die fortgesetzte Unbelehrbarkeit führender Mitglieder der Wiener ÖAV-Sektion Austria. Anlässlich ihres 100-Jahr-Bestandsjubiläums (1962) sagte der Vorsitzende Bruno Streitmann, Pichl habe die Sektion in der Zwischenkriegszeit zur „Blüte" geführt. „Eine Stellungnahme zu Pichls kriegshetzerischem Revanchismus und seinem barbarischen Antisemitismus der Tat verweigerte Streitmann", schreibt dazu der Wiener Historiker, Kletterer und Extrembergsteiger Rainer Amstädter.

So war auch schon das Begräbnis von Eduard Pichl im Frühling 1955 auf dem katholischen Friedhof von Bad Goisern zum Aufmarsch von Ewiggestrigen geraten. Man sei angereist, „um dem Großen der Berge die Treue über den Tod hinaus zu bezeugen ... und dem großen Bergsteiger für sein wegweisendes Leben zu danken".

Als Eduard Pichl im März 1955 hier bestattet wurde, lagen schon zwei andere Bergsteiger mehrere Jahrzehnte in dem Grab – die Zwillingsbrüder Anton und Felix Steinmaier aus Lauffen bei Bad Ischl. Sie fielen bereits vor dem Ersten Weltkrieg als hervorragende Skibergsteiger und Extremkletterer auf. Anton war in seinen besten Zeiten mehrfach mit dem berühmten Paul Preuß unterwegs, dem mutmaßlich weltweit besten Kletterer dieser Epoche. Wegen seiner jüdischen Wurzeln wurde Preuß von Alpenvereinsfunktionären und anderen Antisemiten schon früh angefeindet. Mit Steinmaier vollendete er beispielsweise im September 1913 die sehr schwierige Erstbegehung der Nordostkante auf dem Freyaturm im Gosaukamm. Im folgenden Oktober stürzte Preuß im ungesicherten Alleingang von der Nordkante des Mandlkogels in den Tod (siehe Kapitel „Der Klettergott Paul Preuß").

Und warum liegen die Steinmaier-Zwillinge in einem Grab mit dem Judenhasser Pichl? Es gibt dazu eine biografisch-familiäre Verbindung über die Ehefrau seines gleichnamigen Neffen, der in Bad Ischl als Kunstmaler arbeitete. Und diese Annemarie Pichl war in erster Ehe mit dem Extrembergsteiger Toni Steinmaier verheiratet. Sie starb 1977 mit 69 Jahren an Krebs. Ihre Urne wurde ebenfalls in diesem Grab bestattet. (gl)

Dachstein im Kleinformat nachgebaut

Felix und Toni Steinmaier hatten beide bei der Saline in Bad Ischl gearbeitet, ehe sie in den Ersten Weltkrieg einrücken mussten. Von den Isonzo-Schlachten kamen sie als körperliche Wracks zurück. Beide sollten sich nie wieder davon erholen. Den Gebirgskrieg in den Karnischen und Julischen Alpen, die unvorstellbaren Strapazen und vermutlich auch die Spanische Grippe, der Millionen Menschen zum Opfer fielen, hatten sie wohl nur deshalb überlebt, weil sie vom Bergsteigen und Klettern eine hervorragende Kondition mitbrachten. Felix Steinmaier überstand das Kriegsende aber nur um sechs Jahre. Er starb 1924 an einer relativ leichten Krankheit. Toni folgte ihm 1928, als ihn eine Infektion dahinraffte.

Die Steinmaiers hatten sich privat auch als Modellbauer einen Namen gemacht. 1913 begannen sie vor ihrem kleinen Haus im Ischler Ortsteil Lauffen mit dem Bau „ihres" Dachsteins, einem großen, begehbaren Relief, das bis heute existiert. Das dreidimensionale Kunstwerk zeigt das Bergmassiv zwischen Oberösterreich, Steiermark und Salzburg mit seinen Gletschern um das Jahr 1900. Die Arbeiten dauerten mehrere Jahre. Die Steinmaiers benutzten nur natürlich „gewachsene" Steine, die der Wirklichkeit möglichst nahe kommen sollten. Das Relief wurde später von Nachkommen gepflegt und war eine Attraktion in Lauffen bei Bad Ischl. Das Haus der Brüder mutierte im Volksmund zum „Dachsteinhäusl".

2020 benötigte man hier den Garten für eine junge Familie mit Kindern. So entschloss sich Leo Schiendorfer, ein entfernter Nachfahre von Annemarie

Literatur:

Rainer Amstädter: Der Alpinismus. Kultur – Organisation – Politik. Wien 1996.

Brigitte Hamann: Hitlers Wien. Lehrjahre eines Diktators. München 1996.

Gerald Lehner: Zwischen Hitler und Himalaya. Die Gedächtnislücken des Heinrich Harrer. Wien 2007.

Hanno Loewy, Gerhard Milchra: Hast Du meine Alpen gesehen? Eine jüdische Beziehungsgeschichte. Hohenems/Wien 2009.

Web:

Südwandbahn, Steirische Ramsau: derdachstein.at

Seilbahn Krippenstein: dachstein-salzkammergut.com

Simonyhütte: simonyhuette.com

Leo Schiendorfer mit dem geretteten Dachstein-Relief der Brüder Steinmaier von 1913 bei seinem Haus.
Bild: Gerald Lehner

Pichl, das Relief zu seinem Haus im Ischler Ortsteil Perneck zu übersiedeln und dort neu aufzubauen. Hier machte es der Maschinenschlosser und Bergsteiger wieder für die Öffentlichkeit zugänglich. Zu sehen sind auch alpinistische Ausrüstung von Toni Steinmaier und der Original-Eispickel des Dachstein-Pioniers und berüchtigten Alpenvereinsfunktionärs Eduard Pichl.

Literatur:

Bodo Hell, Elsbeth Wallnöfer, Peter Kubelka: Wilder Dachstein. Salzburg 2018.

Harald Lobitzer: Geologische Spaziergänge: Rund um den Hallstätter See – Salzkammergut. Wien 2013.

Reinhold Messner: Der Philosoph des Freikletterns. Die Geschichte von Paul Preuß. München/Kiel 2011.

Roman Moser: Dachsteingletscher und deren Spuren im Vorfeld. Hallstatt 1997.

Friedrich Simony: Das Dachsteingebiet. E. Hölzl, Wien 1895. Nur noch antiquarisch oder in Bibliotheken.

Web:

kulturpfade-badischl.at/dachstein-relief

13 VOLKSSCHULE BAD GOISERN

Der neu gewählte FPÖ-Obmann Jörg Haider, in Bad Goisern aufgewachsen, und Bundespräsident Kurt Waldheim im September 1986, jenem Jahr, in dem die sogenannte „Waldheim-Affäre" für einen Riss im Opfermythos Österreichs sorgte. Waldheim hatte nicht nur seine NS-Vergangenheit verschwiegen, sondern auch aktiv geleugnet, was zu internationalen Verwerfungen führte.

Bild: Robert Jaeger / APA-Archiv / picturedesk.com

Reise

Volksschule Bad Goisern, Obere Marktstraße 7, 4822 Bad Goisern am Hallstättersee

Gegend

Der Ort liegt im Traunbecken zwischen Bad Ischl und Hallstättersee, dominiert von der „Ewigen Wand" und dem Predigtstuhl. Sehhenswert der alte Ortskern, das Konrad-Deubler-Denkmal im Kurpark von Bad Goisern für den „Bauernphilosophen", das Hand.Werk.Haus Salzkammergut im Goiserer Schloss Neuwildenstein, die Anzenaumühle und die Chorinskyklause, eine gut erhaltene Klause zur Holztrift im Goiserer Weißenbachtal. Am Soleleitungsweg nach Lauffen. Das einstige bedeutende Zentrum des Inneren Salzkammerguts versprüht morbiden Charme. Hier Elisabeth-Hospiz (ehemaliges Salzfertigerhaus) und oberhalb von Lauffen zu den Schautafeln und Gedenksteinen bei den teilweise noch vorhandenen Bauten und Stollen des ehemaligen Ischler Salzbergwerks in Perneck/Lauffen. In die andere Richtung des Soleleitungswegs von Bad Goisern bis zum Hallstättersee und Hallstatt. Ausflug zur Hoisenradalm (ehemaliger Treffpunkt kommunistischer Widerstandszellen im Austrofaschismus). Breites Angebot an Rad-, Wander-, Berg-, Kletter-, Mountainbike-, Skilanglauf-, Schneeschuh- und Skitouren rund um Bad Goisern im Toten Gebirge, Höllen- und Kater- sowie Dachsteingebirge.

FAMILIENBANDE – DIE HAIDERS AUS BAD GOISERN

Der 2008 tödlich verunglückte Kärntner Landeshauptmann Jörg Haider, der sich wiederholt mit Sprüchen von der „anständigen Beschäftigungspolitik" der Nazis oder der „Ehre" und dem „Pflichtbewusstsein" von SSlern outete, wurde 1950 in Bad Goisern geboren und wuchs hier auf. Sein Vater, der Schuhmacher Robert Haider, illegaler Nationalsozialist vor 1938 und SA-Angehöriger, nahm am Nazi-Putsch im Juli 1934 teil und stieg nach dem „Anschluss" zum „Gaujugendwalter" der Deutschen Arbeitsfront in „Oberdonau" auf. Jörg Haiders Mutter Dorothea war als BdM-Führerin ebenfalls überzeugte Nationalsozialistin.

Bad Goisern galt bereits in den 1920er-Jahren als Sammelbecken großdeutscher und nationalsozialistischer Fans. Mit der Machtübernahme Hitlers 1933 in Deutschland verschärften auch die Nazis in Österreich ihre Gangart. Im Salzkammergut waren Bölleranschläge, Flugzettel- und Schmieraktionen, Hissen von Hakenkreuzfahnen, Drohungen gegenüber Jüdinnen und Juden, Vertretern der Vaterländischen Front, Angehörigen der sozialdemokratischen und kommunistischen Partei sowie politisch motivierte Raufereien an der Tagesordnung. Robert Haider, der als 16-Jähriger der SA (Sturmabteilung) beigetreten war, befand sich unter den amtsbekannten Aktivisten. Im August 1933 berichtete die „Salzkammergut-Zeitung", dass Haider verhaftet worden war, aber unter nicht geklärten Umständen aus der Haft entkommen hatte können. Er flüchtete mithilfe von Freunden nach Bayern zur „Österreichischen Legion", der paramilitärischen Einheit österreichischer Nationalsozialisten im Deutschen Reich, die sich auf die Machtübernahme in Österreich vorbereitete.

Am 25. Juli 1934, dem Beginn des sogenannten „Juliputsches", bei dem Nazi-Putschisten Bundeskanzler Engelbert Dollfuß ermordeten, standen bereits Einheiten der „Österreichischen Legion" an der bayerisch-salzburgischen und bayerisch-oberösterreichischen Grenze in Bereitschaft, um die Herrschaft in Österreich zu übernehmen. Am 26. und 27. Juli überfielen Legionäre drei Grenzposten bei Kollerschlag, es kam zu mehrstündigen Kämpfen mit vier Toten. Robert Haider und Anton Burger, der spätere Kommandant des Ghettos Theresienstadt, nahmen an den Überfällen teil. Nach der Niederschlagung des Putsches in Österreich zog sich Haider mit den anderen wieder nach Bayern zurück, wo er zu einer „Ehrenhaft" in Landsberg am Lech verurteilt wurde. Es galt als „Ehre", in jenem Gefängnis einzusitzen, in dem auch Adolf Hitler nach dem gescheiterten Putschversuch 1924 seine Haft verbrachte und „Mein Kampf" schrieb.

In Bad Goisern selbst befanden sich am 25. und 26. Juli ebenfalls rund 250 Putschisten, welche die Macht übernehmen wollten. Sie besetzten das Gemeindeamt, den Bahnhof, den Gendarmerieposten und verwüsteten das katholische Erziehungsheim Stephaneum. In Steeg (zwischen Hallstatt und Bad Goisern) kam es zu Schießereien. Als einer der Anführer des Putsches agierte Konditormeister Felix Urstöger, der nach dem „Anschluss" wie viele andere illegale Nationalsozialisten Karriere machte. Robert Haider erhielt 1938 den Posten des „Gaujugendwalters" der Deutschen Arbeitsfront (DAF), meldete sich aber 1940 freiwillig an die Front. Als Soldat der 45. Infanteriedivision – inoffiziell unter dem Namen „Hitlers Heimatdivision" bekannt – kämpfte er zunächst in Frankreich, dann in der Sowjetunion. Angehörige der 45. Infanteriedivision waren in Kriegsverbrechen verstrickt, für die sie sich nach 1945 vor Gerichten verantworten mussten. Kurz vor Kriegsende heiratete Robert Haider Dorothea Rupp, eine Arzttochter. Ein Onkel Rupps hatte 1941 jenes „arisierte" Gut samt Ländereien im Bärental erworben, das er später Jörg Haider vererbte.

Nach dem Ende des „Dritten Reichs" verhafteten die Alliierten Robert Haider, er musste bei Aufräumarbeiten im KZ Ebensee mithelfen und kam als ehemaliger NS-Funktionär ins Lager Glasenbach. Seine Frau Dorothea erhielt als Lehrerin Berufsverbot. 1947 wurden beide als „minderbelastet" eingestuft. 1950 kam Sohn

Jörg auf die Welt, seine Schwester Ursula war zu diesem Zeitpunkt bereits fünf Jahre alt.

Der Musiker Hubert von Goisern, mit richtigem Namen Hubert Achleitner, ist zwei Jahre jünger als Jörg Haider und wuchs ebenfalls in Bad Goisern auf. Achleitners Großvater und Jörg Haiders Vater waren gut miteinander bekannt: „Mein Großvater war ein sehr guter Freund seines Vaters. Ich bin erst viel später draufgekommen, dass mein Großvater auch das war, was man als Nazi bezeichnen würde. Die beiden haben sich immer zu den Geburtstagen getroffen."

Robert Haider stieg zum FPÖ-Parteisekretär im Bezirk Gmunden auf und unterstützte die politischen Ambitionen seines Sohnes von Beginn an. Laut österreichischem Nachrichtenmagazin „profil" bereute er auch in den 1990er-Jahren nichts und gab an, „er würde die Sache wieder machen". 1997 erhielt Robert Haider von Bundespräsident Thomas Klestil die „Goldene Medaille für Verdienste um die Republik Österreich". Haider erhielt die Auszeichnung als Obmann des Oberösterreichischen Seniorenrings. Vergessen war die Zeit, als er im Dienste Hitlers und des „Dritten Reichs" half, Österreich von der Landkarte zu tilgen. Er starb 2004. Als Jörg Haider vier Jahre später tödlich verunglückte, war er auf dem Weg ins Bärental, wo am Tag darauf der 90. Geburtstag seiner Mutter Dorothea gefeiert werden sollte. (sr)

Literatur:

Christa Zöchling: Haider. Licht und Schatten einer Karriere. Wien 1999.

Salzkammergutzeitung, Jahrgänge 1933 und 1934.

Winfried R. Garscha: Juliputsch 1934, in: Mitteilungen des Dokumentationsarchivs des österreichischen Widerstandes, Nr. 167, auf https://www.doew.at/cms/download/dlmms/167.pdf, aufgerufen am 11.3.2024.

(14) GOSAUKAMM-BAHN

Paul Preuß (1886–1913), großes Vorbild für heutige Alpinisten, Hoch- und Höchstleistungskletterer.
Bild: Internationale Paul-Preuß-Gesellschaft

Reise

1. Paul-Preuß-Denkmal bei der Gosaukamm-Seilbahn-Talstation, Gosauseestraße 148, 4824 Gosau
2. Grab von Paul Preuß
   Der Friedhof von Altaussee liegt 200 Meter nordöstlich von Kirche und Dorfzentrum. Hier liegt auch seit 2006 der österreichische Journalist und Gründer des Czernin Verlags Hubertus Czernin.
   Pfarrgemeinde: Fischerndorf 36, 8992 Altaussee

Gegend

Der Gosaukamm ist ein flächenmäßig kleinerer, sehr schroffer, steiler und alpinistisch schwieriger Gebirgsstock, der dem Dachsteingebirge im Nordwesten vorgelagert ist. Trotz ihrer geringen Ausdehnung bietet diese Landschaft über dem Tal von Gosau eine der weltweit schönsten Kulissen.

DER KLETTERGOTT PAUL PREUSS

Der jüdische, familiär im Salzkammergut verwurzelte Österreicher war einer der besten Bergsteiger aller Zeiten. Das vielschichtige Leben des Paul Preuß widersprach vielen Klischees, die die Nationalsozialisten auch mithilfe des Klettersports propagierten. Ihre Ideologie des Heldischen und des Judenhasses war in deutschsprachigen Teilen der Alpen noch lange nach dem Krieg zu spüren. Der Aufrührer Reinhold Messner wehrte sich dagegen als einer der Ersten. 1986 publizierte er sein legendäres Buch über Paul Preuß und holte seinen – von der Öffentlichkeit längst vergessenen – Bruder im Geiste damit aus der Versenkung.

Der Steirer Preuß, 1886 geboren, stammte aus Altaussee. Mit 23 Jahren konvertierte er zum Protestantismus, um an der Universität München promovieren zu können. Juden war das damals verwehrt. Preuß machte über diese Hintertür souverän seinen Doktor in Pflanzenphysiologie und tobte sich daneben sportlich in den Bergen der Heimat, in den Dolomiten sowie in den Westalpen aus.

In den 27 Jahren seines kurzen Lebens verbrachte er mehr als 1.200 Tage beim Klettern, auf Hochtouren und winterlichen Skitouren. An die 150 Erstbegehungen von Kletterrouten gehen auf sein Konto – die meisten in Alleingängen, die ungeheuren Mut, Können und Erfahrung erforderten – auch wegen der technisch noch sehr mangelhaften Ausrüstung: Grohmannspitze, Guglia di Brenta, Crozzon di Brenta, Langkofel, Delagoturm, Kleine Zinne, Aiguille Gamba, Aiguille Savvie, Pointe Papillon, Trisselwand, Däumling, Große Bischofsmütze, Freyaturm und Donnerkogel …

Anfeindungen durch antisemitische Fanatiker

Parallel dazu erlebte er Anfeindungen und Ausgrenzungen durch Judenhasser, die es damals in den Bergen in sehr großer Zahl gab. Der Österreichische Alpenklub weigerte sich bis zuletzt, den jungen

Großer Mandlkogel (2.279 m) im zentralen Teil des Gosaukammes, wo Paul Preuß vom oberen Teil der Nordkante – hier auf der oberösterreichischen Seite – am 3. Oktober 1913 in den Tod stürzte.
Flugbild: Gerald Lehner

Kletterstar aufzunehmen. Erst spät konnte Preuß als Student der Biologie beim Akademischen Alpenverein München, der sich als Elite verstand, Mitglied werden. Schon in den 1920er-Jahren wurde sein Name von antisemitischen Fanatikern im Alpenverein (wie Eduard Pichl; siehe Kapitel „Früher Judenhass im Alpenverein") aus den Gipfel- und Geschichtsbüchern gestrichen, seine Leistungen totgeschwiegen.

Am 3. Oktober 1913 nahm sich Preuß die Nordkante auf dem Mandlkogel auf oberösterreichischer Seite des Gosaukammes vor – ganz allein und nicht gesichert. Und wieder einmal wollte er eine Erstbegehung vollenden, eine neue, bisher nie begangene Route eröffnen. Knapp unter dem Gipfel dürfte ihm ein Felsgriff ausgebrochen sein, nachdem er den schwierigsten Teil schon hinter sich hatte. Man fand seinen zerschmetterten Körper elf Tage später weit unten im Kar.

Messners Buch über sein Leben kam mehr als 70 Jahre nach Preuß' Tod heraus. In dieser sehr langen Zeit hatte Europas

Öffentlichkeit den einstigen Kletterstar vergessen. Sportfunktionäre der Nazis breiteten nach der Machtübernahme in Deutschland (1933) und Österreich (1938) einen fast undurchdringlichen Mantel des Schweigens über seine Spitzenleistungen.

Juden durften die edlen „Germanen" im Extrem- und Hochleistungssport einfach nicht übertreffen. Solche Grundeinstellungen lagen noch lange nach dem Zweiten Weltkrieg in der Luft. Die Vereinnahmung und Militarisierung des Alpinismus durch braunes Gedankengut konnte erst Anfang der 1970er-Jahre aufgeweicht werden – unter dem Einfluss der Hippie- und Freikletterbewegung, die aus den USA nach Europa schwappte. Statt Strammstehen, moralinsaure „Ideale", Zucht und Ordnung waren nun bunte Mode, Stirnbänder und freie Kletterstile angesagt; man sollte – und wollte – mit möglichst wenig künstlichen Hilfsmitteln auskommen. Die Alpen verwandelten sich ideologisch vom nationalen Schlachtfeld zum Spielplatz der Individualisten, die sich nun selbst verwirklichen und nicht mehr dem „Volk" dienen wollten.

Gosaukamm als „Spielwiese" der Extremen

In diesem Stil waren 60 Jahre zuvor schon Preuß und einige seiner Gefährten unterwegs gewesen. Es gab auch schon Massentourismus, dem sie entfliehen wollten. Im Dachsteingebiet waren die meisten Gipfel und Routen kurz vor dem Ersten Weltkrieg erkundet und erschlossen – durch eine ältere Generation von Pionieren, angeführt von dem Forscher, Geografen und frühen Alpinisten Friedrich Simony. Die deutlich jüngeren „Wilden" wie Preuß fanden nur noch im benachbarten Gosaukamm weitgehend „unberührtes" Territorium vor, das es nun mit einem neuen Stil zu erobern galt. Diese Sehnsuchtslandschaft mit pittoresken Felstürmen aus Kalkstein liegt im südwestlichen Teil des Salzkammergutes – ein Dreiländereck zwischen den idyllischen Bergdörfern Ramsau (Steiermark), Filzmoos, Annaberg (beide Salzburg) und Gosau (Oberösterreich).

Paul Preuß war am liebsten allein unterwegs – so auch im Sommer 1911, als er ungesichert durch die Westwand des Totenkirchl im Wilden Kaiser (Tirol) stieg – ein unglaublicher Rekord, der auch im Ausland für Schlagzeilen sorgte. Wenig später folgten im Alleingang einige seiner Erstbegehungen im Trentino, die von anderen Seilschaften erst Jahrzehnte später wiederholt werden konnten. Allein im Jahr 1911 absolvierte Preuß insgesamt 93 Touren in nur vier Monaten, viele gehörten zu den schwierigsten dieser Zeit.

Für den heimatlichen Gosaukamm tat sich Preuß gelegentlich mit dem Ischler Bergsteiger Toni Steinmaier zusammen. Der war fast fünf Jahre älter und brachte von extremen Touren mit seinem Zwillingsbruder Felix und einem gewissen Hans Reindl viel Erfahrung mit. Anfang 1913 geriet der noch immer unbestiegene Freyaturm in ihr Blickfeld. Am 15. Juni gelang dem Trio Steinmaier-Reindl dessen Erstbesteigung. Sie wählten vom nahen Donnerkogel kommend einen Felskamin für den Abschluss der Kletterei. Danach musste kurz abgeseilt und ein riesiger Gratturm umgangen werden, ehe der Weg zum Gipfel frei war.

Genau drei Monate später kam Toni Steinmaier wieder zum Freyaturm im Gosaukamm – dieses Mal mit Paul Preuß. Am 28. September 1913 glückte ihnen die kühne Erstbegehung der Nordostkante. Das Duo arbeitete sich dabei von einem Felsband in sehr schwierigem Gelände und in direkter Linie auf den Gipfel.

Danach überschritten sie den Freyaturm und den Großen Donnerkogel in Richtung Südwesten. Die dabei überwundene 550 Meter hohe Wand gilt noch heute als sehr schwierige, extreme Kletterei. Preuß und Steinmaier gerieten zwei Mal in Lebensgefahr, weil beim Vorausklettern jeder einmal ins Steil stürzte. In beiden Fällen konnte der jeweils sichernde Partner die Katastrophe mit Mühe abwenden. Sie drohte der ganzen Seilschaft – wegen der aus heutiger Sicht völlig unterentwickelten Sicherungstechnik an den Zwischensicherungen und Standplätzen.

Preuß hatte nach diesem Abenteuer noch immer nicht genug. Am nächsten Tag kletterte er – nun wiederum allein – über eine noch heute atemberaubende Route auf den Schafkogel, eine weitere Erstbegehung im Gosaukamm. Und nur vier Tage später stürzte er, wie bereits erwähnt, auf dem Mandlkogel in den Tod.

Preisverleihungen zur Erinnerung an Preuß

Preuß' alpinistische Leistungen motivieren heute auch die Männer und Frauen der Internationalen Paul-Preuß-Gesellschaft (IPPG), einer Vereinigung, die sich der Förderung des modernen Alpinismus im Stil von Preuß verschrieben hat. Die IPPG vergibt jährlich einen Preis im Gedenken an ihren Namenspatron. 2023 bekam ihn der slowenische Extrembergsteiger Marko Prezelj. Die Tirolerin Laura Tiefenthaler erhielt den Paul-Preuß-Förderpreis für junge, hervorragende Kletterer. Vier Jahre zuvor ging der Hauptpreis an den deutschen Spitzenkletterer und Expeditionsbergsteiger Bernd Arnold. Der stammt aus dem Elbsandsteingebirge bei Dresden und war weltweit einer der Ersten, die in den zehnten Schwierigkeitsgrad (UIAA) vorstießen. Auch die international bekannten Extrembergsteiger Alexander und Thomas Huber („Huber-Buam") aus dem Berchtesgadener Land gehören zu den Preisträgern. (gl)

Literatur:

Reinhold Messner: Freiklettern mit Paul Preuß, 1986, antiquarisch erhältlich.

Reinhold Messner: Der Philosoph des Freikletterns. Die Geschichte von Paul Preuß. München/Kiel 2011.

David Smart: Paul Preuss. Lord of the Abyss. Rocky Mountains 2019.

Web:

paulpreuss-gesellschaft.com

Langjähriger Präsident der Preuß-Gesellschaft:
Georg „Joe" Bachler: bachler-team.at

15 EVANGELISCHE KIRCHE, HALLSTATT

Hallstatt mit evangelischer Kirche (Bildmitte), links davon die katholische Kirche.
Bild: Susanne Rolinek

Reise
Evangelische Pfarrkirche, Landungsplatz, 4830 Hallstatt

Gegend
Die am schmalen Uferstreifen des Hallstätter Sees gelegene UNESCO-Welterbegemeinde ist von Overtourism betroffen. Bitte die Privatsphäre der Einwohner:innen beachten, keine Privatgärten oder -häuser betreten! Zu sehen gibt es vieles: den Ortskern mit seinen engen Gassen und denkmalgeschützten Häusern, das Welterbe-Museum, das aus dem 16. Jahrhundert stammende „Beinhaus" mit seinen Totenschädeln, das älteste Salzbergwerk der Welt (Schaubergwerk Salzwelten Hallstatt) und die prähistorischen Gräberfelder im vom Rudolfsturm dominierten Salzberg-Hochtal über Hallstatt (mit einer Standseilbahn oder zu Fuß erreichbar) sowie den Soleleitungsweg. Ausflug nach Obertraun. Darüber hinaus bietet der Kulturverein „kunterbunt KulturBunt" ganzjährig zahlreiche Veranstaltungen an. Rund um Hallstatt und Obertraun ein breites Angebot an Rad-, Wander-, Berg-, Kletter-, Mountainbike-, Skilanglauf-, Schneeschuh- und Skitouren.

ELSE BERGMANNS LEBEN ALS „U-BOOT"

Jüdinnen und Juden, die versteckt oder mit falscher Identität die NS-Zeit überleben konnten, bezeichneten sich selbst als „U-Boote". Else Bergmann, verheiratet mit dem evangelischen Pfarrer von Hallstatt, war eine von ihnen. Sie überlebte die NS-Verfolgung, indem sie in der Nacht vor ihrer Deportation ihren Selbstmord im Hallstätter See vortäuschte und sich bis zur Befreiung unter anderem Namen in Bayern aufhielt.

Else Bergmann, geb. Graf, galt trotz ihres evangelischen Bekenntnisses nach den rassistischen „Nürnberger Gesetzen" von 1935 als Jüdin, ihre fünf gemeinsamen Kinder mit dem „arischen" evangelischen Pfarrer Hellmuth (Hellmut) Bergmann galten als „Mischlinge". Die aus Deutschland stammende und zunächst dort lebende Familie war nach der nationalsozialistischen Machtübernahme im Jänner 1933 antisemitischen Angriffen ausgesetzt. Else Bergmanns Schwester beging noch im Jahr 1933 Selbstmord, als sie als Jüdin ihre Stelle als Krankenpflegerin in einem deutschen Krankenhaus verlor.

Im Jahr 1935 übersiedelte Familie Bergmann nach Hallstatt. Hellmuth Bergmann übernahm die Stelle als evangelischer Pfarrer in der Salzkammergutgemeinde. Eine offenbar angedachte Auswanderung nach Australien scheiterte an finanziellen Hürden. Auch in Hallstatt kam die Familie nach dem „Anschluss" Österreichs an Deutschland zunehmend unter Druck, obwohl Hellmuth Bergmann durchaus großdeutsch eingestellt war und sich auch stolz in seiner Wehrmachtsuniform am Familienweihnachtsfoto abbilden ließ. Ungeachtet dessen war die Familie mit antisemitischen Anfeindungen sowie gesellschaftlicher Ausgrenzung konfrontiert, die älteren Kinder mussten sogar das Gymnasium verlassen. Else Bergmann galt zwar in ihrer „gemischtrassischen" Ehe zunächst als geschützt, die Gefahr der Deportation stand jedoch permanent im Raum.

Im Februar 1945 schließlich – nur wenige Monate vor der Befreiung – erließ die Gestapo den Befehl, alle in „gemischtrassischen"

Straßenszene in Hallstatt, 1935. In diesem Jahr übernahm Hellmuth Bergmann die Stelle als evangelischer Pfarrer in Hallstatt.
Bild: Österreichische Nationalbibliothek

Ehen befindliche Jüdinnen zu verhaften. Im Inneren Salzkammergut stand Else Bergmann mit zwei weiteren Frauen auf dieser Liste der Gestapo. Hellmuth Bergmann gab in einem Ansuchen um „Ausstellung einer Amtsbescheinigung wegen Verfolgung aus rassischen Gründen" für seine Frau nach 1945 an: „Noch im Anfang des Jahres 1945 stand meine Frau vor der Verhaftung und Überstellung ins KZ, und nur dem Umstand rechtzeitiger Warnung ist es zuzuschreiben, dass sie sich dem Zugriff entziehen konnte." Else täuschte daraufhin ihren nächtlichen Selbstmord im eiskalten Wasser des Hallstätter Sees vor. Der Hallstätter Bevölkerung erschien es plausibel, dass sie der drohenden Deportation durch Selbstmord entgehen hatte wollen. Auch die beiden jüngsten Kinder der Bergmanns wurden im Glauben gelassen, ihre Mutter sei tot; die Kleinen hätten sich vielleicht verplappert. Der Rest der Familie wusste Bescheid.

Indessen war Else Bergmann in der Tracht einer Krankenpflegerin (sie hatte früher in der Krankenpflege gearbeitet) und mit den Papieren ihrer verstorbenen Schwester, in die noch kein „J" für „Jude" gestempelt war, von Steeg am Hallstätter See mit dem Zug nach Passau gefahren. „Sie hat dann getarnt in Passau im Krankenhaus als Pflegerin gearbeitet, fern von ihrer Familie, von der sie weder ein Lebenszeichen empfangen noch dieser eines geben durfte", heißt es im Ansuchen um „Ausstellung einer Amtsbescheinigung wegen Verfolgung aus rassischen Gründen". Else Bergmann konnte die letzten Monate bis zur Befreiung vom NS-Regime mit falscher Identität überleben, wenn auch unter ständiger Gefahr, entdeckt zu werden. Viele andere „U-Boote“ überlebten die NS-Verfolgung nicht. Die zeitgeschichtliche Forschung geht davon aus, dass ca. ein Drittel der „U-Boote“ auf dem Gebiet des heutigen Österreich denunziert, entdeckt und ermordet wurde.

Am 21. Mai 1945 kehrte Else Bergmann mit Hilfe der US-Armee nach Hallstatt zu ihrer Familie zurück. Sie starb 1974 in den USA, wohin sie ihren Kindern gefolgt war. Ihre Urne wurde am evangelischen Friedhof in Obertraun bestattet.

Die Geschichte von Else Bergmann war in Hallstatt lange in Vergessenheit geraten. Bei Recherchen zu jüdischen Familien im Salzkammergut stieß die Historikerin Nina Höllinger vor einigen Jahren auf Else Bergmann. Bereits 2005 hatte sich der britische Philosoph und Autor Christopher New, verheiratet mit Christa, der jüngsten Töchter der Bergmanns, in seinem Roman „The Kaminsky Cure“ („Die Kaminsky-Taktik“) mit der traumatischen Hallstätter Familiengeschichte beschäftigt. Berührt von dieser Geschichte, produzierte die Künstlerin, Dokumentarfilmerin und Autorin Teresa Distelberger im Rahmen des Festivals der Regionen 2021 in Hallstatt das Video „Else Bergmann alias Gabi Brinkmann“, in dem auch Else Bergmanns Enkel Nicolai New als Musiker eine Rolle spielt. Im Rahmen des Festivals fand auch eine Lesung aus dem Buch von Christopher New in Hallstatt in Anwesenheit des Autors statt. Knapp zwei Jahre später wurde auf Initiative der Gemeinde Hallstatt, der Evangelischen Pfarrgemeinde A.B. Hallstatt-Obertraun und des Kulturvereins „kunterbunt KulturBunt“ an der evangelischen Kirche in Hallstatt eine Gedenktafel für Else Bergmann enthüllt. (sr)

Literatur:

Dokumentationsarchiv des österreichischen Widerstandes (Hg.): Widerstand und Verfolgung in Oberösterreich, Band 2, Wien 1982.

Elisa Frei, Martina Gugglberger, Alexandra Wachter: Widerstand und Zivilcourage. Frauen in Oberösterreich gegen das NS-Regime 1938–1945, Linz 2021.

Nina Höllinger: „Habt ihr meiner vergessen?“ Das Leben verfolgter jüdischer Familien im Salzkammergut, Ebensee 2024.

Nina Höllinger: Gedenken an Else Bergmann, auf: https://www.hallstatt.ooe.gv.at/Unser_Hallstatt/Der_Ort/Gedenken_Else_Bergmann

Christopher New: Die Kaminsky-Taktik, Zürich 2006.

16 WELTERBEMUSEUM HALLSTATT

Artefakte der Sammlung Piowaty.
Bild: Naturhistorisches Museum Wien/Christina Rittmansperger

Reise

1. Museum Hallstatt, Seestraße 56, 4830 Hallstatt
2. Naturhistorisches Museum, Prähistorische Abteilung, Maria-Theresien-Platz, 1010 Wien

Gegend

Älteste Funde in Hallstatt datieren aus rund 5000 v. Chr. 1846 entdeckte Johann Georg Ramsauer ein erstes Gräberfeld hoch oben auf dem örtlichen Salzberg. In der Folge nahm die Erforschung dieser heute weltberühmten Gegend ihren Lauf.

ODYSSEE EINES PRÄHISTORISCHEN SCHATZES

Nationalsozialistische Forscher waren besessen von Ur- und Frühgeschichte, um damit ihren Germanen- und Herrenmenschenkult „wissenschaftlich" zu untermauern. Für ihren ideologischen Blick auf das weltbekannte Salzkammergut bemächtigten sie sich auch einer Sammlung von prähistorischem Kulturgut. Diese gehörte dem jüdischen Arzt Robert Piowaty. 1938 setzte er aus Verzweiflung über Hitlers Maschinerie seinem Leben ein Ende. Die Familie musste die 104 Artefakte dieser Sammlung zum Spottpreis verkaufen – an das Naturhistorische Museum in Wien.

Der Kunstfreund, Privatsammler und Mediziner Piowaty hatte – neben anderen, älteren Epochen der Urgeschichte – ein Faible für die bronzezeitliche Vergangenheit von Hallstatt. Der kleine Ort am Westufer des Hallstätter Sees ist heute aus verschiedenen Gründen weltberühmt. Bei den von Piowaty gesammelten Artefakten handelt es sich vorwiegend um fragmentierte Gegenstände aus Bronze – zum Beispiel Armreife, eine Nadel und eine Fibel aus Eisen, mit der vor fast 3.000 Jahren wohl ein Kleid oder die Jacke einer Keltin zusammengehalten wurde.

Wo Piowaty die Exponate gekauft hatte, ist bis heute ungeklärt. Mit hoher Wahrscheinlichkeit dürfte er sie von Hallstätter Einheimischen erstanden haben. Die gruben früher solche Dinge in Eigenregie aus und verkauften sie an interessierte Sammler, Sommerfrischler und Feriengäste aus der Stadt. Das war seit dem frühen 19. Jahrhundert gängige Praxis für die großteils in ärmlichen Verhältnissen lebende Bevölkerung.

Prägende Lebensformen vor den Römern

Bei Hallstatt existierte zwischen ca. 800 und 400 vor Christus eine keltische Urbevölkerung, deren Lebensweise, hoch entwickelte Kultur und Kunst in ähnlichen Formen auch in anderen Teilen des

Kontinents zu finden waren. Weil sich in den Bergen rund um Hallstatt solche Relikte besonders gut erhalten haben, bekam die europäische Epoche von Fachleuten im In- und Ausland schon früh das Label „Hallstattkultur“ verpasst. Entscheidender Faktor für die fast perfekte Konservierung vieler Alltags- und Kunstgegenstände, aber auch menschlicher Exkremente in Hallstatt war und ist das natürliche Salz. Es kommt im gebirgigen Untergrund der Region in gigantischen Mengen vor. Auf diesen Naturschatz geht auch die Bezeichnung „Salzkammergut“ zurück.

Beim Hallstätter See am Fuße des Dachsteins wurden seit Jahrtausenden verschiedene Formen von Salzbergwerken betrieben – bis heute. Und in einigen der ältesten Stollen fanden sich viele Hinterlassenschaften keltischer Bergleute. Auch ein riesiges Gräberfeld am Ausgang des Mühlbachtales über dem heutigen Dorfzentrum ist für seine reichen Beigaben bekannt. Hier stoßen Fachleute weiterhin auf Werkzeuge, Waffen, Schmuck, Luxusgüter und andere Utensilien, die den Toten ihren Weg ins Jenseits erleichtern sollten. Zudem werden bei Hallstatt noch immer Reste prähistorischer Häuser und Kultplätze ausgegraben.

Piowaty sammelte auch Prachtstücke

Zur Sammlung von Robert Piowaty gehörten auch wesentlich ältere Artefakte aus der steinzeitlichen Pfahlbaukultur des Bodensees und der Schweizer Alpenseen. Hier kaufte er bis zu 5.800 Jahre alte Geräte und Messer aus Feuerstein, zum Teil mit bestens erhaltenen Schäften aus Geweih, in denen noch immer die Steinklingen steckten. Weiters erwarb er vorgeschichtliche Keramiken in Frankreich sowie Funde aus der Römerzeit in der heutigen Türkei. Sehr wertvolle Stichel und Klingen mit einem Alter zwischen 40.000 und 12.000 Jahren (!) stammen aus der Gorbe d'Enfer, einer Höhle im Südwesten Frankreichs.

Dass die Führung des Naturhistorischen Museums in Wien nach Hitlers „Anschluss“ Österreichs besonders scharf auf diese Sammlung war, dürfte hauptsächlich mit den Gegenständen aus Hallstatt zusammenhängen. Das Salzkammergut gehört seit jeher zu den wichtigsten Forschungsgebieten der Institution – bis heute.

Hallstatt mit Hallstätter See, Dachstein und Hallstätter Gletscher, der die Nordseite des riesigen Massivs dominiert. Die siedlungsfeindliche und unwirtliche Gegend wurde schon in der Jungsteinzeit aufgesucht – wegen der reichen Salzvorkommen. Auch eine der ältesten Eisenschmieden grub man hier aus. Reger Handel und der daraus folgende Wohlstand ermöglichten vor Jahrtausenden eine sehr hohe Kultur.
Bild: Gerald Lehner

Und heute hat sich das Menschenbild dort grundlegend geändert. 2006 setzte die Museumsführung ein Restitutionsverfahren in Gang, um die Erben von Robert Piowaty zu entschädigen und späte Fairness walten zu lassen. Doch der Reihe nach.

Schon im März 1938 begannen die Nationalsozialisten mit der systematischen Verfolgung der jüdischen Bevölkerung. Die Familie Piowaty war brutalen Zwangsmaßnahmen auf privater wie beruflicher Ebene ausgesetzt. In seiner Verzweiflung setzte Robert Piowaty im Juni 1938 seinem Leben ein Ende – mit einer Überdosis Morphium. Seine zweite Frau Margarethe und Tochter Gertrude aus erster Ehe erbten den Nachlass, darunter auch die prähistorische Sammlung. Das Naturhistorische Museum nutzte das Elend der beiden Frauen aus und erwarb das Material im Oktober 1938 über einen sogenannten „Notverkauf" – um nur 60 Reichsmark.

Gertrude schaffte es noch vor Beginn des Holocaust mit ihrem jüdischen Ehemann Rudolf Bassist von Hamburg aus in die USA. Er hatte zuvor schon einige Wochen als Häftling im KZ Buchenwald verbracht, ehe er im letzten Moment ein amerikanisches Visum bekam. Margarethe Piowaty blieb in Österreich. Sie hatte keine jüdischen Wurzeln, setzte ihre Stieftochter Gertrude in Amerika als Alleinerbin ein und starb 1972 in Wien. 2006 legte Österreichs Kommission für Provenienzforschung ein Dossier zur Sammlung Piowaty vor. Die dafür zuständige Wissenschaftsministerin Elisabeth Gehrer (ÖVP) gab grünes Licht für die Rückgabe an mögliche Erben.

Kontaktaufnahme mit Pennsylvania

Alleinerbin Gertrude Bassist war schon 2001 gestorben. Sie hatte zwei Tierschutzorganisationen im US-Bundesstaat Pennsylvania als Erbberechtigte eingesetzt. So kontaktierten die Expertinnen Karina Grömer und Walpurga Antl-Weiser vom Naturhistorischen Museum die Tierschützer in den USA. Man kam überein, die Kulturschätze zu einem fairen Preis zurückzukaufen, weil sie eine große Bedeutung für das Wiener Museum hätten, wie betont wurde. Einen Teil des Rückkaufes finanzierte die Israelitische Kultusgemeinde Wien. Sie schenkte die steinzeitlichen Artefakte dem Naturhistorischen

Vogelschau über dem See: Das Zentrum von Hallstatt auf dem schmalen Schwemmkegel des Mühlbaches. Am oberen Bildrand links auf dem Salzberg der Panoramaweg und der Eingang zum Franz-Joseph-Stollen.
Flugbild: Gerald Lehner

Museum. Die Fachfrauen Pia Schölnberger und Julia Unterweger bearbeiteten den Fall im Auftrag von Österreichs Kommission für Provenienzforschung. Die Tierschützer in den USA ersuchten jedoch, drei der 104 Artefakte behalten zu können und im eigenen Haus in einer Vitrine auszustellen. Dort erinnern sie nun dauerhaft an das Schicksal des jüdischen Wiener Arztes Robert Piowaty. (gl)

Literatur:

Karl Kromer: Das Gräberfeld von Hallstatt. Florenz 1959.

Eckhard Meineke, Thomas Stöllner, Jürgen Udolph: Hallstatt, in: Reallexikon der Germanischen Altertumskunde. Berlin/New York 1999.

Hermann Parzinger: Chronologie der Späthallstatt- und Frühlatènezeit. Weinheim 1988.

Konrad Spindler: Die frühen Kelten. Stuttgart 1996.

Thomas Stöllner: Hallstattkultur und Hallstattzeit, in: Reallexikon der Germanischen Altertumskunde. Berlin/New York 1999.

Web:

museum-hallstatt.at
nhm-wien.ac.at/forschung/praehistorie

17 ARBEITERHEIM EBENSEE

Der Turnsaal der Hauptschule Ebensee, vor dessen Mauer sich am 16. Februar 1934 dramatische Szenen abspielten. Im Hintergrund das neben der Schule befindliche Arbeiterheim Ebensee (gelbes Gebäude).
Bild: Susanne Rolinek

Reise

Arbeiterheim Ebensee, Schulgasse 4, 4802 Ebensee

Gegend

Kino Kulturverein Ebensee bietet ein vielfältiges Veranstaltungsprogramm. Zahlreiche architektonisch interessante Industriegebäude wie die ehemalige Weberei, das ehemalige Solvay-Werk oder die Saline in Steinkogl, einige ehemalige Gebäude der Saline im Zentrum von Ebensee existieren nicht mehr. Zeitgeschichte Museum Ebensee mit KZ-Gedenkstätte, heimatkundliches museum.ebensee, Naturmuseum Salzkammergut in Richtung Bad Ischl. Soleleitungsweg. Alljährlicher „Fetzenfasching"-Umzug. Feuerkogelseilbahn ins Wander- und Familienskigebiet Feuerkogel. Ausflugsziele Naturschutzgebiet Langbathseen, ehemaliges kaiserliches Jagdschloss Langbathsee. Rindbach-Wasserfälle, Gassel-Tropfsteinhöhlen, Naturschutzgebiet Offensee. Breites Angebot an Rad-, Wander-, Berg-, Kletter-, Mountainbike-, Skilanglauf-, Schneeschuh- und Skitouren rund um Ebensee im Toten Gebirge und Höllengebirge. Wassersport am Traunsee.

„WIR, DIE AN DER MAUER STANDEN"

Das Salzkammergut blickt auf eine lange sozialdemokratische Tradition zurück, ab 1868 entstanden hier zahlreiche sozialdemokratische Vereine. Arbeiterheime, wie jenes 1928 in Ebensee eröffnete, dienten als Veranstaltungs-, Versammlungs- und Bildungszentren. Im Zuge des Februaraufstands 1934 spielten sich vor dem Ebenseer Arbeiterheim dramatische Szenen ab, als Sozialdemokraten, die sich bereits am Vortag friedlich ergeben hatten, Aufstellung nehmen mussten und die Heimwehr ihre Exekution forderte.

Laut Linzer Programm von 1926 wollte die Sozialdemokratische Arbeiterpartei (SDAP, Vorläuferpartei der SPÖ) den aufkommenden Faschismus mit demokratischen Mitteln – Wahlen, Demonstrationen, Streiks – bekämpfen. Nur als allerletztes Mittel sollte in einer Situation der höchsten Bedrohung der Demokratie die bewaffnete Verteidigung eingesetzt werden, dafür war der paramilitärische Republikanische Schutzbund vorgesehen.

Als am 15. März 1933 der christlichsoziale Bundeskanzler Engelbert Dollfuß mittels Polizeieinsatz die Wiederaufnahme der am 4. März unterbrochenen Parlamentssitzung blockieren ließ und damit die parlamentarische Demokratie beendete, reagierte die SDAP zunächst zurückhaltend. Sie hoffte auf ein Umdenken von Dollfuß. Doch der Hass auf alle „Linken" und der Wunsch nach einem autoritären faschistischen Staat trieb Dollfuß an. Der Bundeskanzler regierte nun mittels Kriegswirtschaftlichem Ermächtigungsgesetz von 1917, ordnete Versammlungs-, Streik- und Kundgebungsverbote, Pressezensur und das Verbot des Republikanischen Schutzbunds an. Es folgten zahlreiche Hausdurchsuchungen in Arbeiterheimen und Privatwohnungen sowie willkürliche Verhaftungen. In Ebensee und anderen Orten trafen sich Arbeiterinnen und Arbeiter zu lockeren „Spaziergängen", um den Verboten friedlich entgegenzutreten. Dollfuß schaltete außerdem den

Bundesheer und paramilitärische faschistische Heimwehr mit verhafteten sozialdemokratischen Schutzbündlern vor dem Turnsaal der Ebenseer Hauptschule, 16. Februar 1934. Fanatische Heimwehrler forderten die Exekution der Schutzbündler, obwohl sich diese einen Tag zuvor freiwillig und kampflos ergeben hatten.
Bild: Zeitgeschichte Museum Ebensee

Verfassungsgerichtshof aus, führte die Todesstrafe wieder ein, ließ im Mai und Juni 1933 die Kommunistische Partei und die NSDAP, die ein NS-Regime errichten wollte, verbieten und stellte im September 1933 in seiner „Trabrennplatzrede" den autoritären Ständestaat nach Vorbild des faschistischen italienischen Staates in Aussicht. In der politisch aufgeheizten Stimmung gewann die gewaltbereite faschistische paramilitärische Heimwehr weiter an Einfluss in der Regierung, sie stellte den Innenminister und konnte sich ungestört bis an die Zähne bewaffnen.

Anfang Februar 1934 forderte die Heimwehr sogar, die sozialdemokratischen Bürgermeister von Linz und Steyr abzusetzen, die Städte unter „Aufsicht" zu stellen sowie den oberösterreichischen Landtag im Sinne der Heimwehr umzustrukturieren. Der oberösterreichische Landeshauptmann Josef Schlegel ging nicht darauf ein. SDAP-Delegationen und Schutzbundführer Richard Bernaschek sprachen bei Schlegel vor, um eine friedliche Lösung zu finden, da eine weitere Zunahme der Gewalt durch die Regierung Dollfuß und die Heimwehr gegen die Sozialdemokratie befürchtet wurde. Auch in Ebensee fand sich eine örtliche Delegation ein, um den SDAP-Bürgermeister Max Zieger um Intervention beim Landeshauptmann zu bitten. Doch Innenminister und Heimwehrführer Emil Fey kündigte am 11. Februar 1934 wortgewaltig an: „Wir werden morgen an die Arbeit gehen, und wir werden ganze Arbeit leisten für unser Vaterland!" Ein paar Stunden später – am Morgen des 12. März 1934 – drangen Polizisten in die SDAP-Parteizentrale im Linzer Hotel Schiff ein, die Schutzbündler reagierten entgegen der Anweisung der Wiener SDAP-Parteiführung und begannen zu schießen.

Die Kämpfe breiteten sich rasch nach Wien und in die Industrieregionen Oberösterreichs und der Steiermark aus, Arbeiterinnen und Arbeiter gingen in den Generalstreik. Am 12. März 1934 riefen auch die Beschäftigten in den Ebenseer Betrieben den Generalstreik aus, die Bezirkshauptmannschaft Gmunden ließ die Ebenseer und Gmundner Schutzbundführer verhaften. Sonst blieb es hier ruhig. Einen Tag später beendeten die Arbeiterinnen und Arbeiter in Ebensee den Streik, der Republikanische Schutzbund blieb jedoch weiter in Alarmbereitschaft. Am 14. Februar wurde die Lage in Ebensee zunehmend unübersichtlich. Die Arbeiterinnen und Arbeiter streikten erneut, die neue Leitung des Schutzbunds unter Anton Nußbaumer verhaftete und entwaffnete die Ebenseer Gendarmen und den Heimwehrführer, die anderen Heimwehrler setzten sich fluchtartig Richtung Traunkirchen und Gmunden ab. Bundesheerinfanterie und Heimwehrtruppen trafen am 15. Februar 1934 zur Niederschlagung des Aufstands in Ebensee ein und kündigten an, jeden Bewaffneten „rücksichtslos niederzuschießen". Obwohl Bundesheer und Heimwehr darüber informiert wurden, dass der Schutzbund keine Gegenwehr leisten werde und die Waffen niedergelegt habe, schoss das Bundesheer Granaten auf das vermutete Versteck der Schutzbündler. Zum Glück gab es keine Toten. Schutzbündler und Sozialdemokraten wurden verhaftet und in der neben dem Arbeiterheim befindlichen Hauptschule festgehalten. Nußbaumer, der dem Schutzbund zur Niederlegung der Waffen geraten hatte, beging vor seiner Verhaftung Selbstmord.

Am 15. Februar 1934 beschränkten sich die Kämpfe nur mehr auf Wien. Am 16. Februar 1934 ließen Bundesheer und Heimwehr in Ebensee dennoch einen Teil der Verhafteten vor dem Turnsaal der Hauptschule neben dem Arbeiterheim Aufstellung nehmen. Fanatische Heimwehrler forderten die sofortige Exekution der

Der österreichische Kanzler Engelbert Dollfuß bei seiner programmatischen Rede im September 1933 zur autoritären Neuordnung Österreichs nach Vorbild des italienischen Faschismus, umgeben von paramilitärischen faschistischen Heimwehrmännern und anderen Einheiten in Uniform.
Bild: Österreichische Nationalbibliothek

Männer. Nur durch Interventionen im letzten Moment – auch vom christlichsozialen Ebenseer Politiker Josef Mittendorfer – konnte die Erschießung verhindert werden. In Holzleithen am Hausruck wurden bei einer derartigen Aktion vier Sanitäter des Schutzbunds beim dortigen Arbeiterheim kaltblütig exekutiert.

Die Februarkämpfe kosteten insgesamt mehr als 300 Menschen das Leben, neun Schutzbündler wurden hingerichtet. Viele SDAP-Angehörige flüchteten ins Ausland. Die SDAP, die Gewerkschaften und sozialdemokratischen Vereine wurden verboten, ihr Vermögen beschlagnahmt und zum Teil weiterverkauft, wie zum Beispiel Naturfreundehütten oder Arbeiterheime. In Ebensee plünderte die Heimwehr das beschlagnahmte Arbeiterheim, der örtliche Pfarrer als christlichsozialer Bildungsbeauftragter ließ in Zusammenarbeit mit der Gendarmerie hunderte Bücher der Arbeiterbibliothek im Traunsee versenken. Den sozialdemokratischen Abgeordneten im Landtag und in den Gemeinden – darunter der Ebenseer

Bürgermeister Max Zieger und seine Frau, die erste sozialdemokratische Gemeinderätin Marie Zieger – wurden automatisch ihre Mandate entzogen. Viele Sozialdemokratinnen und Sozialdemokraten verloren nach dem Bürgerkrieg auch ihre Arbeit. „Wir, die an der Mauer standen, wurden lange geächtet", erinnerte sich ein Ebenseer Schutzbündler.

Am 1. Mai 1934 verkündete Dollfuß die neue austrofaschistische Verfassung. Nach der völligen Ausschaltung der Sozialdemokratie und der Kommunistischen Partei hatte Dollfuß nun keine Verbündeten mehr im Kampf gegen die nationalsozialistische Gefahr. (sr)

Literatur:

Kurt Bauer: Der Februaraufstand 1934. Fakten und Mythen, Wien 2019.

Brigitte Kepplinger, Josef Weidenholzer (Hg.): „Es wird nicht mehr verhandelt …", Weitra 2009.

Oberösterreichisches Landesarchiv (Hg.): 14 Tage in Oberösterreich. 5. bis 18. Februar 1934, Linz 2014.

Kathrin Quatember: Auf den Spuren des Februar 1934 in Ebensee, auf: https://www.gfk-ooe.at/auf-den-spuren-des-februar-1934, aufgerufen am 8.1.2024.

Wolfgang Quatember, Ulrike Felber, Susanne Rolinek: Das Salzkammergut. Seine politische Kultur in der Ersten und Zweiten Republik, Ebensee 2024.

18 KZ-GEDENKSTÄTTE EBENSEE

Das Tor zur Hölle. Auf dem ehemaligen KZ-Gelände sind heute nur noch ein Lagertorbogen, der KZ-Friedhof, ein KZ-Stollen mit der darin befindlichen Dauerausstellung und der sogenannte „Löwengang" zu sehen. Andere noch vorhandene Stollen sind nicht öffentlich zugänglich.

Bild: Susanne Rolinek

Reise

KZ-Gedenkstätte Ebensee, Finkerleiten, 4802 Ebensee

Gegend

Kino Kulturverein Ebensee bietet ein vielfältiges Veranstaltungsprogramm. Zahlreiche architektonisch interessante Industriegebäude wie die ehemalige Weberei, das ehemalige Solvay-Werk oder die Saline in Steinkogl, Siedlungen für Arbeiter:innen, Arbeiterheim. Ehemalige Salinengebäude im Zentrum wurden in den 1960er- und 1970er-Jahren geschleift, heute befindet sich auf dem Gelände u. a. das Gemeindeamt. Zeitgeschichte Museum Ebensee mit KZ-Gedenkstätte, heimatkundliches museum.ebensee, Naturmuseum Salzkammergut in Richtung Bad Ischl. Soleleitungsweg. Alljährlicher „Fetzenfasching"-Umzug. Feuerkogelseilbahn ins Wander- und Familienskigebiet Feuerkogel. Ausflugsziele Naturschutzgebiet Langbathseen, ehemaliges kaiserliches Jagdschloss Langbathsee. Rindbach-Wasserfälle, Gassel-Tropfsteinhöhle, Naturschutzgebiet Offensee. Breites Angebot an Rad-, Wander-, Berg-, Kletter-, Mountainbike-, Skilanglauf-, Schneeschuh- und Skitouren rund um Ebensee im Toten Gebirge und Höllengebirge. Wassersport am Traunsee.

DAS TOR ZUR HÖLLE

Heute sind nur noch wenige Spuren des 1943 errichteten, riesigen KZ-Geländes auf der Finkerleiten am Rand von Ebensee sichtbar. Hitler, die SS und das Rüstungsministerium wollten 1943 aus Luftschutzgründen das Raketenforschungszentrum Peenemünde zur Entwicklung von „Vergeltungswaffen" hierher verlagern. Tausende männliche Häftlinge mussten dafür in Ebensee unter unmenschlichen Bedingungen ein weitläufiges Stollensystem in den Berg treiben. Viele von ihnen starben an Erschöpfung, Hunger, Kälte, unbehandelten Krankheiten und brutaler Gewalt.

„Für mich war Ebensee schlimmer als Auschwitz", erinnerte sich Hermann Kahan (1926–2015) im Dokumentarfilm „Lager des Schreckens. Hitlers Rüstungsprojekt in Ebensee". 1944 nach Auschwitz deportiert, kamen Kahan und sein Vater über Zwischenstationen ins KZ Ebensee, ein Nebenlager von Mauthausen. Das Interview mit Kahan ist eines von vielen, die der Leiter der KZ-Gedenkstätte und des Zeitgeschichte Museums Ebensee, Wolfgang Quatember, seit Ende der 1980er-Jahre mit Überlebenden des KZ Ebensee führte. Im Dokumentarfilm „Wege nach Ebensee. Die Geschichte des Ladislaus Zuk" kam ein anderer Überlebender zu Wort. Zuk (1919–2016) blieb nach der Befreiung in Ebensee, heiratete eine Ortsansässige und stellte sich der KZ-Gedenkstätte als Zeitzeuge zur Verfügung.

Der größte Teil des unter dem Tarnnamen „Arbeitslager Zement" errichteten KZ wurde nach 1945 abgerissen und mit Wohnhäusern überbaut. Ähnlich erging es dem ersten, 1946 von KZ-Überlebenden direkt an der Bundesstraße errichteten, weithin sichtbaren Denkmal mit der Aufschrift „Zur ewigen Schmach des deutschen Volkes". Nachdem es Proteste deutscher Touristinnen und Touristen gegeben hatte und die Grundeigentümerin (eine ehemalige NS-Funktionärin) ihre Wiese wieder uneingeschränkt nutzen wollte, ließen regional Verantwortliche 1953 das Denkmal

Eingang zum KZ-Gedenkstollen.
Bild: Susanne Rolinek

in einer Blitzaktion sprengen. Aber auch heute noch provoziert das KZ-Gedenken in Ebensee. Im Rahmen der jährlichen Befreiungsfeiern kam es unter anderem 2009 und 2018 zu rechtsextremen, antisemitischen Störaktionen und Übergriffen.

Im KZ Ebensee befanden sich zwischen 18. November 1943, als die ersten Häftlingstransporte aus Mauthausen eintrafen, und 6. Mai 1945, dem Tag der Befreiung, mehr als 27.000 männliche Häftlinge, auch Kinder und Jugendliche. In der von Häftlingen errichteten Stollenanlage wurden entgegen dem ursprünglichen Plan jedoch nie neue Raketentypen getestet, ab Sommer 1944 erhielten andere kriegswichtige Projekte Vorrang.

Die durchschnittliche Lebenserwartung für jüdische Häftlinge betrug in Ebensee nur vier Monate, für nichtjüdische maximal 13 Monate. 8.412 Tote konnten durch intensive Recherchen namentlich zugeordnet werden, bei weiteren 300 Opfern gelang dies nicht. In diesen Zahlen sind jedoch nicht jene Häftlinge enthalten, die wegen „Arbeitsunfähigkeit" zurück ins KZ Mauthausen transportiert und

Ende April 1945 erreichte das KZ Ebensee mit rund 18.500 Häftlingen den höchsten Lagerstand. Blick auf das KZ-Gelände nach 1945.
Bild: Zeitgeschichte Museum Ebensee

dort meist ermordet wurden. Die täglichen Gräuel im Lager und die wenigen verzweifelten, erfolglosen Fluchtversuche hielt der tschechische Häftling und Lagerschreiber Drahomír Bárta, der auch eine Widerstandsgruppe im KZ Ebensee aufbaute, in einem heimlich verfassten Tagebuch fest. Die SS-Lagerführer ließen nicht nur durch andere quälen und hinrichten, sondern misshandelten, folterten und ermordeten Häftlinge auch selbst. Ab Jänner 1945 verschlechterte sich die ohnehin dramatische Situation im Lager zusehends, als die SS andere Konzentrations- und Zwangsarbeitslager räumte und tausende Häftlinge unter anderem nach Ebensee transportiert wurden. Die SS-Lagerleitung unter Anton Ganz überließ die Neuankömmlinge ohne Essen und nackt in der Eiseskälte bewusst ihrem Tod.

Gegen Kriegsende unterstützte Josef Poltrum, der mit anderen Soldaten der deutschen Wehrmacht neben der SS zur Bewachung und zu Arbeiten im und um das KZ eingesetzt worden war, die Häftlings-Widerstandsgruppe im Lager. Er stellte ihnen Nahrung, Waffen sowie Munition bereit und warnte kurz vor der Befreiung

Das Zeitgeschichte Museum Ebensee beschäftigt sich mit der politischen Geschichte des Salzkammerguts zwischen 1918 und 1955, betreibt auch die KZ-Gedenkstätte in Ebensee und bietet zahlreiche Vermittlungsprogramme und Veranstaltungen an.
Bild: Susanne Rolinek

vor dem Plan der SS, alle Häftlinge in die Stollen zu treiben und diese danach zu sprengen. Am 5. Mai 1945 verweigerten daher die Häftlinge den SS-Befehl zur angeblichen „Evakuierung" in die Stollen, die SS verließ daraufhin das Lager.

Einen Tag später kam die US-Armee. „Die Soldaten sprangen von den Panzern und brachten uns ihre Jacken, ihre Lebensmittel, alles, was sie uns geben konnten. (...) Mit unserem Anblick, mit dem Bild lebender Gerippe, hatten sie nicht gerechnet. Ein schwarzer GI streichelte meine Hand, redete mir zu, tröstete mich. Er weinte bei meinem Anblick", erinnerte sich der Häftling Leon Zelman (1928–2007), der dem Tod näher als dem Leben war. Ein anderer US-Soldat fand den bereits bewusstlosen Hermann Kahan. Kahan überlebte, sein Vater jedoch starb kurze Zeit später an den Folgen der KZ-Haft – wie so viele befreite Häftlinge in Ebensee. Die US-Armee zog unter anderem einheimische NSDAP-Angehörige heran, um die Toten zu begraben und das KZ zu säubern, dann führte sie in einem Teil der Baracken ein SS-Gefangenenlager, in einem anderen ein Lager für KZ-Überlebende, bis diese entweder heimkehren oder woanders untergebracht werden konnten.

In den sogenannten „Mauthausen-Prozessen" sprach die US-Militärjustiz in Dachau 1946 und 1947 lebenslange Haftstrafen und Todesurteile für KZ-Leitung und -Personal in Mauthausen und seinen Nebenlagern wie Ebensee aus. Der ehemalige Ebenseer SS-Lagerleiter Anton Ganz (1899–1973) wurde erst 1972 in Deutschland für seine Morde in Ebensee verurteilt. In Österreich gab es keine einzige Verurteilung für Verbrechen im KZ Ebensee, SS-Mann Johann Vinzenz Gogl wurde im Mordprozess 1975 freigesprochen, alle österreichischen Verfahren gegen andere Angeklagte wurden in dieser Zeit eingestellt. (sr)

Literatur:

Ulrike Felber, Berhard Denkinger, Wolfgang Quatember: Konzentrationslager Ebensee/Ebensee Concentration Camp, Ebensee 2014.

Florian Freund, unter Mitarbeit von Nicole Schneider: Die Toten von Ebensee. Analyse und Dokumentation der im Konzentrationslager Ebensee umgekommenen Häftlinge 1943–1945, Wien 2010.

Florian Freund: Konzentrationslager Ebensee. KZ-System Mauthausen – Raketenrüstung – Lagergeschehen, Wien 2016.

Andreas Schmoller, Judith Moser-Kroiss: Stimmen aus dem KZ Ebensee, Ebensee 2005.

„Lager des Schreckens. Hitlers Raketenprojekt in Ebensee". Ein Film von Andreas Kurz und Mario Hengster, 2021.

„Wege nach Ebensee. Die Geschichte des Ladislaus Zuk". Ein Film von Andreas Schmoller und Philipp Bruckschlögl, 2009.

19 MUSEUM EBENSEE

Das Salzkammergut aus einer Flughöhe von 3.000 Metern Seehöhe über dem Alpenvorland. Vorne Traunstein, Gmunden und der Traunstein, dahinter Ebensee und Höllengebirge, ganz hinten westliches Totes Gebirge, Dachstein, Gosaukamm, Tennengebirge, Hochkönig und Hohe Tauern.

Flugbild: Gerald Lehner

Reise

Einen guten Start für die Reise in die Zeit- und Regionalgeschichte des Salzkammergutes bietet das Museum Ebensee, Kirchengasse 6, 4802 Ebensee.
Öffis: Von Wien, Linz, Attnang-Puchheim und dem Ennstal in der Obersteiermark her ist die Region bestens mit der Bahn zu erreichen. Von Salzburg mit dem Bus nach Bad Ischl. Internationale Flughäfen: Linz, Salzburg.

Gegend

Salzkammergut: Historisch und landschaftlich geprägter Kulturraum am Nordrand der Ostalpen, Grenzgebiete der heutigen Bundesländer Oberösterreich, Steiermark und Salzburg. Früher waren mit dem Begriff nur habsburgische Besitztümer zwischen Hallstatt, Bad Ischl und Gmunden gemeint. Hochrangige Nationalsozialisten aus vielen Teilen Hitlerdeutschlands sicherten sich ab 1938 im Salzkammergut vielerlei Urlaubsdomizile und Villen durch „Arisierung", Raub und andere Staatsverbrechen. So lag auch die Vermutung nahe, dass sie sich in diese Region zurückziehen wollten, wenn es ihnen eines Tages durch die Alliierten an den Kragen gehen sollte.
Heute erstreckt sich das Salzkammergut von Fuschlsee, Wolfgangsee und Mondsee bis ins Almtal beim Toten Gebirge, vom Tal der Vöckla im Norden bis zu Dachstein und Grimming im Süden. Die in der Tourismusregion zusammengefassten Gemeinden reichen im Westen bis zur östlichen Stadtgrenze von Salzburg.

HITLERS „ALPENFESTUNG" – DIE FATA MORGANA DER ALLIIERTEN

Am späten Abend des 3. Mai 1945 stand Ernst Florian Winter – als einer der ersten Offiziere der U.S. Army – auf dem Staatsgebiet von Österreich. In diesem Fall war es noch dazu seine alte Heimat, sieben Jahre nach seiner Flucht nach Amerika. Mit Schlauchbooten hatte er als Anführer von zwölf Soldaten bei Burghausen von Bayern her den Grenzfluss Salzach überquert. Hier im westlichen Innviertel bei Hochburg-Ach konnte man am Horizont schon die schneebedeckten Gipfel der Alpen sehen – auch das Gebiet beim Watzmann in Berchtesgaden, wo Hitler neben Berlin seine zweite Regierungszentrale hatte. Und im Osten sah der gebürtige Wiener nun tief hinein nach Oberösterreich bis zum Großen Priel im Toten Gebirge. Auch der schroffe Traunstein bei Gmunden war gut zu erkennen, der Wächter des Salzkammergutes.

Gerüchteweise hatte der erst 22-jährige Offizier gehört, dass sich Truppen von SS und Wehrmacht ins Salzkammergut zurückgezogen hätten, um im Schutz seiner Gebirge und Hochtäler die anrückenden Amerikaner zu bekämpfen – aus der gefürchteten und in den letzten Monaten offenbar massiv hochgerüsteten „Alpenfestung" heraus. Der Österreicher Winter war Geheimdienst-Spezialist und Dolmetscher der 86. Division („Black Hawk") der Third U.S. Army. Von deren Führungsstab unter dem Oberbefehl von General George S. Patton hatte er den Auftrag zur Erkundung erhalten. Winters Platoon sollte zudem das auffällige Gebäude in Gundertshausen besetzen, das amerikanische Aufklärungspiloten als riesigen Vierseit-Bauernhof identifiziert hatten. Der würde sich als erste Basis vielleicht gut gegen die Nazis verteidigen lassen. In Wirklichkeit handelte es sich um die noch heute existierende Brauerei Schnaitl mit ihrem großen Gasthof. Die Army sollte hier später – aus Bayern nachrückend – ihren ersten Gefechtsstand für die Befreiung Österreichs aufschlagen. Patton und andere Generäle rechneten bei dieser Aufgabe mit dem Schlimmsten.

Harter Weg von der Normandie bis hierher

Winters Soldaten stahlen sich nach der Bootsfahrt über die Salzach bei Innviertler Bauernhöfen einige Fahrräder. Sie erreichten am 4. Mai noch vor Tagesanbruch die Brauerei in Gundertshausen. Wenige Tage zuvor hatten sie in Dachau bei München noch die wenigen, fast schon verhungerten Überlebenden des Konzentrationslagers befreit und dabei auch große Leichenberge entdeckt. Das waren ihre letzten Schockerlebnisse. Das kleine Team sicherte sich nun die große Brauerei und erfüllte seinen Auftrag. Die Männer und ihre nachrückenden Kameraden sollten sich in den folgenden Tagen, Wochen und Monaten noch wundern, wie vergleichsweise problemlos dieser Frühling 1945 verlaufen würde – nach all den unbeschreiblichen Schrecken des Krieges in der Normandie, anderen Teilen Frankreichs und in Deutschland.

Nur zwei Tage später erreichte ein anderer Truppenteil von Pattons dritter US-Armee die Gemeinde Ebensee, wo überlebende Häftlinge des dortigen Konzentrationslagers befreit wurden. Einheiten der 80. Infanterie-Division unter dem Kommando von Horace L. McBride drangen weiter ins Innere Salzkammergut vor. Erstaunt stellten die Amerikaner fest, dass die von Hitlers Propaganda über Monate in alle Welt hinausposaunte „Alpenfestung" nicht einmal in Ansätzen existierte. Im Gegenteil. Hohe und höchstrangige Kriegsverbrecher und Massenmörder der Nazis hatten sich im Salzkammergut in Zivilkleidung in die Berge, auf Almen und in Jagdhütten, verkrochen – wie feige, kleine Gauner und Strauchdiebe. Nach dem Selbstmord Hitlers in Berlin war besonders das auf allen Seiten von Bergen und Gebirgspässen umgebene, topografisch eher abgeschlossene Ausseerland zum Fluchtpunkt schwerstkrimineller Nationalsozialisten geworden. Adolf Eichmann, verantwortlich für die millionenfache Deportation jüdischer Frauen, Kinder und Männer, tauchte hier ebenso unter wie der Massenmörder Ernst Kaltenbrunner, Chef des Reichssicherheitshauptamtes.

Sie und andere NS-Führungskräfte hofften, hier auf Amerikaner und Briten warten, sich mit diesen gegen die Sowjets verbünden und so ihre eigene Haut retten zu können.

Geheimdienstbericht wird zum Mythos

Das Szenario in Österreichs Bergen war alles andere als eine „Alpenfestung", die einen Sieg der Alliierten hätte gefährden können. Die deutsche Propaganda hatte den Begriff ursprünglich nur dazu benutzt, die eigenen Soldaten und Zivilisten im Glauben an den eigenen „Endsieg" zu bestärken. Anfang 1944 schrieb ein in der neutralen Schweiz tätiger US-Geheimdienstler einen Bericht nach Washington, wonach eine gewaltige Verteidigungsstellung der Nazis in den Alpen in Bau sei, ein letztes Rückzugsgebiet für Truppen und Führungseliten. Als Vorbild für diese Fantasie könnten ihm reale Bauten der kleinen Schweiz gedient haben, die schon lange und massiv auf diese Art der Landesverteidigung setzte. Deutsche Agenten im „Sicherheitsdienst" (SD) der SS konnten den Bericht des Amerikaners abfangen und mitlesen. So kam man in Berlin überhaupt erst auf die Idee, eine „Alpenfestung" als festen Bestandteil in die Auslandspropaganda und internationale Medienarbeit einzubauen.

Franz Hofer, Gauleiter von Tirol-Vorarlberg, war der einzige regionale Nazifürst im Alpenraum, der solche Bauwerke in die Tat umsetzen wollte. Im November 1944 beantragte er Material, Maschinen und Zwangsarbeiter. Die militärische Führung des „Dritten Reiches" lehnte ab. Es musste der Abwehrkampf gegen die Westallliierten im Rahmen der Ardennen-Offensive organisiert werden – sehr weit weg vom Alpenbogen. Anfang 1945 stand das Hitlerregime dann wegen der sowjetischen Winter-Offensive in Richtung Berlin schon längst mit dem Rücken zur Wand. Es blieb überhaupt kein Spielraum mehr, sich in großen Bunkern und Geschütz-Stellungen im Alpenraum einzugraben und „uneinnehmbare" Festungen aus dem Boden zu stampfen. Spekulativ bleibt die Frage, was gewesen wäre, wenn es doch noch gelungen wäre? Ein bis zwei Jahre längeres Blutvergießen in Europa? Atombomben wie in Japan? Interessant bleibt, dass die Deutschen den Allliierten

Ernst Florian Winter bei seiner Dankesrede in Braunau am Inn. 2008 bekam er dort von der Stadtgemeinde den Egon-Ranshofen-Wertheimer-Preis verliehen. 1945 gehörte der Austroamerikaner, gebürtige Wiener, frühere Professor der Columbia University in New York und spätere Bergbauer in Osttirol zu den ersten US-Soldaten, die österreichischen Boden als Befreier betraten.

Bild: Gerald Lehner

so lange die Existenz einer „Alpenfestung" vorgaukeln konnten – obwohl westliche Aufklärungspiloten über lange Zeiträume keine Hinweise auf entsprechende Bauarbeiten oder Truppenkonzentrationen im Alpenraum sammeln konnten.

Wiener U.S.-Offizier heiratet Trapp-Tochter

Und was wurde aus Ernst Florian Winter, dem jungen Wiener Offizier der U.S. Army? Wenige Tage nach Ankunft seiner Soldaten im Innviertel fuhr er am Steuer eines Jeeps in die nahe Stadt Salzburg, um das Haus seines – späteren – Schwiegervaters im Stadtteil Aigen zu inspizieren. Die Villa gehörte der nach Amerika geflüchteten Salzburger Musikerfamilie Trapp („The Sound of Music"). Kein Geringerer als Heinrich Himmler, Reichsführer SS, hatte sich das Haus unter den Nagel gerissen. Bei seinen Aufenthalten in

Salzburg plante und organisierte er hier phasenweise auch den Holocaust. Die kleine Kapelle der Villa diente hohen SS-Führern als Ort für Saufgelage. Kurz nach dem Krieg heiratete Ernst Florian Winter Johanna Trapp, die Tochter des Barons, in den USA. In den 1960er-Jahren wurde er Professor für Politikwissenschaft an der Columbia University in New York und später Direktor der Diplomatischen Akademie in Wien. Als Pensionist ließ sich Winter als Bergbauer und Pferdezüchter im Defereggental in Osttirol nieder.

Am 3. Mai 2008 erhielt der 84-jährige Winter von der Stadt Braunau am Inn den Egon-Ranshofen-Wertheimer-Preis, benannt nach einem jüdischen Oberösterreicher, Berater der US-Regierung und erbitterten Gegner Hitlers, der aus Braunau stammte. Statt als Befreier gefeiert zu werden, seien Männer wie Winter in der Nachkriegszeit lange als „Verräter" diffamiert worden, merkte der Diplomat Michel Cullin in seiner Laudatio für Winter an: „Das ist kein Ruhmesblatt dieser Republik Österreich." (gl)

Literatur:

Für Führer und Vaterland. Das Salzkammergut 1938–1945. St. Wolfgang 2008.

Roland Kaltenegger: Operation „Alpenfestung". Das letzte Geheimnis des „Dritten Reiches". München 2005.

Franz W. Seidler: Phantom Alpenfestung? Die geheimen Baupläne der Organisation Todt. Berchtesgaden 2004.

Christian Topf: Auf den Spuren der Partisanen.

Web:

hdgoe.at/alpenfestung
imschatten.org/salzkammergut
museumebensee.at/

20 RIEDER HÜTTE, HÖLLENGEBIRGE

Rechts unten beim roten Punkt die Rieder Hütte des Alpenvereins – auf dem Hochplateau des Höllengebirges beim Großen Höllkogel (1.862 m). Hinten das Innere Salzkammergut mit dem Dachsteinmassiv.

Flugbild: Gerald Lehner

Reise

Rieder Hütte des Alpenvereins, Feuerkogel 10, 4802 Ebensee

Gegend

Die alte Hütte, die auch die Partisanen nutzten, wurde in den 1970er-Jahren bei einem Brand zerstört. Von Gaststube und Terrasse des Neubaus herrlicher Blick zum Großen Höllkogel. Körperlich gute Grundkondition notwendig. Zustieg von der Bergstation der Feuerkogel-Seilbahn ca. zwei Stunden. Schöne Touren auf dem Hochplateau des Höllengebirges. Generell gilt: Unerfahrene sollten Wander- oder Bergführer engagieren. Nie allein, nie ohne passende Ausrüstung, nie ohne Bergeversicherung ins Gebirge. Nie ohne Tourenplanung. Immer mit Kartenstudium. Alpinnotruf: 140.

MIT FALLSCHIRMEN ZUR JAGD AUF GOEBBELS

Auf dem Feuerkogel im Höllengebirge bei Ebensee rückte „aus heiterem Himmel" die Verstärkung an. Die schon lange im Widerstand gegen Hitler aktiven Männer und Frauen im Salzkammergut erhielten am 8. April 1945 logistische Hilfe von der britischen Royal Air Force. Die österreichischen Widerstandskämpfer Albrecht Gaiswinkler, Karl Lzicar, Karl Standhartinger und Josef Hans Grafl sprangen – als Jagdkommando von England kommend – mit Fallschirmen und Kampfausrüstung aus einem viermotorigen Halifax-Bomber ab.

Die vier von den Briten für Spezialeinsätze ausgebildeten Männer nutzten nach ihrem ersten Bodenkontakt in der alten Heimat die im Frühling noch nicht bewirtschaftete, einsam gelegene Rieder Hütte des Alpenvereins im Höllengebirge als Unterschlupf und Versteck. Hier bereiteten sie vor dem nächtlichen Abstieg ins Tal ihre eigentliche Mission taktisch genau vor. Das Hauptziel war die Verhaftung oder Erschießung des deutschen Kultur- und „Reichspropagandaministers" Joseph Goebbels. Der wurde im Frühling 1945 vom britischen Geheimdienst am Grundlsee im Inneren Salzkammergut vermutet, wo er sich erholen wollte. Das entsprach auch der Realität. Die Österreicher landeten aber mit ein paar Tagen Verspätung auf dem Feuerkogel, denn Goebbels war wegen der sich massiv verschlechternden Kriegslage früher nach Berlin abgereist.

Ein weiteres Ziel war die Kontaktaufnahme mit regionalen Widerstandsgruppen um den Bad Ischler Sepp Plieseis, der der Haft im KZ-System der Nazis entfliehen konnte und den Kampf gegen Hitler danach wieder aufnahm. Die Westalliierten fürchteten auch, das Salzkammergut würde in diesen Wochen und Monaten von den Nationalsozialisten noch zur viel beschworenen und gefürchteten „Alpenfestung" ausgebaut (siehe die Kapitel „Mutige Frauen und Männer im Widerstand" sowie „Hitlers ‚Alpenfestung' – die Fata Morgana der Alliierten").

Albrecht Gaiswinkler (1905–1979), steirischer Widerstandskämpfer und Sozialdemokrat, der auch zu den Special Forces der königlich-britischen Armee gehörte.
Bild: Parlament Österreich

Gaiswinkler, Lzicar, Standhartinger und Grafl erfuhren auf dem Weg zum Grundlsee, dass Goebbels schon abgereist und die Vorbereitungen zur „Alpenfestung" eine Lüge der deutschen Propaganda war. So tauchte das Quartett unter und wartete die Ankunft amerikanischer Bodentruppen im Salzkammergut ab. Diese erreichten Bad Ischl – von Bayern, dem Innviertel und Salzburg kommend – am 6. Mai 1945. Am 8. Mai standen US-Soldaten in Bad Aussee und am 11. Mai in Gosau. Später gab Gaiswinkler an, er sei in diesen Tagen der Chef einer bis zu 300 Mann starken Widerstandsgruppe aus Einheimischen gewesen, die mit den Befreiern kooperiert hätten. Diese Geschichte ist bis heute in der Region umstritten und wurde bisher nicht durch Historiker verifiziert. Gleiches gilt für seine Angaben, er sei maßgeblich daran beteiligt gewesen, dass die im Salzstollen des Altausseer Bergwerks eingelagerten Kunstschätze aus ganz Europa – entgegen den Plänen des Hitlerregimes – nicht zerstört wurden. Hier gibt es eine andere Quellenlage, die Gaiswinklers Erzählungen entgegensteht.

Historisch belegt sind Teile seines früheren Lebensweges, der ihn schon 1940 in konkrete Aktionen gegen die Nazis geführt hatte – damals noch im heimatlichen Bad Aussee, wo der Sohn eines Salinen-Arbeiters am 29. Oktober 1905 zur Welt kam. Mit 35 gehörte der Sozialdemokrat zu den Gründungsmitgliedern einer ersten Widerstandsgruppe im Salzkammergut. Diese wurde jedoch bald zersprengt, weil die meisten Mitglieder für die verhasste „Wehrmacht" in den Kriegsdienst ziehen mussten. Gaiswinkler war 1944 in Frankreich stationiert und wurde in der Normandie zum Augenzeugen, als ein deutscher Kommandant einige Widerstandskämpfer erschießen ließ. Der Steirer lief mithilfe eines Täuschungsmanövers – er hatte mit einem zerfetzten Bombenopfer die Papiere getauscht – zur Résistance über. Dadurch schützte er die Verwandtschaft zu Hause vor der Sippenhaftung der Nazis.

Wenig später war er daran beteiligt, mehrere mit Waffen und Munition beladene Lastwagen der „Wehrmacht" und 500.000 Francs aus Beständen der Deutschen zu stehlen. Es folgte eine geheime Überfahrt nach England, wo Gaiswinkler beim britischen Geheimdienst anheuerte und eine militärische Zusatzausbildung erhielt. Diese von Winston Churchill gegründete Unterabteilung der königlichen Armee sollte in den von den Nazis besetzten Staaten den Widerstand organisieren. Es gab auch eine österreichische Sektion, für die Gaiswinkler tätig wurde. Hauptziel war, gute Kontakte in die vom Feind kontrollierten Gebiete herzustellen und Hitlers internationale Gegner mit Waffen, Sprengstoff, Funkgeräten und Informationen zu versorgen.

Albrecht Gaiswinkler war laut Zeitzeugen kein sozial besonders verträglicher Charakter, galt aber als sehr zielstrebig und äußerst mutig. Gleich nach Kriegsende ging er in die Politik und wurde von der US-Militärregierung kurzfristig als Bezirkshauptmann von Bad Aussee eingesetzt. Er kandidierte später für den Österreichischen Nationalrat und wurde als Abgeordneter der Sozialdemokraten (SPÖ) ins Wiener Parlament gewählt. Gaiswinkler soll auch eine treibende Kraft dabei gewesen sein, das von den Nazis an den „Gau Oberdonau" angeschlossene Ausseerland wieder dem österreichischen Bundesland Steiermark anzugliedern. Er fädelte dazu eine eigene Volksabstimmung ein, die ein Erfolg wurde. Seine ehemaligen Kampfgefährten beim Absprung aus dem Bomber ins Höllengebirge distanzierten sich von Gaiswinkler, nachdem er persönliche Erinnerungen in einem Buch publiziert hatte. Besonders umstritten war die Frage, wer das aus Großbritannien mitgebrachte Funkgerät zerstört und in diesem Zusammenhang auch Lügen verbreitete hatte.

Sein ehemaliger Funker Josef Hans Grafl, ein gebürtiger Burgenländer, erhob schwere Vorwürfe gegen den Ausseer, wonach dieser

Über den Winter gesperrter Neubau der Rieder Hütte am 4. März 2024 bei einer Ski-Durchquerung des Höllengebirges – auf den Spuren der Partisanen um Albrecht Gaiswinkler.
Bild: Gerald Lehner

viele Unwahrheiten erzähle. Wenig später wurde Gaiswinkler nach Anschuldigungen weiterer Beteiligter aus der SPÖ ausgeschlossen. Daraufhin dockte er bei den „Linkssozialisten" an, die mit den moskautreuen Kommunisten Österreichs zusammenarbeiteten. So flog der ehemalige Widerstandskämpfer aus dem Nationalrat, weil die neue Gruppierung österreichweit nur drei Mandate erringen konnte.

Gaiswinkler zog sich ins Privatleben zurück und wurde wieder Bediensteter der Gebietskrankenkasse, wo er später zum Regionalleiter aufstieg. 1950 schrieb er noch einen Bergsteiger-Roman. Seinen Lebensabend verbrachte der Ausseer – geachtet und zufrieden mit sich und der Welt – in seiner Heimat. Er starb dort am 11. Mai 1979. (gl)

Blick nach Norden über das Hochplateau zum Traunsee und zum Traunstein. Im Höllengebirge bereiteten die vier Partisanen ihren Angriff auf Goebbels vor. Allerdings trieben sich hier – trotz des vielen Schnees im Frühling 1945 – auch Zivilisten und Gebirgsjäger der Wehrmacht herum, denen sie keinesfalls in die Hände fallen durften.
Flugbild: Gerald Lehner

Literatur:

Roland Kaltenegger: Operation „Alpenfestung". Das letzte Geheimnis des „Dritten Reiches". München 2005.

Christian Topf: Auf den Spuren der Partisanen. Wanderführer. Münster 2018.

Web:

alpenverein.at/riederhuette
hdgoe.at/alpenfestung
imschatten.org/salzkammergut
museumebensee.at/

21 FEUERKOGEL-SEILBAHN, EBENSEE

Das Löwendenkmal am Ufer des Traunsees wurde durch rechten Bombenterror zerstört.
Bild: Christian Strasser

Reise

Feuerkogel-Seilbahn, Rudolf-Ippisch-Platz 4, 4802 Ebensee
Löwendenkmal am Traunsee, Siegesbach 5, 4801 Traunkirchen (Achtung: mit dem Fahrrad erreichbar, kein Autoparkplatz)
Salinen Austria AG, Steinkogelstraße 30, 4802 Ebensee

Gegend

Ebensee nennt sich Vier-Seen-Gemeinde im Salzkammergut und befindet sich am Südufer des Traunsees. Die Gegend punktet mit glasklarem Wasser und Naturbadestränden, Tropfsteinhöhlen und Wandermöglichkeiten unter anderem auf dem Plateau des Feuerkogels, der mit einer Seilbahn erschlossen ist. Auf Radfahrer warten 170 Kilometer Rad- und Mountainbike-Strecken verschiedenen Schwierigkeitsgrades.

FASCHISTISCHER TERROR IN EBENSEE

Am 23. September 1963 verübten neofaschistische Terroristen aus Italien Sprengstoffanschläge auf Saline, Feuerkogelseilbahn und Löwendenkmal. Ein Gendarm wurde getötet, mehrere Menschen verletzt. Die Täter kamen aus Verona und sie kamen mit milden Strafen davon. Sie hatten Vergeltung für Bombenattentate von Rechten aus Österreich für die Unabhängigkeit Südtirols geübt.

Als der Wagenführer der Feuerkogelseilbahn in Ebensee am 23. September 1963 um 7.05 Uhr in der Talstation stoppte, fiel plötzlich ein Wecker vom Dach herunter, verbunden mit einer Sprengladung. Der Seilbahnmitarbeiter Johann Gaigg ließ die Passagiere, fünf Schulkinder und einen Erwachsenen, aussteigen und schnitt später auf Anordnung eines Gendarmen die Kabel zwischen Wecker und Batterie durch. Wäre die Bombe wie geplant um etwa 14 Uhr explodiert, wäre der Tod der Passagiere unvermeidlich gewesen, vermeldeten Zeitungsberichte.

Eine knappe Stunde vorher war das Löwendenkmal an der Uferstraße zwischen Ebensee und Traunkirchen in die Luft geflogen. Übrig blieb nur der Sockel des 1861 errichteten, zweieinhalb Meter hohen Gedenksteins (es wurde im Jahr darauf durch eine Replik ersetzt). Zwei Motorradfahrer entgingen dem Anschlag nur knapp.

Um 10.20 Uhr folgte der letzte Akt des Dramas: In der Saline Ebensee hatten Arbeiter an zwei Solebehältern drei Hohlhaftladungen entdeckt, die zu einem schwarzen Wecker führten. Als die Sprengladung explodierte, wurde der Gendarm Kurt Gruber zerfetzt, zwei weitere Gendarmen und zwei Arbeiter wurden schwer verletzt. Aus den Silos schoss die Salzsole heraus und ergoss sich über die Männer.

Der Terrorkampf um Südtirol hatte Österreich erreicht und hielt das ganze Land in Atem: Im Salzkammergut war viel Glück im Spiel, dass die Bomben nicht noch einen höheren Blutzoll forderten.

In mehreren Bundesländern gab es Großalarm. Sofort wurde eine Verbindung mit Südtirol vermutet. In den Jahren zuvor hatten

Beim Durchschneiden eines Kabels an einem der Sprengsätze starb ein Beamter in der Saline Ebensee
Bild: Christian Strasser

Rechtsextreme (verharmlosend „Bumser" genannt) aus Österreich, darunter einige aus der Traunseegegend und Gmunden, Bombenattentate in Italien verübt. Eine Vergeltung lag nahe, zumal Italien der Ansicht war, Österreich würde zu wenig gegen den „Befreiungsausschuss Südtirol" (BAS) unternehmen, eine terroristische Organisation, die von Deutschnationalen und Neonazis durchsetzt war. Deren Ziel war das Selbstbestimmungsrecht für die Südtiroler Bevölkerung. Viele Menschen, darunter Angehörige der Sicherheitskräfte Italiens, verloren im Zuge des von österreichischem Boden ausgehenden Terrors ihr Leben oder wurden verletzt.

Wer waren die vier Männer im graugrünen Fiat, die an den Tatorten gesehen worden waren? Die Spuren der Ebenseeattentäter führten nach Italien: Studentenausweise und Wecker aus Italien sowie Spezialzünder und TNT für militärische Zwecke. Die Vorgehensweise passte zu einem anderen, verhinderten Attentat vom Wiener Schwarzenbergplatz vom August 1962. Die Denunziation des Nordtirolers Kurt Welser, Sprengstofflieferant des BAS, erwies sich als falsche, gelegte Fährte, um die Ermittler in die Irre zu führen. Gelegt von Rechtsextremisten innerhalb der BAS-Unterstützerszene, die für den italienischen Geheimdienst spionierten, und von anderen Doppelagenten.

Den zufällig bei einer Razzia gefassten Tätern wurde 1967 der Prozess gemacht: vier jungen Neofaschisten namens Giorgio Massara, Sergio Poltronieri, Luciano Rolando und Franco Panizza. Haupttäter Massara war der Terror gegen eine stolze Nation wie

Nur durch Zufall wurde die Sprengung der Feuerkogelbahn verhindert – die Talstation der Bahn heute.
Bild: Christian Strasser

Italien unerträglich, so verantwortete er sich. Zur Hauptverhandlung hatten sich alle bis auf einen ins Ausland abgesetzt, da die Justiz sie auf freiem Fuß beließ. Der Staatsanwalt klagte nicht Mord an, sondern „Sprengstoffbesitz und Verletzung öffentlicher Sicherheit". Zwei der Täter verbüßten einen Teil ihrer milden Strafe, der Rest wurde ihnen erlassen.

Tatsächlich schien der italienische Militär-Geheimdienst seine Finger im Spiel zu haben, der nach weiteren Attentaten in Südtirol sogar Vergeltungsanschläge in Österreich plante. Österreich versuchte nun, Attentate in Italien zu verhindern und härter gegen die BAS vorzugehen, die heimischen Gerichte sprachen aber ähnlich milde Urteile wie die italienische Seite. Erst 1969 wurde der Konflikt durch eine Autonomielösung entschärft. In den Neunzigerjahren tauchten Hinweise auf, dass der italienische Geheimdienst Sifar (Servizio Informazioni Forze Armate) hinter den Gewalttaten gesteckt haben könnte. (cs)

Literatur:

Wolfgang Quatember: Vor 50 Jahren. Bombenattentat in Ebensee. Betrifft Widerstand 111. Verein Zeitgeschichte Museum und KZ-Gedenkstätte Ebensee, Dezember 2013.

Thomas Riegler: „Terror: Vor 50 Jahren schlugen italienische Terroristen in Ebensee zu", in: Profil, 14.9.2013.

Robert Stammler: „Vor 60 Jahren: Tag des Terrors in Ebensee", in: OÖN, 23.9.2023, S. 32.

22 WASSERBAU PEER, MUSEUM EBENSEE

Die 1945 im Traunsee versunkene Thunderbolt ist wieder in den Lüften unterwegs, hier bei einer Flugshow in Kalifornien.
Bild: Archiv Sandy Air

Reise

Auf den Pontons und Anlagen der Spezialfirma Peer bei Traunkirchen am Westufer wurde die „Dottie Mae“ 2005 aus dem Traunsee gehoben. Das Firmenareal ist nicht zugänglich, die Sicht von der Straße jedoch empfehlenswert – im Hintergrund der riesige Traunstein, Badestrände, Schiffs- und Bootstouren gleich in der Nähe.

1. Wasserbau Peer, Seestraße 25, 4801 Traunkirchen
2. Museum Ebensee, Kirchengasse 6, 4802 Ebensee
3. Flugzeugmuseum im Hangar 7, Wilhelm-Spazier-Straße 7a, 5020 Salzburg
   Wer sich historische (restaurierte, voll flugfähige) Flugzeuge der USA im Zweiten Weltkrieg aus der Nähe ansehen will: Hangar 7 auf dem Salzburg Airport. Die „Flying Bulls“ haben hier zwar keine Thunderbolt, jedoch z. B. eine Vought Chance „Corsair“, einen B-25 „Liberator“-Bomber und (als neuesten Zugang) eine P-51D „Mustang“ – alle demilitarisiert und ohne Waffen. (Siehe auch das Kapitel „KZ-Häftlinge ebnen den Weg zur Mondlandung von 1969“.)
4. Auch das Luftfahrt-Archäologie-Museum von Thunderbolt-Finder Wolfgang Falch im Tiroler Außerfern ist sehr sehenswert: Hangar SW, auf dem Flugplatz Reutte-Höfen (LOIR) , Lechau 5b, A-6604 Höfen

Gegend

Traunkirchen am Westufer des Traunsees ist sehr alter Siedlungsboden. Funde belegen, dass hier schon in der Jungsteinzeit Menschen lebten. Beliebt war die Halbinsel auch in der Bronze- und Hallstattzeit. Testgrabungen auf dem Johannesberg zeigten, dass sich vor 3.500 Jahren hier eine Kultstätte befand.

IM TIEFFLUG IN DEN SEE GESTÜRZT

Eines der Prunkstücke und teuersten Relikte amerikanischer Zeitgeschichte ist erst 2005 wieder ans Licht der Welt gekommen. Die P-47D Thunderbolt wurde aus den dunklen Tiefen des Traunsees bei Gmunden geborgen. Der einmotorige Jagdbomber ist heute – nach jahrelanger Restaurierung in Amerika – wieder voll flugfähig. Lieutenant Henry Mohr von der U.S. Air Force verunglückte mit der Maschine namens „Dottie Mae" am 8. Mai 1945. Die „Jagd" nach dem Wrack auf dem Seegrund entwickelte sich in den 2000er-Jahren zu einem eigenen Abenteuer.

Lieutenant Mohr und seine Kameraden, die sich im Frühling 1945 auf einer speziellen Mission über dem Salzkammergut befanden, waren auf dem Flugplatz im 340 Kilometer entfernten Kitzingen bei Würzburg gestartet. Ihr Kampfverband war beim Vormarsch US-amerikanischer Bodentruppen von Belgien nach Franken ins nördlichste Bayern verlegt worden.

Obwohl der Krieg fast zu Ende war, erhielten sie am Morgen des 8. Mai noch den Befehl, ein mutmaßliches Kriegsgefangenenlager der Nazis bei Ebensee möglichst tief zu überfliegen. Es wurde befürchtet, dass in Hitlers (in Wahrheit nie existierender) „Alpenfestung" amerikanische Soldaten gefangen gehalten würden. Es war noch nicht durchgedrungen, dass es kein „gewöhnliches" Gefangenenlager war, sondern ein Außenlager des berüchtigten KZ Mauthausen. Dort bangten bei Ebensee mehrere Tausend halbverhungerte Häftlinge und Sklavenarbeiter um ihr Leben. Es lagen massenweise Leichen herum. Die Menschen waren Krankheiten, Hunger und den SS-Wachmannschaften zum Opfer gefallen. Als die amerikanischen Piloten in Kitzingen starteten, hatten kurz zuvor erste Panzertruppen der USA das KZ-Außenlager Ebensee erreicht und die überlebenden Opfer befreit. Doch das wussten die Flieger nicht.

Anflugroute über Salzburg, Bad Ischl und Ebensee

Die Thunderbolts näherten sich vom Inneren Salzkammergut her. Sie dürften beim Hallstätter See, bei Bad Goisern und Bad Ischl aus großer Flughöhe in den sich dort weitenden Talkessel hinabgestoßen sein, ehe sie dem engen Tal nach Nordosten bis Ebensee und zum Traunsee folgten – extrem tief, um möglicherweise verbliebenen Nazi-Truppen mit ihren Maschinenkanonen das Fürchten zu lehren. Geflogen wurde auch möglichst schnell, um dem Beschuss durch Flak oder Maschinengewehre zu entgehen.

Ein Staffelkamerad von Henry Mohr bestätigte in den 1990er-Jahren einer deutschen Zeitung genau diese Anflugroute. Geschossen habe niemand. Mit Entsetzen mussten sie dann mitansehen, wie die Thunderbolt ihres Wingman Mohr kurz nach dem Lager auf dem Traunsee ins Wasser krachte. Der Pilot überlebte, konnte sich aus den Gurten befreien und aussteigen, ehe die Maschine versank. Seine Kameraden kehrten nach Kitzingen in Nordbayern zurück. Sie waren überzeugt, dass Mohr tot war. Der wurde aber von jungen Frauen in einem Ruderboot gerettet, ans Ufer gebracht und bei einem Bauernhof erstversorgt. Schon kurz danach sei er eigenen Bodentruppen übergeben worden, heißt es in Aufzeichnungen der U.S. Army.

Die Thunderbolt war laut Fachleuten das allerletzte Flugzeug, das die USA im Zweiten Weltkrieg in Europa im Kriegseinsatz verloren. Auch dieses Faktum mache die Maschine zum heute mit Abstand wertvollsten Jagdbomber unter allen „Warbirds" der Amerikaner. In den USA gelten historische Flugzeuge aus dem Zweiten Weltkrieg für abenteuerlustige Millionäre oder Milliardäre generell als krisenfeste Wertanlage – noch dazu, wenn sie wieder flugfähig sind.

Jagdbomber mit 90 Missionen gegen NS-Truppen

Der historische Wert der „Dottie Mae" gründet sich zudem auf die vielen Kampfeinsätze, die sie bis Kriegsende unbeschadet überstand – insgesamt 90. Benannt wurde das stark motorisierte, schwere und schnelle Kampfflugzeug nach der Ehefrau von Lieutenant Lawrence Kuhl, einem Staffelkameraden von Mohr. Kuhl

Die „Dottie Mae“ am Ufer bei Traunkirchen, kurz nachdem sie 2005 wieder das Licht der Welt erblickte. Rechts: Wolfgang Falch, Leiter des „Rettungsteams“.
Bild: Sandy Air

übernahm sie am 16. Dezember 1944 in fabriksneuem Zustand für die 405th Fighter Group der 511th Fighter Squadron in der USAAF's 9th Air Force. Sie war also nur fünf Monate im Einsatz. Seriennummer: 42-29150. Gebaut wurde die Thunderbolt – wie viele ihrer Schwestermaschinen – bei Republic Aviation in Evansville, Indiana. Ein weiteres Werk gab es in Farmingdale, New York.

Mehr als 59 Jahre lang lag die „Dottie Mae“ auf dem Grund des Traunsees. Dieser gleicht einem riesigen Fjord und ist der einzige See in Österreichs Alpen, durch den ein stark wasserführender Fluss hindurchfließt – die Traun. Das Flugzeug berührte das Wasser in der Bucht vor dem Gasthof Ramsau unweit des Ostufers unter dem Traunstein. Es sank dort fast senkrecht auf den Grund. Die Nase mit dem riesigen, bei der Wasserung zerstörten Propeller grub sich in den Schlamm. Dadurch und wegen der Tiefe von 72 Metern mit geringem Sauerstoffgehalt hielten sich Rumpf, Tragflächen und Leitwerk über die Jahrzehnte außergewöhnlich gut.

Die Suche war jedoch äußerst aufwendig und teuer. Initiator war der Tiroler Künstler, akademische Maler, Grafiker, Flugzeughistoriker und Privatpilot Wolfgang Falch. Während einer 20 Jahre dauernden Gastprofessur an einer Universität in den USA kam er in Kontakt mit amerikanischen Historikern. Diese wiesen ihn auf das Flugzeugwrack in der österreichischen Heimat hin. Es folgte eine erste Finanzierungszusage vom D-Day-Museum in New Orleans. Falch gründete die Firma Sandy Air, benannt nach einer Handvoll Piloten im Vietnamkrieg, die abgeschossene und überlebende Kameraden aus feindlichem Gebiet herausholten. Sandy Air ist bis heute neben der Schwesterfirma Sandy Sea international auf Luftfahrtarchäologie spezialisiert.

Abenteuerliche Suche und Bergung

Falch stellte ein Forschungs- und Taucherteam auf die Beine. Er hatte die mündliche Zusage, dass ein amerikanischer Flugzeugliebhaber das Wrack der Thunderbolt auf der Stelle kaufen würde, falls man es denn fände. Im Sommer 2005 war es für die „Dottie Mae" so weit. Nach zwei Jahren Suche, vielen Rückschlägen, Enttäuschungen und letztlich großen Freudensprüngen befestigten Falch und einige Profi-Taucher die Leinen der Hebeballons an dem Wrack in 72 Metern Tiefe. Sogar die kunstvolle Malerei auf der Motorhaube war noch gut zu sehen.

Wenig später schleppten sie den Flieger – noch auf halber Höhe unter Wasser „schwebend" – aus der starken Seeströmung in eine ruhigere Seitenbuch bei Traunkirchen und hoben ihn dort mit einem Kran aus den Fluten. Das Team musste sehr behutsam vorgehen, damit nichts brach. Es war auch noch viel Munition für die Maschinenkanonen in den Tragflächen. Die musste extra geborgen und entsorgt werden, um keine Menschen zu gefährden.

Rein rechtlich gehört ein solcher Fund der Republik Österreich, auch wenn die Bergung privat durchgeführt und finanziert wird. Falch sagt, es sei ihm in den zwei Jahren der Vorbereitungen und der Suche gelungen, vom österreichischen Staat die Eigentumsrechte – vertraglich abgesichert – übertragen zu bekommen. So sei der Weg für den schon länger geplanten Verkauf an den amerikanischen Interessenten frei gewesen.

Dem Vernehmen nach sollen sich in diesen Wochen auch Hobbytaucher und mutmaßliche Neider in das rechtliche Verfahren eingemischt haben. Manche sollen den Fund sogar für sich reklamiert haben. Angeblich seien dabei teils gefälschte Fotos vorgelegt worden. Außerdem soll ein privater Museumsbetreiber mit rechtlichen Tricks versucht haben, die Thunderbolt im Land zu behalten und möglichst kostengünstig oder gratis für sich zu sichern. Vergeblich, wie der Ausgang des Behördenverfahrens zeigt.

Restaurierung im US-Staat Idaho

Was aus der „Dottie Mae“ in den vielen Jahren seit 2005 wurde, ist eine andere Geschichte. Letztlich eine sehr schöne, doch mit ein paar Schattenseiten, wie Wolfang Falch findet. Das Flugzeug sei in den USA mittlerweile durch viele Hände gegangen: „Und meine Hoffnung, dass sie in möglichst originalgetreuem Zustand bleibt, hat sich leider nicht erfüllt.“

Es begann mit einer vorbildlichen Restaurierung bei der Spezialfirma Vintage Airframes im US-Staat Idaho. Dann übernahmen sie die „Allied Fighters“ in Chino, Kalifornien. Dort stand die Thunderbolt beim lokalen Flughafen im „Planes of Fame Museum“ bzw. „Yank's Air Museum“. Als die „Dottie Mae“ in Chino ankam, gab es einen feierlichen Empfang. Der in den Traunsee gecrashte Henry Mohr war mittlerweile verstorben, doch seine Kameraden Larry Kuhl (der sie 1944 benannte) und Ralph Vanderkove waren anwesend – ebenso Leonhard Hitchman, der als Waffenmeister auf dem Boden für die Beladung der Maschinenkanonen mit Munition zuständig gewesen war.

In den folgenden Jahren gab es mehrere fliegerische Auftritte der „Dottie Mae“ bei Airshows an der Westküste der USA. Laut Falch sind jedoch in den letzten Jahren zu viele neue oder nicht originalgetreue Bauteile eingebaut worden. Das sei geschehen, um die Thunderbolt flugfähig zu halten und für die amerikanischen

Instrumentenbrett, Steuerknüppel und Seitenruder-Pedale der Thunderbolt, kurz nachdem sie aus dem Traunsee gehoben wurde.
Bild: Sandy Air/Wolfgang Falch

Luftfahrtbehörden genehmigungsfähig zu machen. Er rechne damit, dass der Anteil an Originalteilen in den kommenden Jahren noch weiter abnehme, so Falch: „Ein großer Verlust aus historischer und archäologischer Sicht."

Dazu komme, dass die „Dottie Mae" seit ein paar Jahren nicht mehr der Öffentlichkeit zugänglich sei: „Ein sehr vermögender Privatmann in Reno hat sie vom Museum gekauft. Einer meiner österreichischen Freunde reiste kürzlich nach Nevada, um die Thunderbolt noch einmal zu sehen. Er kam nicht einmal mehr in die Nähe des Besitzers. Wir haben keinerlei Kontakt. Es interessiert diesen Mann offenbar ganz und gar nicht, wie wir diesen Warbird damals gefunden und gerettet haben." (gl)

Historische Anflugroute von Lieutenant Henry Mohr – fotografiert im Herbst 2023. Am unteren Bildrand das seit den 1950ern mit Einfamilienhäusern eng verbaute Gelände des Ex-Konzentrationslagers Ebensee, wo sich auch die heutige Gedenkstätte befindet. Darüber das Ortszentrum von Ebensee, der Traunsee – in den die „Dottie Mae" crashte – und der Traunstein. Ganz hinten Gmunden.

Flugbild: Gerald Lehner

Literatur:

Jonathan Bernstein: P-47 Thunderbolt vs. German Flak Defenses: Western Europe 1943–45. New York 2021.

Paul Perkins: Thunderbolt: Republic P-47. Living History, Vol 7. Hagerstown 1999.

United States Army Air Force: P-47 Thunderbolt Pilot's Flight Operating Instructions. Los Angeles 2010.

TV-Dokumentation:

Spiegel TV: Das Geheimnis der P47 im Traunsee. Hamburg 2006.

Web:

spiegel.de/video/p47-thunderbolt-absturz-video-99010210.html
sandyair.org
sandysea.org
hangar-7.com
flyingbulls.at
hangar-sw.at
peer-bau.com
facebook.com/alliedfighters
planesoffame.org

23 „VILLA SPAUN", TRAUNKIRCHEN

Am Traunsee schrieb Arnold Schönberg Musikgeschichte mit der Zwölftontechnik.

Bild: Traunkirchen, 1922 | Arnold Schönberg Center, Wien

Reise

„Villa Spaun" (auch „Villa Roner"), Kalvarienberg 4, 4801 Traunkirchen

Gegend

Die Gemeinde Traunkirchen liegt auf einer idyllischen Halbinsel mit historischen Gebäuden und einer eindrucksvollen Bergkulisse, die seit jeher Maler, Schriftsteller und Künstler angezogen hat. Geprägt wird der Ort durch die eindrucksvolle Kulisse des gegenüberliegenden Traunsteins (1.691 m). Neben Baden und Tauchen locken vor allem zahlreiche Wanderwege Urlauber an.

Arnold Schönberg – Verhängnisvolle Sommer am See

1921 floh Arnold Schönberg nach Angriffen aus dem „judenreinen" Mattsee bei Salzburg ins oberösterreichische Traunkirchen, wo der Wiener, der heute als einer der einflussreichsten Komponisten des frühen 20. Jahrhunderts gilt, zum ersten Mal die Zwölftonmethode erprobte. Von den Nazis aus der Preußischen Akademie der Künste geworfen, musste er 1933 in die USA emigrieren.

Den Traunsee besuchte Schönberg zwischen 1905 und 1923 insgesamt sechs Mal. Zunächst etwas abseits von Gmunden an der ruhigeren Ostseite des Sees, im „Preslgütl" (Traunsteinstraße 189), in dessen Nähe mehrere Schüler wie Zemlinsky, Webern, oder Horwitz wohnten. 1905 nahm die Familie in der Traunsteinstraße 277, im Ausflugsgasthof „Hois'n", Quartier. Schönberg, der aus bescheidenen Verhältnissen kam und anfangs in einer Bank arbeitete, bildete sich autodidaktisch weiter und schrieb Lieder und Kammersymphonien, deren Aufführung in Wien zum Tumult geriet. Der Komponist wollte sich aus Verzweiflung erschießen, sein Freund, der junge Maler Richard Gerstl, hinderte ihn daran. Im Jahr darauf, nachdem Gerstl von Schönberg in sein bäuerliches Sommerdomizil am Traunsee (Traunsteinstraße 225) eingeladen worden war, kam es zur Katastrophe: Gerstl, der eine Affäre mit Schönbergs Frau Mathilde begonnen hatte und von Schönberg in flagranti ertappt worden war, nahm sich in Wien das Leben. Zuvor hatte sich das Liebespaar in Gmunden eingemietet und war dann nach Wien geflohen, nach ein paar Tagen kehrte Mathilde zu ihrem Mann zurück an den Traunsee. Schönberg fürchtete einen öffentlichen Skandal, konnte die Geschehnisse in seiner Musik künstlerisch verarbeiten. Seine Frau hingegen wurde in den Folgejahren depressiv.

1921 kam es zur erwähnten „Austreibung": Die Gemeindevertretung von Mattsee, wo Schönberg mit Familie eine mehrmonatige

Vertrieben vom Mattsee, gern aufgenommen am Traunsee: Arnold Schönberg auf der Terrasse der „Villa Roner".

Bild: Traunkirchen, 1922 / Arnold Schönberg Center, Wien

Sommerfrische zu verbringen gedachte, hatte vor den „Folgen einer etwaigen Verjudung" gewarnt und startete einen öffentlichen Aufruf, Zimmer nicht an Juden zu vermieten. Am 17. Juli schrieb Schönberg dem Verleger Emil Hertzka einen Brief aus Traunkirchen, in dem auch die nicht sonderlich große Beliebtheit seiner Musik mit Galgenhumor thematisiert wird: „Liebster Freund, nun sind wir seit 14. hier. Es war zum Schluss sehr hässlich in Mattsee. Die Leute dort haben mich scheinbar so verachtet, wie wenn sie meine Noten kannten. Geschehen ist uns sonst nichts."

Schönberg kehrte 1921, nach längerer Zeit, also wieder an den Traunsee zurück, in die „Villa Josef" (Traunkirchen Nr. 29), wo er an mehreren Stücken, u. a. der „Jakobsleiter", arbeitete, die den Übergang zur Zwölftonmusik markierten. In der „Villa Josef" in Traunkirchen schrieb er Musikgeschichte. Mit dem Praeludium der Klaviersuite op. 25 entstand hier im Juli 1921 das erste Werk in der von ihm entwickelten Zwölftonmusik. Die Methode des Komponierens mit zwölf nur aufeinander bezogenen Tönen bereitete der Musik den Weg in die Moderne.

Im Jahr darauf war Schönberg Gast in der „Villa Spaun" (auch „Villa Roner", Kalvarienberg 4), von dessen Balkon er einen schönen Blick auf den See und den Traunstein genoss. Gekauft hatte das ehemalige Hofrichterhaus einst der vermögende Lottodirektor und Schubertfreund Joseph Spaun, zu Schönbergs Zeiten war dessen Enkel Hermann Roner, einstiger Geiger, im Eigentum. Eine lokalhistorische Pointe: In diesem Jahr gründete Schönberg den Verein „Kammermusik Traunkirchen", um die dringend notwendige Reparatur des Pfarrkirchendaches zu finanzieren, und gab im „Hotel Stein" ein Konzert im ausverkauften Saal. 1923 endete der Traunkirchen-Aufenthalt wieder tragisch: Mathilde war

Von der Veranda der „Villa Roner" bot sich Schönberg ein prächtiger Blick auf den Traunsee.
Bild: Christian Strasser

mit Schmerzen wochenlang im Bett gelegen. Der Gemeindearzt stellte eine entzündete Gallenblase fest und empfahl dringend eine Verlegung. Sie verstarb nach der eilends veranlassten Rückkehr in Wien. Diese menschlichen Krisen lösten eine Rückkehr von Schönberg zum Judentum aus: „... habe endlich kapiert ... dass ich kein Deutscher, kein Europäer, ja vielleicht kaum ein Mensch bin ... sondern dass ich Jude bin!"

1925 als Professor für einen Meisterkurs für Komposition an die Preußische Akademie der Künste berufen, wurde ihm die Professur von den Nazis im September 1933 wieder entzogen. 1933 ging Schönberg ins Exil nach Paris und emigrierte in die USA. In seiner Wahlheimat Los Angeles vollendete er einige seiner Meisterwerke, bis er 1951 einem Herzleiden erlag. (cs)

Literatur:

Josef Moser: Arnold Schönberg am Traunsee – seine persönliche Tragik und ihre künstlerische Bewältigung. Eine Ergänzung, in: Institut für Volkskultur (Hg.): Oberösterreichische Heimatblätter, Heft 1, 51. Jahrgang, 1997, S. 93 ff.

24 VOLKSSCHULE TRAUNKIRCHEN

Die 2002 errichtete Gedenkstätte in Erinnerung an das „Reichsstraßenbau-Wohnlager" neben der Volksschule Traunkirchen.

Bild: Susanne Rolinek

Reise

Gedenkstätte Traunkirchen, Mitterndorf 10, 4801 Traunkirchen

Gegend

Ausstellungs- und Veranstaltungszentrum Spitz-Villa mit vielfältigem Programm. Villa Karbach, Russenvilla. Internationale Sommerakademie und Akademie Traunkirchen, Hofrichterhaus. Ehemaliges Kloster Traunkirchen. Johannisberg und Kalvarienberg. Wanderwege Via Historica und Via Abbacia Trunseo. Zahlreiche weitere Wanderwege, u. a. auf den beliebten Kleinen Sonnstein. Schifffahrt. Naturbadestrand im Ort. Kleines Familienskigebiet Hochlecken-Lifte. Breites Angebot an Rad-, Berg-, Kletter-, Mountainbike-, Skilanglauf-, Schneeschuh- und Skitouren in den Bergen rund um den Traunsee.

DAS „JUDENLAGER" TRAUNKIRCHEN

Im Juni 1940 trafen im „Reichsstraßenbau-Wohnlager" in Traunkirchen die ersten jüdischen Männer aus Wien ein, die zur Zwangsarbeit verpflichtet wurden. Die noch im Lager befindlichen „arischen" Arbeiter wurden anderweitig in Traunkirchen untergebracht, sodass die NS-Verwaltung und die Behörden das Lager künftig nur mehr als „Judenlager" bezeichneten.

Ursprünglich diente das 1939 errichtete Lager zur Unterbringung für im Straßenbau beschäftigte und hauptsächlich aus dem Salzkammergut stammende zivile Arbeiter. Das Lagergelände befand sich unterhalb der jetzigen Traunkirchner Volksschule. Ende Mai 1940 gab der oberösterreichische Gauleiter August Eigruber die Anweisung zur Nutzung als „Erziehungslager für Arbeitsunwillige", doch dieses wurde von der Deutschen Arbeitsfront (DAF) in St. Pantaleon-Weyer an der oberösterreichisch-salzburgischen Grenze errichtet. Nach Traunkirchen überwies das Arbeitsamt Wien in Abstimmung mit Adolf Eichmann, Leiter der „Zentralstelle für jüdische Auswanderung" und einer der Hauptverantwortlichen für den Holocaust, arbeitslose jüdische Männer zur Zwangsarbeit. Darunter waren auch „Mischlinge", wie es im NS-Jargon hieß, sowie Juden, die durch eine Ehe mit „arischen" Frauen zu dieser Zeit noch vor der Deportation geschützt waren.

Arbeitslos waren die Männer deshalb, weil die NS-Führung nach dem „Anschluss" Österreichs an das Deutsche Reich als erste Stufe der Verfolgung die systematische „Ausschaltung" aller Jüdinnen und Juden aus dem Wirtschaftsleben betrieb. Das bedeutete Berufs- und Studienverbote, ein Verbot der Ausübung von Gewerbe und Handwerk sowie Entlassungen in den Betrieben und öffentlichen Unternehmen. Gemäß Erlass vom 20. Dezember 1938 konnten diese Personen dann zwangsweise für staatliche und kommunale Bauvorhaben heranzogen werden. Die im „Judenlager" in Traunkirchen befindlichen Männer wurden den Straßenbaufirmen Wayss & Freitag, Preslicka & Co sowie Mayreder & Kraus zugewiesen. Als

Tagung von NS- bzw. SS-Lagerführern der „Ostmark" (Österreich) im Lager Traunkirchen, 1940.
Bild: Zeitgeschichte Museum Ebensee

Leiter des „Judenlagers" Traunkirchen fungierte bis September 1941 der Tiroler Siegfried Seitlinger, ihm folgte der Oberösterreicher Lorenz Ortner. Vom Lager gingen die jüdischen Zwangsarbeiter täglich ohne Bewachung, aber in geschlossenen Reihen zu ihrer Arbeitsstelle. Das Verlassen des Lagers ohne Erlaubnis war streng verboten.

Die Arbeitsbedingungen waren hart, auch Bekleidung und Schuhwerk ließen zu wünschen übrig. Auf die Kleidung mussten die Insassen des Lagers Traunkirchen einen handtellergroßen gelben Fleck aufnähen, um auch außerhalb des Lagers klar als jüdische Zwangsarbeiter erkennbar zu sein. Der Landrat in Gmunden empfahl, für die Herstellung der gelben Flecken die alten monarchistischen, auch während der Zeit des Austrofaschismus beliebten schwarz-gelben Fahnen zu verwenden. Der Landrat informierte auch die Bevölkerung Traunkirchens über das Verbot des Umgangs der Zivilbevölkerung mit den Zwangsarbeitern abseits von arbeitsnotwendigen Kontakten.

Im April 1938 hatte die Deportation österreichischer Jüdinnen und Juden in die Konzentrationslager Dachau, Buchenwald und dann Mauthausen begonnen. Ab Oktober 1939 deportierte die SS österreichische Jüdinnen und Juden in jüdische Ghettos und Zwangsarbeitslager nach Polen. Nach monatelanger Pause folgten ab Februar 1941 weitere Deportationen der jüdischen Bevölkerung aus der „Ostmark". Die 30 jüdischen Zwangsarbeitslager auf heutigem österreichischen Gebiet – darunter das Lager Traunkirchen – bestanden in dieser Zeit weiter.

Bis zum Mai 1942 befanden sich insgesamt 476 jüdische Zwangsarbeiter im Traunkirchner Lager. In diesem Monat wurden die noch in Traunkirchen aufhältigen jüdischen Männer in das Zwangsarbeitslager Mitterweißenbach bei Bad Ischl transferiert. Dutzende waren schon zuvor nach Polen und Litauen deportiert worden. Im September 1942 überstellte die SS die letzten noch im Lager Mitterweißenbach verbliebenen jüdischen Männer in ein Wiener Sammellager, von dort wurden sie nach Weißrussland deportiert und nach ihrer Ankunft ermordet.

Ins Lager Traunkirchen kamen nun sowjetische Zwangsarbeiter, die unter anderem im Steinbruch Karbach am gegenüberliegenden Traunseeufer eingesetzt wurden. Bis mindestens Mai 1943 blieb das Zwangsarbeitslager Traunkirchen bestehen, das Zwangsarbeitslager Mitterweißenbach bei Bad Ischl sogar bis zum Ende der NS-Diktatur.

Nur 17 jüdische Männer, die als Zwangsarbeiter im Lager Traunkirchen waren, überlebten nachweislich die NS-Verfolgung – unter ihnen die Wiener Albert Pordes und Wilhelm Merl. Bei 119 ehemaligen jüdischen Zwangsarbeitern ist das weitere Schicksal nach der Deportation nicht mehr eruierbar. Die anderen der ehemals in Traunkirchen befindlichen 476 Männer wurden erwiesenermaßen im Rahmen des Holocaust ermordet.

Die Gemeinde Traunkirchen errichtete 2002 neben der Volksschule eine Gedenkstätte in Erinnerung an alle Zwangsarbeiter im Lager Traunkirchen. (sr)

Literatur:

Wolf Gruner: Zwangsarbeit und Verfolgung. Österreichische Juden im NS-Staat 1938–1945, Innsbruck/Wien/München 2001.

Pascal Merl: Lass das gehen. Eine jüdische Familiengeschichte im Spiegel des 19. und 20. Jahrhunderts, Weitra 2023.

Wolfgang Quatember: Das Reichsstraßen-Wohnlager Traunsee, auf: https://memorial-ebensee.at/index.php/de/forschung-wissen/wissen-geschichte/18-salzkammergut-1938-45/15-lager-traunsee, aufgerufen am 8.1.2024.

25 SCHLOSS CUMBERLAND BEI GMUNDEN

Ernst August III., Herzog von Braunschweig und Lüneburg (1887–1953). Bizarr: enger Verwandter des britischen Königshauses, der als nationalsozialistischer Fanatiker zu dessen politischen Erzfeinden in Hitlerdeutschland gehörte.

Bild: unbekannter Fotograf, ca. 1915

Reise

Schloss Cumberland, Cumberlandstraße 36, 4810 Gmunden

Gegend

Der blinde britische König George V. starb 1878 in Paris und wurde in der Gruft der St. George's Chapel in Windsor Castle beigesetzt. Seine Witwe Marie wohnte dann bis zu ihrem Tod 1907 in einer Gmundner Villa, die seither Königinvilla genannt wird. 1882 erwarb Georgs Sohn Ernst August II. viel Land nahe der Königinvilla oberhalb des Krottensees bei Gmunden. Hier entstand dann das Schloss im Windsor- und Tudorstil.

WARUM NUR WURDEN DIE WELFEN SO REICH?

Er verbrachte viele Lebensjahre im Salzkammergut und gehörte zur „erweiterten Königsfamilie" von Großbritannien: Fachleute haben in den letzten Jahren dokumentiert, dass der Welfe Ernst August III. auch Nationalsozialist und in eine gewinnträchtige „Arisierung" in Österreich verstrickt war – beim Bauunternehmen Porr AG. Dieses arbeitete später auch für die SS im Raum Auschwitz und beutete Häftlinge des Vernichtungslagers aus. Über den Kauf der Flugzeug- und Metallbauwerke Wels profitierte Ernst August auch vom „totalen Krieg" der Nazis. Auch hier mussten wieder KZ-Häftlinge antreten.

Die wissenschaftliche Arbeit von Ulrike Felber und Sabine Loitfellner stand am Beginn dieser Enthüllungen über das deutsche Adelsgeschlecht der Welfen, die in Österreich ihren immensen Reichtum vergrößerten – besonders im Nationalsozialismus. Heute wird das Vermögen der Familie auf ca. 400 Millionen Euro geschätzt. Die beiden Wiener Historikerinnen präsentierten Ergebnisse ihrer Recherchen 2014 in der NDR-Dokumentation „Adel ohne Skrupel".

Der 1887 geborene Ernst August III. war „Herzog von Braunschweig, Herzog zu Braunschweig und Lüneburg, Prinz von Hannover", so die volle Länge seiner Titel. Der Patriarch aus dem Geschlecht der Welfen lebte schon seit Ende 1918, nachdem er in Niedersachsen abdanken musste, auf Schloss Cumberland bei Gmunden. Den historistischen Prachtbau hatte sein Vater – ein Verbündeter von Österreichs Kaiser Franz Joseph I. und dessen militärischer Kampfgefährte im gemeinsam verlorenen „Deutschen Krieg" – ab 1862 auf einer Anhöhe über dem Traunsee bauen lassen.

Ab 1866 brauchten die in Norddeutschland entmachteten Welfen ein Exil in Österreich bei den verbündeten Habsburgern: Schloss Cumberland im Norden der Stadt Gmunden. Baubeginn: 15. Juni 1882. Vier Jahre später bezogen die Welfen die prunkvolle Anlage. Baustoffe: roter Marmor aus Ebensee, Granit aus Schärding und Sandstein aus Regensburg. Flugbild: Gerald Lehner

Einstieg in den Flugzeugbau in Wels

Schloss Cumberland diente den Welfen seither als luxuriöses Exil, Sommerfrische und neues Zentrum für wirtschaftliche Aktivitäten, die höchst erfolgreich waren. Ernst August III. trat früh der NSDAP bei, sehr zur Freude der Gmundner Kreisleitung. Wenig später kaufte der Herzog die Flugzeug- und Metallbauwerke in der nahen Stadt Wels (FMW), vormals Firma Hinterschweiger. 1939 wurde die Fabrik zum Rüstungsbetrieb erklärt. Hier reparierte man nun beschädigte Sturzkampfbomber des Typs Junkers Ju 87 von der deutschen Luftwaffe. Dazu kamen noch beschädigte Jäger des Typs Messerschmitt Bf 109.

Daneben entstand bei Gusen – östlich von Linz und in Sichtweite des Konzentrationslagers Mauthausen – ein Geheimprojekt, wo auch der Herzog groß in die Rüstungsindustrie einsteigen wollte. Unter höchster Geheimhaltung bauten Arbeitssklaven hier unterirdische und streng abgeschottete Industrie-Stollen aus. Es ging um insgesamt 50.000 Quadratmeter Produktions- und Montageflächen für das erste Jagdflugzeug der Welt, das mit Strahltriebwerken ausgerüstet war. Es konnte dadurch fast doppelt so schnell fliegen wie klassische Jäger – die legendäre Messerschmitt Me 262. Drei Segmente der unterirdischen Anlage wies man den FMW von Ernst August zu. Ein Sonderstab der SS kommandierte das Projekt. Der sei aber nur klein gewesen, betont der Historiker Bertrand Perz: „In Wirklichkeit haben die Baufirmen in Kombination mit den Rüstungsfirmen weitgehend das Geschehen bestimmt."

Unbeschreibliches Grauen soll den Bau begleitet haben. Häftlinge des Konzentrationslagers Mauthausen seien als Zwangsarbeiter eingesetzt worden. Sie seien an Hitze, Hunger und Entkräftung gestorben. In der NDR-Doku „Adel ohne Skrupel" kam der ehemalige KZ-Häftling Dušan Stefančič zu Wort: „Da war kein Mitleid, keine Barmherzigkeit. Da war gar nichts. Nur zu einem Zweck wurde es gemacht – für Hitlers sogenannten Endsieg."

Enkel Ernst August V. öffnet Familienarchiv

Fachleute der Universität Hannover haben in den vergangenen Jahren das Familienarchiv der Welfen untersuchen können. Ernst August V. von Hannover – Enkel des Gmundner Geschäftsmannes – hatte das Archiv nach Ausstrahlung der NDR-Dokumentation geöffnet. Im Zuge dessen wurden weitere Verstrickungen seiner Vorfahren deutlich. 1942 hatte Ernst August III. auch die relative Aktienmehrheit beim „arisierten" Bauunternehmen Porr erworben. Auf der Website des Porr-Konzerns ist darüber zu lesen (Stand 2. Jänner 2024):

„Am Ende einer Reihe von Transaktionen kontrolliert das deutsche Adelshaus Hannover-Braunschweig-Lüneburg 42,7 Prozent des Aktienkapitals ... Alle großen Unternehmen setzen damals neben Kriegsgefangenen und ‚Fremdarbeitern' auch Häftlinge ein." Gemeint sind Insassen der großindustriell betriebenen Vernichtungslager Auschwitz 1 bzw. Auschwitz-Birkenau. Und weiter: Die Porr AG sei damals „Subunternehmerin der IG-Farbindustrie AG" gewesen, die ab 1941 in Auschwitz tätig war: „Für Pfahlrammungen und Hochbauarbeiten. Es folgen 1942 die Errichtung eines Schalthauses in Auschwitz und 1944 Fundierungsarbeiten in Parchwitz."

Wussten die Briten von seinen NS-Geschäften?

Ernst August erlebte das Ende des Zweiten Weltkrieges auf Schloss Blankenburg im Harz. Die Dörfer und Kleinstädte im Mittelgebirge zwischen Sachsen-Anhalt, Thüringen und Niedersachsen wurden zunächst von britischen Truppen befreit und später den alliierten Sowjets übergeben. Zuvor ermöglichten die Briten dem Herzog und seiner Familie noch die Flucht vor Stalins Soldaten. Der Befehl kam aus London: Ernst August III. war mütterlicherseits ein Cousin von König George V. und wurde zu dessen erweiterter Familie gezählt. Eine bizarre Konstellation: Die Erzfeinde Hitlers in Großbritannien, das so viele junge Männer im Kampf gegen den Nationalsozialismus verloren hatte, retteten einen seiner ergebensten Unterstützer. Was wussten die Briten damals von den Aktivitäten „ihres" braunen Herzogs? Ein Forschungsthema für die Zukunft.

Sein Umzug bzw. die Flucht nach Nordwesten wurde sogar von der britischen Armee bewerkstelligt. Etwa 30 Lastkraftwagen transportierten das Inventar des Schlosses Blankenburg und anderer Wohnsitze der Familie ab. Es ging größtenteils zum Schloss Marienburg bei Hannover (Niedersachsen), wo die Welfenfamilie fortan lebte. Ernst August starb dort am 30. Januar 1953, ohne jemals zur Verantwortung gezogen worden zu sein.

Sein Schloss Cumberland in Gmunden übernahm nach Kriegsende die Republik Österreich. Bis 1972 diente es als Spital für Kranke, die mit Tuberkulose infiziert waren. Nach gründlicher Desinfektion wurde es 1973 in eine Pflegeanstalt umgewidmet. 1979 verkaufte der Bund die gesamte Liegenschaft dem Land Oberösterreich. Sie heißt nun „Landespflege- und Betreuungszentrum Schloss Cumberland".

Im Oktober 2022 meldete der Norddeutsche Rundfunk (NDR), dass der nunmehr jüngste Spross der Welfen aus Hannover nach Gmunden übersiedelt sei. Der 1983 geborene Urenkel von Ernst August III. teilte mit, er wohne in einer Villa, die der Herzog-von-Cumberland-Stiftung gehöre. Und um deren wirtschaftlichen Erfolg werde er sich nun kümmern, von Österreich aus. Die Welfen verfügen im nahen Almtal am Fuß des Toten Gebirges ohnehin über ausgedehnten Grund- und Jagdbesitz. Nur wenige Kilometer entfernt lebt auch sein gleichnamiger und 1954 geborener Vater Ernst August. Er ist Prinzgemahl der Caroline von Monaco, der Tochter von Hollywood-Star Grace Kelly bzw. der Grimaldi-Fürstin Gracia Patricia. „Hochadel fällt beim Geld immer auf die Butterseite. So einfach ist das", sagte uns dazu ein Jäger, der in der Nähe der Familie ein Revier betreut. (gl)

Literatur:

Ronald G. Asch (Hg.): Hannover, Großbritannien und Europa. Erfahrungsraum Personalunion 1714–1837. Göttingen 2014.

Heinz Schießer: Die Welfen am Traunsee – 130 Jahre Schloss Cumberland. Göttingen 2017.

Peter Steckhan: Herzog und Kaisertochter – Ernst August von Hannover und Victoria Luise von Preußen. Göttingen 2019.

Film-Tipp:

NS-Zwangsarbeit in Rüstungsfirma der Welfen. Norddeutscher Rundfunk (NDR), 2014.

Teil 1: „Kriegswichtiger" Rüstungsbetrieb im Besitz der Welfen

Teil 2: Stollensystem als Produktionsstätte

Teil 3: Keine Anerkennung und Wiedergutmachung für Opfer

Teil 4: Was sagen die Welfen zu den Orten des Grauens?

Web:

ndr.de/geschichte/chronologie/Zwangsarbeit-in-Ruestungsfirma,welfen144.html

mauthausen-memorial.org/de/Wissen/Das-Konzentrationslager-Mauthausen-1938-1945/Das-Zweiglager-Gusen

welfen.de/

26 GMUNDNER ESPLANADE

Blechband aus Bronze an der Uferpromenade gegenüber Schloss Ort in Gmunden.
Bild: Gerald Lehner

Reise

Hermann-Kai an der Gmundner Esplanade, etwas westlich des Stadtzentrums. Gegenüber der Kreuzung zwischen der „Österreichischen Romantikstraße" (Uferstraße) und der Kuferzeile.

Gegend

Zu den bekanntesten Sehenswürdigkeiten in Gmunden gehört das Seeschloss Ort. Es war auch Drehort der populären Fernsehserie „Schlosshotel Orth". Das Gemäuer zählt zu den ältesten des Salzkammerguts, es reicht zurück ins 10. Jahrhundert. Nicht weit davon steht die Villa Toscana – gebaut ab 1870 für die habsburgische Großherzogin der Toskana, Maria Antonie von Neapel-Sizilien. 1859 war ihre Familie von Italien nach Österreich übersiedelt.

ERINNERUNG AN 60 GMUNDNER MORDOPFER

In der traditionell auch bei Nationalsozialisten sehr beliebten Stadt Gmunden gibt es nun einen Gegenpol der Erinnerungskultur – eine kleine Gedenkstätte für 60 Opfer der Nazis, die hier am Nordrand des Traunsees einst lebten. Etwas abseits vom Zentrum beim Hermann-Kai an der Esplanade platziert, wurde am 31. März 2023 das Kunstwerk mit den Namen von 60 Ermordeten enthüllt – 78 Jahre nach Kriegsende. Auch über Smartphones lässt sich hier nun vieles nachlesen.

Auf dem direkt über dem Seeufer montierten Blechband aus Bronze sind ausgestanzte Namen zu finden – von 25 Frauen und Männern jüdischen Glaubens, 19 Mordopfern der sogenannten „Euthanasie" und 16 politisch Verfolgten. Ein QR-Code auf der Kaimauer führt via Handy zu einer Website der Stadt, auf der die Biografien und historische Fotos zu finden sind.

Zur Enthüllung im Frühling 2023 gab es einen großen Festakt mit Prominenz aus Politik, Verwaltung, Kunst und Kultur. Aus Frankreich reiste der Zeitzeuge und Holocaust-Überlebende Frederic Rujder mit seiner Tochter Nelly an. Er dankte den Verantwortlichen für die Errichtung des Mahnmals. Es sei auch heute nicht selbstverständlich, dass die Menschen frei leben können. Rujder erzählte vom Schicksal seiner Familie, die über Generationen in Gmunden ansässig war und in der Theatergasse zwei Geschäfte betrieb. 1940 gelang seinen Eltern und ihm die Flucht nach Frankreich. Die Großmutter wurde in Auschwitz ermordet. Sein Vater starb 1945 als Mitglied der französischen Widerstandsbewegung (Résistance). Jeder könne im Kampf gegen das Vergessen mitwirken, sagte der Franzose. Dieses neue Mahnmal in Gmunden mache ihm große Freude.

Das Mahnmal soll einen neuen Weg für den Umgang mit dem Erbe des Nationalsozialismus öffnen. Bisher war Gmunden über Jahrzehnte neben dem üblichen Sommerfrische-, Kur- und

Kultur-Tourismus nämlich auch eine Pilgerstätte für Ewiggestrige. Das Seeufer wird weiterhin von einem großen Kriegerdenkmal dominiert. Und auf dem nahen Hochkogel thront ein Stalingrad-Denkmal. In der Stadt arbeitete nach Kriegsende auch der berüchtigte „Gmundner Kreis", der sich auf Fluchthilfe für Kriegsverbrecher aus Wehrmacht und SS spezialisiert hatte. Und dem heldischen Kriegerdenkmal bei der Pfarrkirche stand bisher nur ein bescheidener Gedenkstein für ein paar wenige politische Opfer des NS-Regimes auf dem Stadtfriedhof gegenüber. Der winzige jüdische Friedhof von Gmunden war lange Zeit gesperrt. Initiatoren und Ideengeber des neuen Mahnmals sind zwei Bürger der Stadt: Hubertus Trauttenberg, ehemals General des Österreichischen Bundesheeres und Adjutant des früheren Bundespräsidenten Thomas Klestil (ÖVP), einst mutiger Befürworter der „Wehrmachtsausstellung" und Förderer der Gedenkkultur bei der ehemaligen NS-Mordanstalt in Schloss Hartheim bei Linz. Zweiter Betreiber ist der Historiker, Schriftsteller und frühere Gymnasiallehrer Holger Höllwerth. Sie schafften es nach langen Diskussionen mit Zweiflern, den Gemeinderat von der Bedeutung des Mahnmals zu überzeugen, worauf dieser im Jahr 2020 dessen Errichtung beschloss. Die Stadt schrieb einen Wettbewerb aus, um heimische und internationale Künstler mit Entwürfen und Plänen einzubinden. Eine unabhängige Jury übernahm die Auswahl.

Als Sieger ging der Gmundner Architekt Dipl.-Ing. Kurt Ellmauer hervor, der auch an der HTBL von Hallstatt den technisch-künstlerischen Nachwuchs unterrichtet. Der Metalldesigner und Schlossermeister Manuel Kreuzer aus dem nahen Ohlsdorf übernahm die technische Realisierung und Montage.

Begründung der Jury für die Entscheidung: „Beim Entwurf Ellmauers überzeugen Klarheit, Schlichtheit und Unaufdringlichkeit … Diesen Qualitäten ist gegenüber einer monumentalen, skulpturalen Lösung, die auf Wucht oder gar die Abbildung geschundener Körper setzt, der Vorzug zu geben … Alle Aufmerksamkeit gehört den Namen der Ermordeten, die über der Ufer-Brüstung in der Nachmittagssonne aufleuchten. Diese Menschen bleiben für die Nachwelt präsent, und doch verflüchtigen sich ihr Leben und

Leiden angesichts der oben abgefrästen Buchstaben im Glitzern der Traunsee-Wellen." (gl)

ZU KLEIN

Bei unserem Besuch Anfang Jänner 2024 brauchten wir einige Zeit, um das Mahnmal zu finden. Alle befragten Passanten, darunter mehrheitlich Einheimische, konnten uns den Standort nicht sagen. Es hieß aber, man habe in der Zeitung darüber gelesen. Resümee: Design gelungen, Standort etwas zu abgelegen vom Stadtzentrum, Schriftzüge der Namen zu klein. Die drei- bis vierfache Größe und damit auch mehrfache Länge des Kunstwerks auf der ohnehin sehr langen Kaimauer wären optimal. In dieser Form kann man das Mahnmal auch mit einer Anbinde- bzw. Anlegestelle für Boote verwechseln.

Literatur:

Holger Höllwerth: Das Gmundner NS-Opferdenkmal. Broschüre. Gmunden 2022.
Holger Höllwerth: Jüdinnen und Juden in Gmunden. Gmunden 2022.
Beide Druckwerke erhältlich in der örtlichen Buchhandlung Poetenblau sowie beim Copy-Shop Hirz in der Bahnhofstraße.

Web:

gmunden.at/kultur-freizeit-tourismus/ns-opfer-mahnmal/
gmundens-schaetze.at/ns-opfermahnmal-am-herrmann-kai.html
imschatten.org/salzkammergut

27 BEZIRKSGERICHT GMUNDEN

Im Zuge des „Anschlusses" an Deutschland im März 1938 verhafteten regionale SA-Männer politisch Andersdenkende sowie Jüdinnen und Juden, trieben sie durch die Stadt und misshandelten sie. Die SA brachte rund ein Dutzend verhaftete Männer ins Gmundner Bezirksgericht sowie in die städtische Polizeistation und misshandelte sie dort weiter.
Bild: Susanne Rolinek

Reise

Bezirksgericht Gmunden, Marktplatz 10, 4810 Gmunden

Gegend

Zentrum der Kurstadt mit seinen historischen Plätzen mit historischen bürgerlichen und kirchlichen Gebäuden. Esplanade mit dem Mahnmal für NS-Opfer. Sehenswert auch Kammerhof (ehemalige kaiserliche „Salzkammer") mit Stadtmuseum, Klo- und Sanitärmuseum, Bauernkriegssäule, Pestsäule, Schubertdenkmal, Villa Toscana, Schloss Cumberland, Schloss Weyer, Schloss Mühlwang, Seeschloss Ort, Kapuzinerkloster, Karmeliterinnenkloster, ehemaliges Mädchenpensionat der Kreuzschwestern, architektonisch interessante Sommerfrischevillen (viele während NS-Zeit „arisiert"), Wasserturm der ehemaligen Brauerei Gmunden, Sternwarte. Industriegebäude der ehemaligen Theresienthaler Spinnerei und Weberei. Schauproduktion der Gmundner Keramik. Naturbadestrände. Wanderwege am Traunsee- und Traunufer, am Grünberg (Grünberg-Seilbahn), Naturschutzgebiet Laudachsee mit Latschenhochmoor. Der markante Traunstein mit Kletter- und Wandersteigen (nur für Geübte!), breites Angebot an Rad-, Wander-, Berg-, Kletter-, Mountainbike-, Skilanglauf-, Schneeschuh- und Skitouren rund um den Traunsee. Wassersport. Bahnhofsgebäude Engelhof als einer der ältesten Bahnhöfe Europas.

DIE STADT DER „BLUTORDENSTRÄGER"

Gmunden war seit Anfang der 1920er-Jahre ein fruchtbarer Boden für den Nationalsozialismus. Bereits im Jänner 1921 gründete hier Karl Nechl unter dem Namen Nationalsozialistische Arbeiterpartei (NSAP) die Vorläuferpartei der NSDAP. Ab Anfang der 1930er-Jahre erlebte die Partei in der Traunseestadt einen wahren Zulauf. Nirgends sonst in Oberösterreich gab es derart viele sogenannte „Blutordensträger" (nur Männer), die von Hitler für ihre besonderen „Verdienste" für den Nationalsozialismus geehrt wurden.

Nechl sammelte zunächst rund 70 Sympathisantinnen und Sympathisanten um sich, eine überschaubare Zahl. Im Oktober 1927 freute sich die Gmundner Partei – nun schon unter dem Namen NSDAP – über den Besuch Heinrich Himmlers anlässlich der Bezirkstagung der Hitler-Partei. Zu diesem Anlass marschierten am Gmundner Rathausplatz die ortsansässigen Nazis gemeinsam mit ihren deutschen Brüdern und Schwestern im Geiste, die zur Tagung gekommen waren, auf. Eine weitere Nazi-Großveranstaltung gab es 1929, als Joachim von Ribbentrop mit seiner Gefolgschaft der Gmundner Partei einen Besuch abstattete.

Ab Ende 1931, Anfang 1932 erhielt die Gmundner NSDAP zahlenmäßig enormen Zulauf, das deutschnationale Milieu in Gmunden wandte sich fast geschlossen der NSDAP zu. 1932 besuchte eine Parteidelegation aus Gmunden sogar den „Führer" am Obersalzberg, im selben Jahr fand auch die erste Aktion zum Boykott „nichtarischer" Geschäfte statt: In der Vorweihnachtszeit marschierten Nazis mit Flugblättern und Plakaten, auf denen „Kauft nicht bei Juden!" stand, durch die Stadt.

Auch nach dem Verbot der NSDAP im Juni 1933 ging der Terror – Bölleranschläge, tätliche Angriffe, Abbrennen von Hakenkreuzfeuern usw. – weiter. Der SA-Mann und nun illegale NSDAP-Bezirksleiter Matthias Mielacher wurde 1934 verhaftet, konnte aus der Haft entkommen und flüchtete nach Deutschland.

Bereits bei der NSDAP-Bezirkstagung in Gmunden im Oktober 1927 war der Zulauf groß, auch der enge Vertraute Adolf Hitlers und SS-Führer Heinrich Himmler besuchte das Gmundner Nazitreffen.
Bild: Zeitgeschichte Museum Ebensee

Dort trat er der „Österreichischen Legion", der paramilitärischen Einheit österreichischer Nazis in Deutschland, bei. 1938 kam der fanatische Nazi nach Österreich zurück und stieg zum „Gauwirtschaftsbeauftragten" in Oberösterreich auf. Nach 1945 versuchte Mielacher im Zuge seines Wiedereinbürgerungsantrags in Österreich seine NS-Vergangenheit herunterzuspielen: „Meine Ausbürgerung (aus Österreich, Anm. d. Verf.) erfolgte wegen unerlaubter Ausreise. Ich betone ausdrücklich, dass zwischen meiner Flucht und nationalsozialistischer Einstellung kein Zusammenhang bestand."

Doch zurück ins Jahr 1934: Die Gmundner NSDAP bestand im Untergrund weiter, Lothar Puxkandl übernahm nun die Bezirksleitung und baute die künftige Regionalregierung auf. Im März 1938 war es dann so weit. Am Abend des 11. März 1938, noch vor dem Einmarsch der deutschen Truppen und dem offiziellen „Anschluss" an das Deutsche Reich, hatten die Nazis in Gmunden bereits die Macht übernommen. Rund 7.000 aus Stadt und Bezirk Gmunden stammende Hitler-Fans zogen durch die Traunseestadt, feierten am Rathausplatz, hissten die Hakenkreuzfahne am Rathaus und übernahmen die Amtsräume.

In den folgenden Stunden und Tagen verhafteten örtliche SA-Männer Franz Thomas, Gmundner Bürgermeister und Chefredakteur der christlichsozialen „Salzkammergut-Zeitung", sowie weitere Personen. Darunter der Traunkirchner Eduard Pesendorfer, der als Sicherheitsdirektor des Bezirks Gmunden für die Ausforschung und Verhaftung illegaler Nazis zuständig war (nicht zu verwechseln mit dem Gmundner Widerstandskämpfer Josef Pesendorfer, der im April 1945 im KZ Mauthausen ermordet wurde), der Laakirchner Bürgermeister Johann Kundtner sowie der Heimwehr- und Bezirksbauernführer Karl Weller aus Oberweis.

Insgesamt wurden mehr als ein Dutzend Männer verhaftet, gefesselt, als „Volksverräter" unter dem Gejohle der einheimischen Nazis durch die Straßen getrieben und geschlagen. Einige Männer wurden in den Zellen des Gmundner Bezirksgerichts und der Polizeistation ein weiteres Mal brutal misshandelt. Kurz danach verhafteten SA- und SS-Männer Gmundner Jüdinnen und Juden, Angehörige der Sozialdemokratischen Arbeiterpartei sowie der Kommunistischen Partei. Einige der Verhafteten kamen ins KZ Dachau, andere wurden später in Vernichtungslager deportiert. Als der zunächst aus dem KZ entlassene Johann Kundtner ein zweites Mal verhaftet werden sollte, beging er angesichts der neuerlichen Bedrohung Selbstmord.

1950 mussten sich elf ehemalige SA-Männer für ihre brutalen Exzesse im März 1938 vor Gericht verantworten. Besonders hervorgetan hatten sich die Gmundner SA-Männer Lothar Puxkandl und Franz Kubinger sowie die „Blutordensträger" Friedrich Nagl, Franz Hausherr, Johann Gruber und der Pinsdorfer „Blutordensträger" Friedrich Schiller. Doch die im sogenannten „SA-Prozess" Angeklagten erhielten durchwegs milde Urteile, die Haftstrafen waren zum Teil schon mit ihrer Untersuchungshaft abgegolten, auch Freisprüche gab es. So hatten ehemalige Opfer wie Eduard Pesendorfer im Geiste der Versöhnung um Milde für die Angeklagten gebeten. Jene Verfolgten, die die NS-Zeit nicht überlebt hatten, konnten im Prozess jedoch nicht mehr als Zeuginnen und Zeugen aussagen. (sr)

Ortsansässige Nazis besetzten bereits am Abend des 11. März 1938 – vor dem offiziellen „Anschluss" an das Deutsche Reich – das Rathaus in Gmunden als Amtssitz der Stadtregierung. Rund 7.000 Hitler-Fans marschierten am Rathausplatz auf. In den folgenden Tagen spielten sich brutale Szenen ab, als politisch Andersdenkende sowie Jüdinnen und Juden verhaftet, am Rathausplatz vorgeführt und misshandelt wurden.

Bild: Susanne Rolinek

Ehemaliger NS-Mörder als Stadtarzt in Gmunden

Nach 1945 waren Stadt und Region Gmunden weiter fruchtbarer Boden für ehemalige Nazis und Deutschnationale. Nicht nur der sogenannte „Gmundner Kreis" feierte hier fröhliche Urständ, auch NS-Verbrecher ließen sich nach 1945 in der Region nieder. Einer von ihnen war Walter Kipper, während der NS-Zeit als Arzt verantwortlich für unzählige Morde in der „Kinderfachabteilung" der „Gauheilanstalt Tiegenhof" im heutigen Polen. Tiegenhof war ein zentraler Tötungsort im Rahmen der „Euthanasie"-Aktion T4. Die Todesrate bei den hier Untergebrachten betrug rund 70 Prozent. Nach 1945 zog Kipper nach Gmunden und arbeitete hier unbehelligt als Arzt. Erst in den 1960er-Jahren wurde er im Zuge eines deutschen Anklageverfahrens von seinem ehemaligen

Vorgesetzten und Direktor der Mordanstalt Tiegenhof, Victor Ratka, belastet, aber das österreichische Innenministerium lehnte 1966 eine Anfrage des zuständigen Gerichts in Frankfurt ab: „Obwohl Dr. Kipper durch Dr. Ratka konkret belastet wird, für die Kindertötungen in der Anstalt Tiegenhof verantwortlich gewesen zu sein, erscheint diese Aussage in Bezug auf die Tatausführung durch Dr. Kipper etwas dürftig und als nicht ausreichend, um zielführend an letzteren herantreten zu können." Kipper blieb weiter unbehelligt.

Literatur:

Holger und Eckhard Höllwerth: Gmunden 1918 bis 1945. Eine Stadt in schwierigen Zeiten, Gmunden 2012.

Wolfgang Quatember, Ulrike Felber, Susanne Rolinek: Das Salzkammergut. Seine politische Kultur in der Ersten und Zweiten Republik, Ebensee 2024.

Karl Pieringer: Gmundner Chronik, 5 Bde., Linz/Gmunden 1978–1985.

Enno Schwanke: Die Landesheil- und Pflegeanstalt Tiegenhof. Die nationalsozialistische „Euthanasie" in Polen während des Zweiten Weltkriegs, Frankfurt am Main/Wien u.a. 2015.

28 SCHLOSS HÖSELBERG, GSCHWANDT

Erich Wolfgang Korngolds letzte in Österreich (Gmunden) 1937 komponierte Oper „Kathrin" konnte im März 1938 wegen des „Anschlusses" nicht mehr aufgeführt werden.

Bild: Österreichische Nationalbibliothek

Reise

Schloss Höselberg, Schlossberg 1, 4816 Gschwandt bei Gmunden

Gegend

Gmunden liegt am Traunsee in der Region Traunsee-Almtal im Salzkammergut. Die romantisch gelegene Stadt war wegen ihres Flairs auch immer wieder Drehort von Filmen und Fernsehserien. 1862 zur Kurstadt erhoben, kann man heute auf verschiedenen Themenwegen wandeln. Zahlreiche Schlösser und Villen wie zum Beispiel das Seeschloss Ort, die Villa Toscana in einem großen Park, das Schloss Cumberland oder das Schloss Weyer sind vielbesuchte Attraktionen.

ERICH WOLFGANG KORNGOLD: „GLÜCK, DAS MIR VERBLIEB"

Erich Wolfgang Korngold war ein bekannter Komponist und zweifacher Oscarpreisträger. 1933 kaufte das Ehepaar Korngold das Gut „Höselberg" bei Gmunden. Ein Arbeitsauftrag in Hollywood rettete der Familie das Leben. Nicht alle jüdischen Hausbesitzer am Traunsee hatten solches Glück.

Erich Wolfgang Korngold erlangte großen Ruhm mit der Oper „Die tote Stadt" (1920). Mit „Der Ring des Polykrates" und „Violanta" (beide 1916) sowie „Das Wunder der Heliane" (1927) wurde das einstige Wunderkind der Wiener Gesellschaft neben Richard Strauss zum meistgespielten Opernkomponisten im deutschsprachigen Raum. 1924 heiratete Korngold die Komponisten-Enkelin Luise „Luzi" Sonnenthal. Korngold komponierte nicht nur Opern, sondern auch Operetten. Ein wichtiger Schlüssel zu seiner Weltkarriere wurde Max Reinhardt, der ihn 1934 beauftragte, für seinen Hollywoodfilm „A Midsummer Night's Dream" die Filmmusik zu arrangieren. Der Film wurde zwar zum Flop, Korngolds Filmmusik wurde aber einhellig gelobt, und ihm standen die Türen zu den US-Filmbossen weit offen. Als Filmkomponist der Warner Brothers erhielt er für den 1936 entstandenen Film „Anthony Adverse" den Oscar, den zweiten 1938 für „Robin Hood – König der Vagabunden". Zwischen 1935 und 1946 schrieb er die Musik für 19 Filme und setzte damit Standards für viele Jahrzehnte in seiner Branche. Zum Zeitpunkt des „Anschlusses" weilte er gerade in Los Angeles, um an „Robin Hood" zu arbeiten. Eine Rückkehr ins Salzkammergut war ausgeschlossen. Er konnte sogar seine Familie und seine Eltern in die USA holen.

Von Hollywood aus versuchte Korngold, der Enteignung seiner Liegenschaft an der Adresse Gschwandt bei Gmunden, Schlossberg 1, zuvorzukommen – durch einen Verkauf an Alfred Demelmayer. Die Nazis konstatierten: Demelmayer sei „scharfer Nazigegner" und „innerlich weiterhin Gegner der NSDAP bedingt

Der Besitz am „Höselberg" abseits von Gmunden ging den Korngolds 1941 an die Gestapo verloren – behalten wollten sie ihn nach der Rückgabe 1949 nicht mehr, nur ein Mal wiedersehen.
Bild: Christian Strasser

durch seine Ehe mit einer Halbjüdin". Der Kaufvertrag wurde abgelehnt. Was die Nazis damals noch nicht wussten: Demelmayer gründete mit seinem Bruder eine Widerstandsgruppe.

Luzi Korngold: „Wir glaubten immer noch – mehr mit dem Herzen als mit dem Verstand, dass wir eine Heimat hatten, in die wir zurückkehren konnten, die wir nicht verlassen wollten. Es war Selbstbetrug, eine holde Täuschung." Das später restituierte Gut war nach dem Krieg komplett ausgeräumt und verwüstet. Die Familie interessierte sich verständlicherweise nicht mehr für ihr einstiges Idyll. Korngold starb 1957 nach einem Herzinfarkt. Die Grabplatte auf dem Hollywood Forever Cemetery ziert das Notenzitat „Glück, das mir verblieb" aus „Die tote Stadt".

Korngold blieb mit seinem Schicksal nicht allein: Allein in Gmunden, so die Autorin Marie-Theres Arnbom, wurden 25 Villen enteignet. Die Gemeinde versuchte, die „Judenvillen" für sich zu sichern: Sie habe sich „durch die Judenbekämpfung" große Verdienste erworben, das Land werde „ja genügend jüdischen Besitz übernehmen können, sodass dieser Besitz ohne weiteres der Gemeinde verbleiben könnte". Mit Erfolg. Und die Geschichten wiederholten sich: die Villen der Geschwister Adler in Gmunden, die Villa Toscana in Gmunden, die Villa Wesendonck in Altmünster, die Villa Anka in Traunkirchen … (cs)

Literatur:
Marie-Theres Arnbom: Die Villen vom Traunsee. Wenn Häuser Geschichten erzählen. Wien 2019.

29 SCHLOSS OBERWEIS BEI GMUNDEN

Schloss Oberweis, das vom SS-Verein „Lebensborn" geführte ehemalige „Heim Alpenland" für die Zwangsgermanisierung verschleppter Kinder und Jugendlicher. Das Schlossgelände ist privat, nicht öffentlich zugänglich und nur von größerer Entfernung zu sehen.

Bild: Susanne Rolinek

Reise

Schloss Oberweis, Schlossstraße 1, 4664 Oberweis

Gegend

Denkmalgeschütztes Schloss Oberweis leider nicht öffentlich zugänglich. In Steyrermühl/Laakirchen sehenswertes Papiermachermuseum in den historischen Hallen der ehemaligen Papierfabrik, hier auch das Veranstaltungszentrum ALFA („Alte Fabrik"). Schloss Lindach als einziges oberösterreichisches Schloss, dessen Schlosshof zugleich Dorfplatz und die Schlosskirche zugleich Dorfkirche ist. Wanderwege am Traunufer Richtung Traunfall und Richtung Gmunden. Radrouten rund um Oberweis und Laakirchen.

„EINDEUTSCHUNGSFÄHIG": DAS SCHICKSAL DER VERSCHLEPPTEN KINDER

Bis heute kaum bekannt, richtete 1943 der SS-Verein „Lebensborn" in Schloss Oberweis bei Laakirchen das sogenannte „Heim Alpenland" für „eindeutschungsfähige" Kinder ein. Das Schloss wurde bis 1945 zum Zentrum für die brutale Zwangsgermanisierung von „arisch" aussehenden Kindern und Jugendlichen vor allem aus Polen und Tschechien, die die SS in diesen Ländern aus Waisenhäusern und ihren Familien verschleppt hatte.

Im Dezember 1935 gründete Reichsführer SS Heinrich Himmler den Verein „Lebensborn". Ziel war zunächst die Steigerung der Geburtenrate bei „rassisch und erbbiologisch wertvollen" Frauen, wie es im NS-Jargon hieß. Alleinstehende Schwangere, die den SS-Kriterien entsprachen, erhielten in Entbindungsheimen von „Lebensborn" Versorgung und finanzielle Unterstützung. Hatten die Neugeborenen jedoch Behinderungen, schob die SS sie sofort in Tötungsanstalten ab, die Mütter verloren jegliche finanzielle Unterstützung.

Im Laufe des Zweiten Weltkriegs entwickelten sich die „Lebensborn"-Heime immer mehr zu Zwangsgermanisierungsanstalten für geraubte Kinder aus den besetzten Gebieten. Himmler wollte „alles rassisch wertvolle Blut zur Stärkung unseres eigenen Volkstums" nutzen und ließ „arisch" aussehende Kinder u. a. aus Polen, Weißrussland, Tschechien, Rumänien, dem ehemaligen Jugoslawien, der Ukraine und der Slowakei verschleppen.

Das „Heim Alpenland" in Schloss Oberweis war neben dem „Heim Wienerwald" (von 1938 bis 1941 „Heim Ostmark") die zweite „Lebensborn"-Anstalt auf heutigem österreichischen Boden. Im April 1938 hatte die Gestapo das im Eigentum des Nazigegners Karl Weller und seiner Frau befindliche Schloss beschlagnahmt und dem Verein „Lebensborn" übergeben. Karl

Reichsführer SS Heinrich Himmler, Gründer und Leiter des SS-Vereins „Lebensborn", 1938. Als einer der Hauptverantwortlichen des Holocaust und anderer NS-Verbrechen kam er im Mai 1945 in britische Gefangenschaft und beging dort Ende Mai Selbstmord.
Bild: Österreichische Nationalbibliothek

Weller war zu diesem Zeitpunkt bereits im KZ Dachau (siehe Kapitel „Die Stadt der ‚Blutordensträger'").

Der Beginn der Zwangsgermanisierung in Oberweis

Im September 1943 transportierte die SS die ersten Mädchen und Buben aus Polen nach Oberweis. Später trafen hier auch zwei Kinder aus dem tschechischen Lidice ein. Dort hatten Gestapo, SS, SD und Schutzpolizei als Vergeltung für das erfolgreiche Attentat einer tschechischen Widerstandsgruppe auf Reinhard Heydrich (einer der Hauptorganisatoren des Holocaust) ein Exempel statuiert. Sie zerstörten den Ort, ermordeten den Großteil der Bevölkerung, deportierten die Überlebenden in KZs und übergaben „arisch" aussehende Kinder an „Lebensborn"-Anstalten zur Zwangsgermanisierung.

Im „Heim Alpenland" in Oberweis befanden sich bis April 1945 rund 230 Kinder und Jugendliche zwischen vier und 15 Jahren. Ein Großteil der hier Untergebrachten wurde an regimekonforme Pflegeeltern vermittelt, darunter auch manche aus der

Umgebung Gmundens. Führung und Betrieb der Anstalt oblagen SS, Waffen-SS, HJ-Führern und zivilen Beschäftigten wie Krankenpflegerinnen, Erzieherinnen, Wirtschafterinnen sowie Haustechnikern, landwirtschaftlichen Arbeiterinnen und Arbeitern. Auch ortsansässige Personen waren im „Heim Alpenland" tätig. Aufgrund des Arbeitskräftemangels im Kriegsverlauf setzte die SS zudem weibliche Häftlinge aus dem KZ Ravensbrück ein. Erste Leiterin der „Lebensborn"-Anstalt war Maria Plate, ihr folgte Hedwig Ridder, dieser wiederum Maria Knipp-Merkel (Letztere war zuvor Leiterin der „Lebensborn"-Außenstelle im besetzten Krakau/Polen gewesen).

„Wir machen aus euch Hitlerjugend!"

Die verschleppten Kinder wurden ihrer Identität beraubt, sie erhielten eingedeutschte Namen – aus Tadeusz Bochat wurde ein Walter Bochert, aus Julie Stemperka eine Julie Semter, aus Eugeniusz Bartczak ein Eugen Bartel – und durften ihre Muttersprache nicht mehr verwenden. Auch zu ihren Familienangehörigen durften sie keinen Kontakt mehr haben. Bei der Ankunft im „Heim Alpenland" hieß es: „Wir machen aus euch Hitlerjugend!". Die „rassische" Wertigkeit der Eingetroffenen wurde auf Karteikarten vermerkt. Die Kinder und Jugendlichen mussten einem streng nach SS-Kritierien geplanten Tagesablauf folgen und waren abgeschottet, bei den täglichen Märschen zur körperlichen Ertüchtigung wurden sie von SS oder HJ-Führern streng bewacht. Schulunterricht fand direkt in der Anstalt statt. HJ-Führer bildeten die Buben von Oberweis militärisch im Nahkampf aus, selbst Volksschulkinder mussten daran teilnehmen. Ein damals Neunjähriger erinnerte sich, dass das zu bedienende Gewehr größer gewesen sei als er selbst.

SS und Heimleitung forderten bedingungslosen Gehorsam. Auch wenn einige Kinder und Jugendliche zwangsbedingt „angepasst" auf die Situation reagierten und daher keinen weiteren Misshandlungen ausgesetzt waren, litten die meisten unter großem Heimweh, psychischer und physischer Gewalt, mangelnder Ernährung und Kleidung sowie unzureichender medizinischer Versorgung. Bei Verstößen gegen die Anstaltsregeln – wie Verwendung der polnischen Muttersprache – gab es drakonische Strafen. Ein damaliger Insasse beschrieb später die

Das „Heim Wienerwald“ (auch „Heim Ostmark“) in Niederösterreich war die zweite „Lebensborn“-Anstalt auf heutigem österreichischen Boden, um 1939.
Bild: Österreichische Nationalbibliothek

Konsequenzen nach kleinen Verfehlungen; so kam es öfters vor, dass die Insassen in einer Nische eingesperrt wurden, wohl in einer Art Rauchfang: „Man konnte darin weder stehen noch sitzen und man musste in einer Hockstellung ohne Essen und Trinken sogar bis zu 48 Stunden aushalten. Wenn ein Kind rauskam, war es bewusstlos, geschockt, voll mit Ruß, mit Kotze und mit Exkrementen.“ Selbst bewusstlose Kinder und Jugendliche wurden nicht medizinisch behandelt, der Tod von „Aufsässigen“ in Kauf genommen. Trotz der Konsequenzen lehnten sich die Kinder und Jugendlichen in der Anstalt wiederholt gegen die Zwangsgermanisierung auf. Einige Buben versuchten mehrmals zu flüchten, die SS fing die Entflohenen jedoch wieder ein. Die Anstaltsleitung entschied, „Aufsässige“ aus der „Lebensborn“-Anstalt zu entfernen. So kam der Jugendliche Zygmund Rzazewski als Knecht zu einem Bauern.

In der Wahrnehmung der ortsansässigen Bevölkerung war das „Heim Alpenland“ einfach irgendein Kinderheim, wenn auch die SS-Bewachung und die oft unzureichende Kleidung der Kinder bei Kälte (zur Abhärtung) auffielen. Trotz des Verbots von Kontakten mit Außenstehenden gab es mit der Bauernfamilie direkt neben Schloss Oberweis regen Austausch. Die Jugendlichen mussten bei der Ernte am Bauernhof aushelfen, erhielten aber im Gegenzug von der Familie ausreichend Essen und wurden gut behandelt. Die Mädchen der Bauernfamilie durften mit den „Lebensborn“-Mädchen im Schlosspark spielen, wenn auch unter strenger Aufsicht. Die Bauernfamilie half zudem den verschleppten Kindern und Jugendlichen, heimlich mit ihren Angehörigen in Polen zu korrespondieren. Auch polnische Zwangsarbeiterinnen in Oberweis und die örtliche Postamtsleiterin Rosine Keller unterstützten diese heimliche Korrespondenz. Leider flog das Korrespondenznetzwerk auf, aufgrund der folgenden Drohungen der SS unterließen die Kinder und Jugendlichen in der „Lebensborn"-Anstalt daraufhin den heimlichen Briefkontakt.

Befreiung und die Suche nach der wahren Identität

Im April 1945 evakuierte der Verein „Lebensborn" die verbliebenen Kinder und Jugendlichen in Oberweis in das Kinderlandverschickungslager Maria Schmolln, wo sie die Befreiung erlebten. Der Verein „Lebensborn" geriet nach 1945 zunächst ins Visier der Alliierten. Während der Nürnberger Prozesse stuften die Alliierten die SS als verbrecherische Organisation ein, den SS-Verein „Lebensborn" unverständlicherweise jedoch nur als normale Fürsorgeeinrichtung. Daher blieben viele Personen, die im Namen von „Lebensborn" Verbrechen begangen hatten, unbehelligt.

Schloss Oberweis wurde nach 1945 an Karl Weller restituiert, der es verkaufte. Über das „Heim Alpenland" redete die ortsansässige Bevölkerung nach 1945 kaum mehr. Erst die österreichische Historikerin Ines Hopfer holte im Jahr 2010 in ihrer Publikation über die gewaltsame „Eindeutschung" von polnischen Kindern während der NS-Zeit das dunkle Kapitel von Schloss Oberweis als „Lebensborn"-Anstalt wieder ans Licht. Das Schloss ist heute in privater Hand und nicht öffentlich zugänglich. Im Ort Oberweis deutet nichts auf die Funktion dieses Gebäudes und das Schicksal der verschleppten Kinder und Jugendlichen hin. Einige der Zwangsgermanisierten suchen bis heute nach ihrer wahren Identität und ihren familiären Wurzeln. (sr)

Literatur:

Christian Angerer, Maria Ecker: Nationalsozialismus in Oberösterreich. Opfer-Täter-Gegner, Innsbruck/Wien/Bozen 2015.

Ines Hopfer: Geraubte Identität. Die gewaltsame „Eindeutschung" von polnischen Kindern während der NS-Zeit, Wien 2010.

30 VILLA MALETA, OBERWEIS

Die frühere Villa Maleta, heute „Landhaus Traunegg": Die Villa wurde um 1860 vermutlich nach einem Entwurf von Theophil von Hansen für die Familie Neumann-Spallart erbaut. Der Bau gehört zum „Kubischen Stil" mit blockartigen, klassisch strengen Bauformen.
Bild: Gerald Lehner

Reise

Landhaus Traunegg/Villa Maleta, Oberweis 18 , 4664 Gschwandt bei Gmunden

Gegend

Der Ort liegt auf 523 Metern Seehöhe in hügeligem Alpenvorland. Bei Föhnwetter ist der Blick auf den Traunstein und das Höllengebirge im Frühling besonders schön, wenn oben noch Schnee liegt.

„GMUNDNER KREIS“: KUSCHELN MIT BRAUNEN BONZEN

Österreichs Justiz und die führenden Kräfte bei Konservativen (ÖVP) und Sozialdemokraten (SPÖ) haben ab 1945 bei der Aufarbeitung nationalsozialistischer Verbrechen nur wenige Jahre durchgehalten. Als immer mehr Kriegsgefangene von Wehrmacht und SS zurückkehrten, verschob sich das Spektrum rasch bis hart an den rechten Rand. Nun ging es darum, hunderttausende „Mitläufer“ zu „integrieren“ und ihre Wählerstimmen zu gewinnen; auch jene von mutmaßlichen Schwerverbrechern und Mördern, die nicht selten mit mittleren bis hohen Posten und Privilegien versorgt wurden. Die Gegend um Gmunden am Traunsee spielte dabei eine wichtige Rolle. ÖVP und SPÖ versuchten sich hier beim Buhlen um die Gunst der Nazis zu überbieten.

Im Oktober 1949 durften bei der Nationalratswahl in Österreich erstmals wieder „minderbelastete“ Nationalsozialisten teilnehmen; allerdings nur solche, die sich – zumindest offiziell – keiner Verbrechen im strafrechtlichen Sinn schuldig gemacht hatten. Vorher wurden viele „belastete“ Nazis, die tatsächlich bei schweren Verbrechen mitgemischt hatten, von Österreichs Justiz auf „minderbelastet“ herabgestuft. Insgesamt ging es um 25 Prozent des gesamten Wählerpotenzials; allein in Oberösterreich 77.000 Männer und Frauen. Sehr viele dieser „Mitläufer“ waren alles andere als „Harmlose und von Hitler Verführte“, wie sie immer wieder dargestellt wurden. Bundesweit ging es um hunderttausende verkappte Nazis, Rassisten und strukturell totalitäre Charaktere, deren Wählerstimmen wieder auf dem „Markt“ der Demokratie zu haben waren. Die Gegend bei Gmunden, zwischen Linz, Wels und Salzburg gelegen, eignete sich gut für erste Kontaktaufnahmen. Sie lag relativ weit in der amerikanischen Zone des besetzten Österreich und dennoch nicht zu weit westlich von Wien. Die Demarkationslinie an der Enns-Donau-Mündung zur sowjetischen Zone lag in sicherem Abstand. Die Sowjets waren bei weitem nicht so nachsichtig wie die US-Behörden. Deshalb ließen sich viele Nazis nach 1945 auch bevorzugt im Salzkammergut oder in und um Salzburg nieder.

Kooperation mit NS-Ideologen, trotz eigener Leiden

In Oberweis bei Gmunden besaß der christlich-konservative Politiker Alfred Maleta, der von 1938 bis 1941 in den nationalsozialistischen Konzentrationslagern Dachau und Flossenbürg inhaftiert gewesen war, eine Villa. Maleta war nach Kriegsende ein Mitbegründer der Österreichischen Volkspartei (ÖVP). Seine eigenen Leiden in der nationalsozialistischen Zeit hinderten ihn nicht daran, am 28. Mai 1949 ehemalige und prominente Protagonisten des NS-Regimes in seine Oberweiser Villa einzuladen. Gemeinsam mit seinem Parteifreund Julius Raab warb Maleta um die Stimmen von ehemaligen Nazis, um Agitation für die ÖVP in deren Reihen und um möglichst zahlreiche Eintritte in die Partei. Mit ihnen verhandelten der frühere NS-Journalist Manfred Jasser (nach Angaben der Zeitschrift „Falter" bis zu seinem Tod 1992 ein „Unbelehrbarer"), der Verleger Friedrich Heiß, der Staatsrechtler Hermann Raschhofer, der später wegen seiner rassistischen Tiraden international berühmt-berüchtigte Wiener Historiker Taras Borodajkewycz sowie Walter Pollak, späterer Chefredakteur der „Oberösterreichischen Nachrichten", die alle der ÖVP nahestanden. Einige weitere Umworbene brauchten zum Erstkontakt nach Oberweis nicht weit anzureisen, denn das Salzkammergut war bekannt als alte und neue Heimat zwielichtiger Akteure, die in der neuen „Demokratie" Fuß fassen wollten, zumindest was ihre Karrieren betraf.

Doppelmoral auch bei den Sozialdemokraten

Wenn die ÖVP ihre Doppelmoral politisch wirksam umsetzte, durfte die konkurrierende SPÖ nicht ins Hintertreffen geraten. In Oberösterreich waren ihre Beziehungen zu den Braunen besonders gut. Österreichs Sozialdemokraten wählten im August 1949 die Villa Marie Luise im nahen Gmunden für ihr erstes Stelldichein mit Ehemaligen, Nochverbliebenen und ihren Meinungsführern. Daraus

Alfred Maleta (ÖVP) war Präsident des Österreichischen Nationalrates von 1961 bis 1970. Hier am 29. August 1966 bei einem offiziellen Besuch in Jerusalem im Gespräch mit der israelischen Parlamentsabgeordneten Ruth Hektin im Gebäude der Knesset.
Bild: National Photo Collection of Israel / Moshe Milner

entwickelte sich der berühmt-berüchtigte „Gmundner Kreis". Hier mischte sich das rote, rotbraune und braune Publikum mit Spionen des amerikanischen Geheimdienstes CIC. Dieser hatte im Internierungslager Glasenbach bei Salzburg spezielle Nazis ausgewählt und präpariert, um die sozialdemokratische Arbeiterpartei entsprechend zu beeinflussen bzw. möglicherweise auch zu unterwandern – gegen mögliche Widerständler in deren Reihen, die das Anbiedern und Kuscheln mit den Nazis gründlich satthatten. Bei der Auswahl der Gesprächspartner in der Gmundner Villa Marie Luise waren die US-Behörden nicht zimperlich – in Glasenbach saßen viele ein, die auch strafrechtlich einiges auf dem Kerbholz hatten. Bekannt ist, dass Franz Langoth, der letzte nationalsozialistische „Oberbürgermeister" von Linz, in der Villa Marie Luise dabei war.

Dem „Gmundner Kreis“ gehörten neben dem oberösterreichischen Parteisekretär Karl Krammer auch Stefan Schachermayr an, ehemaliger „Gauinspektor“ der NSADP in „Oberdonau“, sowie Erich Kernmayer, Pressechef von Gauleiter Josef Bürckel. Viele hatten beste Beziehungen zum amerikanischen CIC und zur SPÖ. Langoth, der Ex-„Oberbürgermeister“ von Linz, war von 1940 bis 1944 auch Richter beim „Volksgerichtshof“ und fällte in 51 Verfahren mit insgesamt 125 Angeklagten 118 Schuldsprüche, davon 41 Todesurteile. 1944 wurde er zum SS-Brigadeführer befördert. Bei rotbraunen Treffen in Gmunden mischte auch SPÖ-Innenminister Oskar Helmer mit. Laut dem Journalisten Gustav A. Neumann – einem Mitbegründer des deutschnationalen „Verbandes der Unabhängigen“ (VdU) – soll Helmer gesagt haben: „Schaun S', wenn ich diese Nazi net betreu, dann betreut sie der Maleta in Oberweis.“

Die Großparteien ÖVP und SPÖ scheiterten in Oberösterreich weitgehend dabei, die früheren Nazis vor den eigenen Karren zu spannen. Die ÖVP verlor durch den VdU endgültig ihre absolute Mehrheit im Linzer Landtag. Der VdU wurde nach mehreren Wahlniederlagen und internen Turbulenzen 1956 aufgelöst und die Freiheitliche Partei (FPÖ) gegründet. Erster Obmann wurde Anton Reinthaller, ehemaliger SS-Brigadeführer, der von 1950 bis 1953 wegen nationalsozialistischer Betätigung als Schwerstbelasteter inhaftiert war. Reinthaller, der der NSDAP schon vor dem „Anschluss“ Österreichs beigetreten war, 1938 die Funktion des NS-Landwirtschaftsministers im Anschlusskabinett Seyß-Inquart bekleidete und bis 1945 Reichstagsabgeordneter war, erklärte in seiner Antrittsrede als FPÖ-Chef: „Der nationale Gedanke bedeutet in seinem Wesen nichts anders als das Bekenntnis der Zugehörigkeit zum deutschen Volk.“

Auf Bundesebene etablierten sich viele Ehemalige auch auf ÖVP-Tickets in hohen Positionen von Beamtenschaft und Militär. Die SPÖ integrierte „ihre“ Nazis in ihrem berühmt-berüchtigten „Bund Sozialistischer Akademiker“ (BSA). Es gibt dazu den Witz mit der Frage, was denn das B vor der SA zu suchen habe. Eine der bizarrsten SPÖ-Verstrickungen betrifft den Wiener Psychiater und Arzt Heinrich Gross. Dieser soll bis 1945 in der NS-Anstalt „Am Spiegelgrund" Dutzende verhaltensauffällige und behinderte Kinder ermordet haben bzw. ermorden haben lassen – für „wissenschaftliche" Zwecke. Gross trieb nach Kriegsende als „Fachmann" noch über Jahrzehnte sein Unwesen; auch als Gerichtsgutachter. Er wurde erst 1988 aus der SPÖ ausgeschlossen; die Justiz wollte noch viel länger nicht auf ihn verzichten – nicht als Häftling, sondern als „Experten". (gl)

Literatur:

Michael Gehler, Hubert Sickinger: Politische Affären und Skandale in Österreich. Von Mayerling bis Waldheim. Thaur/Wien/München 1995.

Stefan Karner: Die Steiermark im 20. Jahrhundert. Politik, Wirtschaft, Gesellschaft, Kultur. Graz 2000.

Hugo Portisch, Sepp Riff: Österreich II. Band 2: Der lange Weg zur Freiheit. Wien 1986.

Oliver Rathkolb: Die paradoxe Republik. Österreich 1945 bis 2005. Wien 2005.

Wilhelm Svoboda: Die Partei, die Republik und der Mann mit den vielen Gesichtern. Oskar Helmer und Österreich II. Wien 1993.

31 BERNHARD-HAUS, OHLSDORF

Thomas Bernhard.
Bild: Wikicommons, Monozigote

Reise
Bernhard-Haus, Obernathal 2, 4694 Ohlsdorf

Gegend
Ohlsdorf befindet sich in einer typisch ländlichen oberösterreichischen Region und gehört zum Salzkammergut in der Nähe von Gmunden. Im schön restaurierten Bernhard-Haus kann man die Spuren des literarischen Schaffens des bekanntesten österreichischen Schriftstellers des 20. Jahrhunderts erleben. Darüber hinaus bietet die Region zahlreiche Museen und vielfältige Freizeitmöglichkeiten.

THOMAS BERNHARD – „HELDENPLATZ" OHLSDORF

„Die schönsten Gegenden in Österreich haben immer die meisten Nazis angezogen. Salzburg, Gmunden, Altaussee – das sind nichts als Nazinester." (Thomas Bernhard)

Der 1989 in Gmunden verstorbene Thomas Bernhard wird international zu den bedeutendsten deutschsprachigen Autoren gezählt. Er hat sich in seinem literarischen Werk zeitlebens mit dem Nationalsozialismus und seinen Folgen befasst. Geprägt wurde diese Haltung durch seine eigenen Erfahrungen von Kindheit an, die er etwa in seiner ersten autobiografischen Erzählung „Die Ursache" (1975) verarbeitete. Darin schildert er seine Kindheit in einem nationalsozialistischen Schülerheim, das nach dem Krieg zum streng katholischen Johanneum wurde. Für Bernhard löste hier nur eine repressive Ideologie die andere ab („Geistesvernichtungsanstalt"). Den Nationalsozialismus verstand er als System, das jeden Individualismus auslöschen und durch Kollektivismus ersetzen wollte. Mit Ironie und ungezügelter Übertreibungskunst schrieb er gegen Mitläufer- und Denunziantentum, Karrieristen und Mächtige an. Reale Orte und Erlebnisse mischten sich mit Fiktion, woraus Bernhard eine eigene Welt formte: die Zerstörung von Natur und Gesellschaft durch den Nationalsozialismus – „Frost" (1963); der Einzelne und das System – „Vor dem Ruhestand" (1979); die Zerstörung der Familie durch die NS-Ideologie – „Der deutsche Mittagstisch" (1981); die Verstrickung in den NS-Machtapparat – „Die Auslöschung" (1986).

Bernhards wütende Abrechnung mit der Nazizeit gipfelte in dem Theaterstück „Heldenplatz" (1988), das dem angesichts der „Waldheim-Affäre" gespaltenen Land die Nazi-Fratze im Spiegel vorhielt. Publikum wie Öffentlichkeit wurden mit dem jahrzehntelangen Verdrängen der Mitschuld Österreichs konfrontiert: Das Stück spielt nach dem Tod von Josef Schuster, einem zurückgekehrten Emigranten, der sich aus seiner Wohnung am Heldenplatz in den Tod gestürzt hat, nachdem er erkennen musste, dass die

Thomas Bernhards über 15 Jahre umgebauter Vierkanthof in Ohlsdorf/Obernathal war sein „Denk- und Schreibkerker".
Bild: Gerald Lehner

Mentalität der Österreicher und Österreicherinnen seit 1938 noch schlimmer geworden war. Nach all den Meinungsäußerungen, Leser- und Drohbriefen im 50. Gedenkjahr des „Anschlusses" Österreichs an Deutschland war man sich nicht sicher, ob Bernhard nicht eher Untertreibungs- als Übertreibungskünstler war. Seine monologisierende Polemik gegen alles, was dem Österreicher heilig ist, löste Gerichtsklagen, Theaterskandale und wütende Repliken aus, die Bekanntheit und Auseinandersetzung in Presse und Öffentlichkeit ins Unermessliche steigerten. Heftige Reaktionen auf seine Stücke kalkulierte der Autor mit ein.

1965 hatte Bernhard einen Vierkanthof in Ohlsdorf/Obernathal als Rückzugsort erworben, als „Denk- und Schreibkerker". Im nahen Gmunden suchte er häufig Cafés auf, die ihm zur „zweiten Wohnstube" wurden, zwischen der Schreibarbeit unternahm er ausgedehnte Spaziergänge in der Landschaft des Traunviertels, die mit den Menschen Eingang in sein Schreiben fand. Jahre später kamen zwei weitere Anwesen dazu, die „Krucka" auf dem

Thomas Bernhard in Ohlsdorf/ Obernathal.
Bild: A. Fabjan

Grasberg (Gemeinde Altmünster bei Gmunden) und das „Quirchtenhaus" in Niederpuchheim (Gemeinde Ottnang, nahe Wolfsegg). Dauernd bewohnt wurde keines von ihnen. Bernhard hat seine Häuser weniger als Wohnobjekte gestaltet, sondern als Theaterkulisse mit Requisiten aus seinen Stücken.

Thomas Bernhard starb am 12. Februar 1989 in seiner Gmundner Wohnung an Herzversagen. Das Bernhard-Haus in Ohlsdorf ist seit 1990 öffentlich zugänglich. „Wir mögen eine philosophische, wir mögen eine schriftstellerische Arbeit vollenden, die die epochemachendste und wichtigste überhaupt ist, wir haben nicht die höchste Befriedigung, die Befriedigung, die wir haben, wenn uns ein Bauwerk gelungen ist", schrieb er 1975 in seinem Roman „Korrektur". Und fügte hinzu: „Aber das Bauwerk als Kunstwerk ist erst vollendet, indem der Tod eingetreten ist dessen, für den es gebaut und vollendet worden ist." (cs)

Literatur:

Wieland Schmied, Erika Schmied: Thomas Bernhards Häuser. Salzburg 1995.

Barbara Vinken, Dietmar Steiner, Ronald Pohl: Thomas Bernhard — Hab & Gut. Das Refugium des Dichters. Wien 2019.

32 PAPIERFABRIK STEYRERMÜHL

Die Papierfabrik Steyrermühl gehörte zur Buch- und Kunstdruckerei Steyrermühl, einem der größten Zeitungs- und Papierproduktionsunternehmen Österreichs mit Verwaltungssitz in Wien, hier 1932. Während der NS-Zeit wurde das gesamte Vermögen der Buch- und Kunstdruckerei Steyrermühl inklusive der Papierfabrik entzogen und direkt unter NSDAP-Verwaltung gestellt.

Bild: Österreichische Nationalbibliothek

Reise

Alte Papierfabrik, nun Papiermachermuseum, Museumsplatz 1, 4662 Laakirchen

Gegend

Sehenswertes Papiermachermuseum in den historischen Hallen der ehemaligen Papierfabrik, hier auch das Veranstaltungszentrum ALFA („Alte Fabrik"). Schloss Lindach als einziges oberösterreichisches Schloss, dessen Schlosshof zugleich Dorfplatz und die Schlosskirche zugleich Dorfkirche ist. Das seit mehr als hundert Jahren bestehende Moorbad Gmös. Wanderwege am Traunufer Richtung Traunfall und Richtung Gmunden. Radrouten rund um Steyrermühl und Laakirchen.

ORGANISIERTER RAUB

Den größten Raubzug der Geschichte erlebte Österreich während der NS-Zeit. Das Vermögen politisch, religiös oder „rassisch" unerwünschter Personen, Minderheiten sowie Organisationen wurde enteignet und „arisiert". Von diesen groß angelegten Eigentumsübertragungen und Vermögensverschiebungen profitierten NS-Wirtschaft und Politik enorm – Gewaltherrschaft, „Belebung" der Wirtschaft, „Schaffung" von Arbeitsplätzen, Aufrüstung, Krieg und die gigantomanischen Pläne für NS-Repräsentationsbauten, Wohnsiedlungen und Ausbau der Infrastruktur wären ohne die geraubten Vermögen undenkbar gewesen.

Unmittelbar nach dem „Anschluss" begannen die organisierten Raubzüge in Österreich, manche Betriebe und Liegenschaften wurden aus politischen Gründen allerdings „nur" unter kommissarische Verwaltung gestellt. Auch im Salzkammergut waren Betriebe von „Arisierung", Entziehung und kommissarischer Verwaltung betroffen; unter anderem die Buch- und Kunstdruckerei Steyrermühl (zu der auch die Papierfabrik in Steyrermühl gehörte), die Lenzinger Zellstoff- und Papierfabrik sowie die Likör- und Spirituosenfabrik der Familie Spitz in Linz-Urfahr und Attnang-Puchheim, das Kalkwerk in Bad Ischl, die Gmundner Keramik, die Handdruckerei für Trachtenstoffe der Anna Mautner in Grundlsee, aber auch viele Tourismusbetriebe, kleinere Gewerbebetriebe und Geschäfte wie das Spiel- und Sportwarengeschäft der Familie Smetana in Gmunden, die Schutzengel-Apotheke von Samuel Berger in Ebensee, die Parfümerie Walters in Bad Ischl oder das von der Familie Sonnenschein betriebene Hotel „Franz Karl" sowie der von der Familie Pfeffer geführte „Habsburgerhof" in Bad Ischl. Dazu kamen Liegenschaften und Vermögen „feindlicher" Ausländerinnen und Ausländer, die in den Besitz von NS-Organisationen und verdienter Nazis übergingen.

Die Familie Bunzl hatte vor dem „Anschluss" noch 4,5 Millionen Schilling in die Modernisierung der Anlagen in Lenzing investiert,

Gelände der ehemaligen Raudaschlmühle samt Sägewerk in Lenzing, die zum Firmenkonvolut der Lenzinger Zellstoff- und Papierfabrik gehörte. Das Unternehmen Lenzing wurde 1938 „arisiert" und entzogen, die Mühle samt Sägewerk kam unter NS-Verwaltung.
Bild: Susanne Rolinek

das neue Werk konnte am 7. März 1938 eröffnet werden – wenige Tage vor der nationalsozialistischen Machtübernahme und der darauffolgenden „Arisierung" (siehe Kapitel „Das Frauen-KZ"). Viktor Spitz wiederum hatte die Fabrik in Attnang-Puchheim erst 1937 neu errichten lassen. Nach dem „Anschluss" deportierte die Gestapo Spitz nach Dachau, seine Schwägerin Friederike Spitz sowie seine Neffen Alexander und Eduard verübten Selbstmord.

Neben Industrie- und Gewerbebetrieben wurden zahlreiche Villen und Wochenendhäuser im Salzkammergut entzogen, um die sich Nazibonzen stritten. Doch es ging nicht nur um die großen Werte, auch auf kleinere Ersparnisse oder Liegenschaften hatten es die Nazis abgesehen. Am 26. April 1938 wurde die „Verordnung über die Anmeldung des Vermögens von Juden" erlassen, alle als Jüdinnen und Juden eingestuften Personen hatten eine Auflistung ihres Vermögens abzugeben, wenn dieses mehr als 5.000 Reichsmark betrug. Sogar Kaffeegeschirr und Eheringe mussten

Die christlichsoziale „Salzkammergut-Zeitung" (auch „katholische Kampfpostille" genannt) samt Verlag und Druckerei mit Sitz in Gmunden wurde unmittelbar nach dem „Anschluss" entzogen, die Wochenzeitung eingestellt. Hier das Verlagshaus am Gmundner Rathausplatz im Jahr 1938.
Bild: Österreichische Nationalbibliothek

aufgelistet werden. Insgesamt belief sich die Summe des durch „Arisierungen" allein in Oberösterreich „frei" gewordenen Vermögens auf knapp 26 Millionen Reichsmark, das entsprach im Jahr 2023 umgerechnet ca. 170 Millionen Euro. Der organisierte Raub war die Vorstufe zur Verfolgung und Vernichtung unerwünschter Personen.

Ähnlich verfuhren die Nazis mit dem Eigentum von Homosexuellen, religiösen sowie ethnischen Minderheiten. Die sogenannten „Zigeuner" wurden in Lagern zusammengefasst, ihr Vermögen beschlagnahmt und „verwertet". Die NS-Verordnung über die „Einziehung volks- und staatsfeindlichen Vermögens" vom 18. November 1938 konnte einfach auf alle angewendet werden. Auch politisch unliebsame Personen und Andersdenkende sowie einige Adelige, meist Unterstützer und Unterstützerinnen des „Austrofaschismus", wurden beraubt. So wurden unter anderem die Starhemberg'schen Besitzungen einschließlich der

Die denkmalgeschützte Deutsch-Villa in Strobl am Wolfgangsee. Maria und Otto Deutsch hatten die Villa 1932 erworben und umgebaut. Während der NS-Zeit „arisiert", diente die Villa bis 1945 als Heim der NS-Mädchenorganisation BDM.

Bild: Susanne Rolinek

Starhemberg-Villa in Bad Ischl oder die Lamberg'schen Güter im Enns- und Steyrtal für verfallen erklärt.

Stifte und Klöster, religiöse und karitative Vereine sowie Ordensspitäler und -schulen kamen ebenso an die Reihe. Davon war unter anderem das Stephaneum der katholischen Schulbrüder in Bad Goisern betroffen. Das Vermögen des beschlagnahmten Religionsfonds in Österreich, der enteigneten Vereine, karitativen und pädagogischen Einrichtungen sowie der aufgehobenen Stifte und Klöster samt dazugehörigen Wirtschaftsbetrieben wie Brauereien, Forst- und Landwirtschaftsbetrieben und Unternehmen übertrug die Gestapo entweder an den jeweiligen Reichsgau und NS-Organisationen oder verpachtete und verkaufte diese an Privatpersonen.

In den Jahren nach 1945 versuchten die ehemaligen Eigentümerinnen und Eigentümer in aufwendigen Rückstellungsverfahren ihr geraubtes Vermögen zurückzuerhalten – mit mehr oder weniger großem Erfolg. Während manche ihr Vermögen relativ rasch zurückerhielten, sind bei anderen Verfahren bis heute nicht vollständig abgeschlossen. (sr)

Literatur:

Irene Bandhauer-Schöffmann: Entzug und Restitution im Bereich der Katholischen Kirche. Vermögensentzug und Rückstellung im Bereich der Katholischen Kirche, Oldenbourg 2004 (Veröffentlichungen der Österreichischen Historikerkommission, Band 22/1).

Daniela Ellmauer, Michael John, Regine Thumser: „Arisierungen", beschlagnahmte Vermögen, Rückstellungen und Entschädigungen in Oberösterreich. Bundesländervergleich Oberösterreich, Salzburg, Burgenland 1, Wien/München 2004 (Veröffentlichungen der Österreichischen Historikerkommission, Band 17/1).

Ulrike Felber, Peter Melichar, Markus Priller, Berthold Unfried, Fritz Weber: Ökonomie der Arisierung. Wirtschaftssektoren, Branchen, Falldarstellungen, Zwangsverkauf, Liquidierung und Restitution von Unternehmen in Österreich 1938 bis 1960, Wien/München 2004 (Veröffentlichungen der Österreichischen Historikerkommission, Band 10/2).

Florian Freund, Gerhard Baumgartner, Harald Greifeneder: Vermögensentzug und Restitution und Entschädigung der Roma und Sinti. Nationale Minderheiten im Nationalsozialismus, Wien/München 2004 (Veröffentlichungen der Österreichischen Historikerkommission, Band 23/2).

Verena Pawlowsky, Edith Leisch-Prost, Christian Klösch: Vereine im Nationalsozialismus. Vermögensentzug durch den Stillhaltekommissar für Vereine, Stiftungen und Fonds im Nationalsozialismus, Wien/München 2004 (Veröffentlichungen der Österreichischen Historikerkommission, Band 21/1)

33 KZ-GEDENKSTÄTTE LENZING-PETTIGHOFEN

Am Straßenrand neben einer Wohnsiedlung befindet sich der 1992 vom Mauthausen Komitee Vöcklabruck und der Gemeinde Lenzing errichtete Gedenkstein in Erinnerung an das Frauen-KZ sowie die 2007 von Lenzinger Jugendlichen gestaltete Gedenkskulptur.
Bild: Susanne Rolinek

Reise

KZ-Gedenkstätte Lenzing-Pettighofen, Agerstraße, 4860 Lenzing

Gegend

Kulturzentrum Lenzing (KUZ) mit vielfältigen Veranstaltungen. Sogenannte „Schimmelkirche" in Pichlwang bei Lenzing. Die Bezeichnung „Schimmel" leitet sich aus dem Begriff „Simultankirche" ab, da sowohl Angehörige der katholischen als auch der evangelischen Konfession die Kirche genutzt hatten (Anfang des 19. Jahrhunderts wurde die Nutzung der evangelischen Konfession beendet). Aus der „Simultankirche" wurde im Laufe der Zeit im Volksmund die „Schimmelkirche". Freizeit- und Badeanlage bei der denkmalgeschützten Wengermühle. Wanderwege entlang der Ager und ihrer Mühlen (Agermühlenweg mit Schautafeln) bis zum Attersee, Radrouten rund um Lenzing.

DAS FRAUEN-KZ

Ende Oktober und Anfang November 1944 trafen die ersten weiblichen Häftlinge aus Auschwitz und Mauthausen im Frauen-KZ Lenzing-Pettighofen, einem nahe des Attersees neu eröffneten Nebenlager von Mauthausen, ein. Hermann Göring hatte bereits 1936 geplant, mit „Ersatzstoffgewinnung" unabhängig von ausländischer Produktion zu werden. Einer dieser „Ersatzstoffe" war Zellwolle (Viskose). Für dieses Ziel mussten die Häftlinge des Frauen-KZ in der „arisierten" Zellwolle- und Papierfabrik Lenzing bis zur Befreiung im Mai 1945 unter menschenunwürdigen Bedingungen arbeiten.

Ausgangsprodukt für Zellwolle ist auf Holzbasis hergestellter Zellstoff, der weiterverarbeitet wird. Die Lenzinger Zellulose- und Papierfabrik der Familie Bunzl wurde unmittelbar nach dem Anschluss „arisiert", Göring entschied sich für den Standort Lenzing als neue Produktionsstätte von Zellwolle. Die Thüringische Zellwolle AG übernahm den Betrieb, die ehemaligen Eigentümer mussten nach Großbritannien emigrieren. Die neue Eigentumsgesellschaft errichtete ein neues Zellwollewerk zur Weiterverarbeitung des Rohstoffs sowie Werkswohnungen. Als Ende Oktober und Anfang November 1944 die ersten weiblichen KZ-Häftlinge (auch Jugendliche waren darunter) in Lenzing eintrafen, wurde rund um die Uhr produziert. Hella Wertheim, eine Überlebende von Theresienstadt und Auschwitz, erinnerte sich an die Ankunft, die sie gemeinsam mit ihrer Schwester erlebte: „Es war ein kalter, aber heller Morgen, die Sonne ging gerade auf, und wir sahen den Turm der Zellwollefabrik in Lenzing. Der große Buchstabe Z auf dem Gebäude kam mir zuerst wie eine Uhr vor." Da die Frauen nicht die nötige Arbeitskleidung mithatten, wollte der Lenzinger Fabriksdirektor und SS-Brigadeführer Walter Schieber sie wieder zurück nach Auschwitz schicken, doch der Zugführer verweigerte den Rücktransport. So wurden die Frauen, begleitet von KZ-Aufseherinnen unter Führung der Oberaufseherin Margarete Freinberger, ins Lager gebracht.

Die Fabrik Lenzing Anfang der 1950er-Jahre.
Bild: USIS (United States Information Services)

Einige Tage nach der Ankunft kam der Leiter des KZ Lenzing-Pettighofen, SS-Oberscharführer Karl Gieseler, mit weiteren SS-Offizieren aus Mauthausen und klärte die Frauen über die Regeln des Lagerlebens, die Strafen bei Verstößen und die Arbeit in der Zellwollefabrik auf. Jeden Tag trieben die Aufseherinnen die weiblichen Häftlinge zur Schichtarbeit in die Fabrik. Wertheim wurde für die Viskoseabteilung eingeteilt. „Die Arbeit in der Viskosefabrik war körperlich schwer und auch geistig anstrengend: nach einem bestimmten Arbeitsvorgang mussten wir in einer bestimmten Reihenfolge verschiedene Materialien in große Kessel einfüllen. Diese Materialien – unter anderem auch der gesundheitsschädliche Schwefelkohlenstoff – wurden mittels im Kessel eingebauter Schaufeln gemischt. (…) Die Luft in der und um die Fabrik roch penetrant nach faulen Eiern, also nach dem Schwefelwasserstoff. Mit den anderen Angestellten in der Fabrik hatten wir kaum Kontakt. Wie uns wurde es auch ihnen verboten, miteinander und mit uns zu sprechen. Ausnahmsweise fanden sich auch solche Angestellte, die für uns irgendwo ein Stück Brot, einen Apfel oder eine Zeitung liegen ließen. Wir groß war dann unsere Freude! Auch wenn wir unterwegs zur Arbeit eine rohe Kartoffel fanden, verspeisten wir diese sofort, roh und ungewaschen. Der Hunger plagte uns nämlich ständig." Auch Zwangsarbeiterinnen und Zwangsarbeiter sowie Kriegsgefangene waren in der Fabrik eingesetzt, die Lager für diese befanden sich in der Nähe des Frauen-KZ.

Durch die giftigen Dämpfe in der Viskoseabteilung erblindete Hella Wertheim mehrmals vorübergehend. Der tägliche Kampf ums Überleben wurde immer schwieriger. Eines Tages trieben die Aufseherinnen die Frauen über einen unbeschrankten Bahnübergang, als sich gerade ein Zug näherte. Manche schafften es nicht mehr rechtzeitig über die Gleise. Fünf Frauen wurden vom Zug überfahren und getötet. Auch der Gesundheitszustand der Frauen verschlechterte sich zusehends, alle litten an Hungerödemen und Entzündungen, viele hatten sich mit TBC angesteckt. Anfang Mai 1945 mussten die Frauen ihre Arbeit nicht mehr verrichten, die Aufseherinnen verließen überraschend das KZ. Wachposten hatten den Befehl erhalten, auf jede Flüchtende zu schießen, doch dazu kam es nicht mehr. Am 5. Mai 1945 befreite die US-Armee das KZ, doch zog die Einheit offenbar weiter, da der Krieg noch nicht vorbei war. Die befreiten Frauen waren so geschwächt, dass sie keine weitere Hilfe holen konnten. Ehemalige Häftlinge aus dem Lager Redl-Zipf fanden die Frauen und Jugendlichen und versorgten sie gemeinsam mit US-Soldaten mit Essen und Medikamenten. Manche Häftlinge starben noch nach der Befreiung. Hella Wertheim und ihre Schwester überlebten.

In einem Rückstellungsvergleich erhielt die Familie Bunzl nur einen Teil des Unternehmens zurück, den sie in den 1970er-Jahren wieder verkaufte. 1992 errichteten das „Mauthausen Komitée Vöcklabruck" und die Marktgemeinde Lenzing einen Gedenkstein an der Stelle, an der sich das Frauen-KZ befunden hatte, 2007 wurde daneben eine Skulptur, die Jugendliche aus Lenzing gestaltet hatten, aufgestellt. Heute ist die Lenzing AG einer der größten Zellstoffproduzenten weltweit. Auf der Website des Unternehmens wird mittlerweile auch die Geschichte des Unternehmens zwischen 1938 und 1945 erwähnt. (sr)

Literatur:

Christian Hawle, Gerhard Kriechbaum, Margrit Lehner: Täter und Opfer. Nationalsozialistische Gewalt und Widerstand im Bezirk Vöcklabruck 1938–1945, herausgegeben von Mauthausen-Aktiv Vöcklabruck, Weitra 1995.

Severin Heinisch: Die Zellwolle Lenzing AG im Dritten Reich. Ein Fallbeispiel nationalsozialistischer Wirtschaftspolitik in Österreich, in: Anton Geyer, Günter Getzinger (Hg.): Chemie und Gesellschaft. Ansätze zu einer sozial- und umweltverträglichen Chemiepolitik, München 1991, S. 73–102.

KZ-Außenlager Lenzing auf: https://www.mauthausen-guides.at/aussenlager/kz-aussenlager-lenzing, aufgerufen am 5.2.2024.

Roland Sandgruber: Lenzing. Anatomie einer Industriegründung im Dritten Reich, Linz 2010.

Hella Wertheim, Manfred Rockel: Immer alles geduldig ertragen. Als Mädchen in Theresienstadt, Auschwitz und Lenzing, seit 1945 in der Grafschaft Bentheim, Nordhorn 1992.

34 WEISSENBACH AM ATTERSEE

Um die Parkvilla Kolben (Friedrich-Gulda-Weg 10) in Weißenbach am Attersee bemühte sich auch die Stiftung des SS-Täters Heydrich.
Bild: Christian Strasser

Reise

Ischler Straße 5 und Friedrich-Gulda-Weg 10, 4853 Weißenbach am Attersee

Gegend

Weißenbach am Attersee ist eine Ortschaft der Gemeinde Steinbach am Attersee. Die großartige Lage des Ortes zog immer wieder Gäste aus Wirtschaft und Kunst an, die Häuser und Villen errichteten, darunter Gustav Klimt, Charlotte Wolter, Otto Tressler und Friedrich Gulda, der fast 40 Jahre in Weißenbach wohnte. Auf dem „Künstler-Weg am Attersee" kann man auf den Spuren dieser berühmten Persönlichkeiten wandern, die Schautafeln lesen und deren Villen betrachten.

EMIL KOLBEN – PIONIER DER ELEKTROTECHNIK

Der Prager Großfabrikant Emil Kolben besaß zwei Villen in Weißenbach am Attersee, wo er und seine Familie noch glücklich die Sommermonate 1937 verbrachten. Die Nazis rissen sich nicht nur die weitläufige Villa mit Türmchen am See unter den Nagel, sondern ermordeten Kolben und große Teile seiner Familie.

Emil Kolben arbeitete nach dem Studium mit einem Auslandsstipendium unter anderem als Assistent Thomas Edisons in Orange, New Jersey, als Chefingenieur der Edison's Laboratories. 1889 traf er Nikola Tesla, der ihn vom Wechselstrom überzeugte. Nach fünf Jahren ging er als Chefentwickler zur Maschinenfabrik Oerlikon in die Schweiz. 1896 war es Zeit für die Gründung eines eigenen Unternehmens in Prag, das durch Fusionen mit anderen Firmen rasch zu einem Industrieimperium heranwuchs, das Autos, Autobusse, Lokomotiven und Turbinen baute und über 10.000 Mitarbeiter beschäftigte („Českomoravská-Kolben-Daněk"). Kolben war Direktor und stellvertretender Vorsitzender des Verwaltungsrates. Durch die deutsche Besetzung der böhmischen Länder im März 1939 wurde die Familie Kolben gezwungen, ihren Besitz und ihre Funktionen im Familienbetrieb aufzugeben.

Die Sommer hatte Kolben, so wie viele andere böhmische Industrielle auch, am Attersee in seinen zwei Villen (Ischler Straße 5 und Friedrich-Gulda-Weg 10 in Weißenbach) verbracht. Eine der beiden Villen konnte er durch Schenkung an ein uneheliches Kind seiner Schwiegertochter dem Zugriff der Nazis entziehen. Das zweite Haus fiel an die Gestapo Linz. Bald setzte ein Gezerre um die Nutzung dieses Besitzes ein. Kein Geringerer als Reinhard Heydrich, stellvertretender Reichsprotektor für Böhmen und Mähren und einer der Hauptorganisatoren des Holocaust, griff über seine Stiftung „Nordhav" nach dem Haus.

Heydrich, Organisator der „Wannseekonferenz", bei der die „Endlösung der Judenfrage" beschlossen wurde, wurde 1942 in Prag

Eine weitere beschlagnahmte Liegenschaft von Kolben war das Haus an der Ischler Straße 5 in Weißenbach am Attersee.
Bild: Christian Strasser

von Widerstandskämpfern erschossen. Danach änderte sich auch für Juden in der Tschechoslowakei das Leben gravierend: So konnte Kolben seinen Enkel, den Dichter Hans Werner Kolben, nicht mehr aus der Haft retten. Seine beiden Geschwister Alfred und Kamilla schieden angesichts der Aussichtslosigkeit ihres Daseins freiwillig aus dem Leben. Emil Kolben wurde zusammen mit seinem Sohn Hanuš, seiner Tochter Lilly und seinem zweiten Enkel Heinz nach Theresienstadt deportiert. Am 3. Juli 1943 starb er im dortigen Ghetto, angeblich hatte er seit der Deportation kein Wort mehr gesprochen. Hanuš' Leben wurde in Auschwitz gewaltsam ausgelöscht. Dort war auch Hans Werner interniert, der schließlich in Dachau ermordet wurde. Nur Kolbens Töchter Lilly und Margarethe und sein Enkel Heinz überlebten.

Eines der Nachbarhäuser in Weißenbach (Ischler Straße 1), die Villa Schoberstein, wurde der jüdischen Bankierfamilie Roth von einem Nazi in SA-Uniform, Karl Klamert, ohne Rechtsgrundlage

Der geniale Elektrotechniker und Großindustrielle Emil Kolben starb so wie viele Mitglieder seiner Familie in einem Konzentrationslager.
Bild: Tschechisches Fernsehen

mit Einschüchterungen und Drohungen 1938 geraubt. Der von Rechtsanwalt Werner Kaltenbrunner, Bruder der Nazigröße Ernst Kaltenbrunner, unterstützte „wilde Ariseur" tarnte sein Immobiliengeschäft als „normalen Kauf". Während des Krieges konnten sich in diesem Haus Ärzte und Pfleger der „Euthanasie"-Anstalt Hartheim, in der tausende Menschen vergast wurden, von den „Strapazen" ihres Arbeitsalltages erholen. (cs)

Literatur:

Marie-Theres Arnbom: Die Villen vom Attersee. Wenn Häuser Geschichten erzählen. Wien 2018.

35 PFAHLBAU-PAVILLONS AM ATTERSEE

Sehr informative Installation zu dem prähistorischen Thema am Nordufer des Attersees.
Bild: Gerald Lehner

Reise

Über die Westautobahn leicht erreichbar:
Info-Pavillon, sehr schön gestaltet
Agerbrücke, Nordufer, 4863 Seewalchen am Attersee
Pfahlbau- & Klostermuseum, Marschall-Wrede-Platz 1, 5310 Mondsee

Gegend

Der Attersee (Kammersee) liegt auf 469 Meter Seehöhe. Sein Ablauf ist die Ager, die dann über die Traun in die Donau entwässert. Mit mehr als 46 Quadratkilometern ist er der größte See Österreichs, der komplett auf dessen Staatsgebiet liegt. Mit 169 Metern ist er nach Bodensee und Traunsee der dritttiefste See in und an Österreich.

MISSBRAUCH DER STEINZEITLICHEN KULTUR

Im Salzkammergut gibt es archäologische Schätze, die die internationale Fachwelt stark beeinflusst haben. Die bis zu 2.800 Jahre alte „Hallstattkultur" ist nach einer kleinen Gemeinde am Fuß des Dachsteins benannt. Daneben gab es in der Region an drei Voralpenseen bis zu 5.700 Jahre alte Pfahlbauten – steinzeitliche Weltwunder. Nationalsozialisten missbrauchten sie für ihren Rassenwahn. Die Täter bzw. Wissenschaftler wurden nach 1945 rasch „begnadigt". Einer entkam nach Argentinien.

Insgesamt zehn prähistorische Pfahlbausiedlungen wurden bisher an Attersee, Mondsee und Traunsee nachgewiesen. Nur ein Teil ist erforscht. Der Prähistoriker und Altertumskundler Kurt Willvonseder, 1903 in Salzburg geboren, kümmerte sich nach dem Zweiten Weltkrieg am Attersee um die systematische Ausgrabung und Dokumentation. Er ergatterte diesen Job nach vielen Bittbriefen an mächtige Beamte und ÖVP-Politiker der Bundesregierung sowie von Land Oberösterreich und Salzburg. Willvonseder hatte nämlich 1945 seine universitäre Lehrbefugnis verloren. Er war seit dem „Anschluss" Österreichs an Hitlerdeutschland tief in die nationalsozialistische Ideologie, Himmlers SS und deren „Deutsche Forschungsgemeinschaft Ahnenerbe" verstrickt. Diese beeinflusste und infizierte viele akademische Fachgebiete – besonders jene, die sich politisch und historisch vor den Karren spannen ließen. Dazu zählte auch die Ur- und Frühgeschichte.

Diese Art von Experten deutete ihre Funde – auch und besonders aus dem Salzkammergut – mit Vorliebe so, als handle es sich um Relikte früher „Arier". Die Nationalsozialisten missbrauchten dabei das vorhandene Wissen über die vor Jahrtausenden lebenden Indogermanen. Von diesen stammen viele Ethnien zwischen Asien und Europa ab.

Kurt Willvonseder tat nach Kriegsende so, als sei nie etwas gewesen – ähnlich wie der Gründer und Betreiber des Hauses

Detailreich gestaltete Miniaturen der steinzeitlichen Pfahlbau-Häuser beim Schaukasten beim Museumspavillon an der Ager-Mündung.
Bild: Gerald Lehner

der Natur in Salzburg, der hohe SS-Offizier und Rassenfanatiker Eduard Paul Tratz. So schaffte es auch Willvonseder mit Protektion der christlichsozialen Volkspartei (ÖVP) und deren Landeshauptmann Josef Klaus wieder bis zum Direktor des damaligen Salzburger Landesmuseums „Carolino Augusteum". Niemand fragte ihn nach seiner NSDAP-Parteimitgliedschaft und seinem Rang als Obersturmführer der SS, den er seit 1941 bekleidet hatte.

Im Zweiten Weltkrieg saß Willvonseder im „Persönlichen Stab Reichsführer SS" direkt im Dunstkreis von Heinrich Himmler und durfte in eroberten Gebieten uralte Kulturgüter ausbeuten – zum Beispiel bei Ausgrabungen in der Slowakei und in Serbien. Dort vermutete er ebenfalls urdeutsche Spuren im Boden. Für eine Grabung in der Nähe von Gusen bei Mauthausen (Oberösterreich) ließ er auch Häftlinge aus dem nahen Konzentrationslager Mauthausen als Zwangsarbeiter einsetzen.

Ab 1939 leitete Willvonseder die Abteilung für Vor- und Frühgeschichte am Wiener „Institut für Denkmalpflege". Es folgte

1940 die Professur am Institut für Ur- und Frühgeschichte der Universität Innsbruck. 1941 mutierte er zum „Gaupfleger der Bodenaltertümer in den Reichsgauen Niederdonau und Wien". Und die Universität Wien ernannte ihn 1943 zu ihrem außerordentlichen Professor.

Nach Kriegsende wurde Willvonseder auf Betreiben der Alliierten aus dem Hochschuldienst entlassen und verlor die Lehrbefugnis. Diese Art von Gerechtigkeit währte in der Zweiten Republik allerdings nur kurz. Es folgten die Jahrzehnte mit institutionalisierten Gedächtnislücken. Österreichs Bundespräsident Theodor Körner, ein Sozialdemokrat wohlgemerkt, „begnadigte" den Wissenschafter 1954 – wie so viele andere „Volksgenossen" auch.

Seine wissenschaftlichen „Künste" hatte Willvonseder in jungen Jahren unter anderem von einem Mann gelernt, den die archäologischen Schätze des Salzkammergutes ebenfalls sehr interessierten, und den das NS-Regime und seine Protagonisten als Zier und Stütze ihrer Ideologie betrachteten: Oswald Menghin. Bei dem Professor für Urgeschichte, einem der frühesten Nazis und Judenhasser im Wissenschaftsbetrieb, hatte Willvonseder 1926 promoviert. Menghin war schon seit 1918 (!) als Professor an der Universität Wien tätig, 1935 wurde er deren Rektor. 1938 saß er im Dienste Hitlers als Unterrichtsminister im sogenannten „Anschluss"-Kabinett von Arthur Seyß-Inquart. Diese Marionettenregierung bereitete den Einmarsch deutscher Truppen in Österreich politisch vor.

In diese Zeit fielen auch das „Anschlussgesetz" und die „Säuberung" der Universität Wien. Rund 40 Prozent der Lehrkräfte wurden aufgrund ihrer jüdischen Abstammung bzw. aus politischen Gründen entlassen. „Oswald Menghin war daran maßgeblich beteiligt", sagt der Salzburger Historiker Robert Obermair, der die Biografie des Fanatikers im Detail erforscht hat. In seinem Buch „Geist und Blut" schlug Menghin „zur Lösung der Judenfrage" – wie es schon 1933 hieß – vor, die Juden Europas nach Madagaskar auszusiedeln.

Blick von Norden, Winterstimmung am Attersee – mit der Gemeinde Seewalchen im Vordergrund, wo es am Seeufer und bei der Ager-Mündung in der Steinzeit viele Pfahlbauten gab. Hinten rechts der Schafberg, an dessen Südseite der Wolfgangsee liegt.
Flugbild: Gerald Lehner

Flucht auf der „Rattenlinie" nach Argentinien

Obermair betont, es sei ihm nicht darum gegangen, eine der üblichen Gelehrten-Biografien zu schreiben: „Es interessiert mich, wie extrem rechte Netzwerke damals organisiert waren, und wie sie nach dem Krieg in Lateinamerika weiter funktioniert haben." Menghin konnte nämlich – wie so viele NS-Funktionäre und Kriegsverbrecher – auf der sogenannten „Rattenlinie" via Südtirol und Italien nach Lateinamerika flüchten. Obermair fand dazu erst jüngst Dokumente im Archiv der katholischen Erzdiözese Salzburg: „Der damalige Erzbischof Andreas Rohracher hat ihm bei dieser Flucht geholfen."

Ab Herbst 1948 konnte Menghin wieder als Professor an der Universität Buenos Aires (Argentinien) arbeiten und seine wissenschaftliche Karriere fortsetzen. „Es wurde von Österreich kein Auslieferungsverfahren eröffnet, obwohl Menghin im Fahndungsblatt der Justiz stand. 1955 wurde das Verfahren gegen ihn eingestellt", so Obermair. Der damalige Unterrichtsminister Heinrich Drimmel (ÖVP) und Richard Meister, Präsident der Österreichischen

Akademie der Wissenschaften, hätten sich für ihn eingesetzt. 1955 folgte dann auch in der alten Heimat offiziell die sogenannte „Begnadigung".

Die „Gnade" der vergesslichen Politik in Österreich traf zu dieser Zeit auch Menghins ehemaligen Studenten Willvonseder. Wenig später hatte der Urgeschichtler seinen gut dotierten Job als Museumsdirektor in Salzburg in der Tasche. In den folgenden Jahren startete er nebenbei noch eine Karriere als Amateur-Taucher und begleitete „seine" Unterwasser-Archäologen im Attersee, um im oberösterreichischen Teil des Salzkammergutes die 5.700 Jahre alten Reste der steinzeitlichen Pfahlbau-Kultur weiter auszuwerten.

Willvonseder wurde auch wieder Lehrbeauftragter, dieses Mal an der Universität Salzburg – und ab 1967 deren außerordentlicher Professor für Frühgeschichte. Ab 1965 war er sogar Mitglied beim International Council of Museums der UNESCO. Wegen seines frühen Todes im Jahr 1968 konnte sich der 65-jährige Ex-Obersturmführer der SS nicht lange darüber freuen. Die Salzburger Landesregierung unter Landeshauptmann Hans Lechner (ÖVP) hielt eine Gedenkminute für ihn ab. Willvonseders größter Gönner im Laufe der Jahre – nach Heinrich Himmler – saß nun als Bundeskanzler einer ÖVP-Alleinregierung in Wien: Josef Klaus, ehemals Salzburger Landeshauptmann. (gl)

Literatur:

Michael S. Kater: Das Ahnenerbe der SS. Kulturpolitik des Dritten Reiches. München 2006.
Robert Obermair: Kurt Willvonseder. Vom SS-Ahnenerbe zum Salzburger Museum Carolino Augusteum. Salzburg 2015.
Robert Obermair: Oswald Menghin. Science and Politics in the Age of Extremes. Berlin 2023.
Marianne Pollak: Archäologische Denkmalpflege zur NS-Zeit in Österreich. Wien 2015.

Web:

museum-mondsee.at
pfahlbauten.at

36 OBERASCHAU

Mit Vollgas in die Pampa: Ein Relikt der Trassenführung, die Autobahnbrücke bei Oberaschau an der Verbindungsstraße Oberwang–Mondsee, kann noch heute besichtigt werden, ASFINAG-Erklärtafel inklusive. Die gigantische Röhre war unter anderem von Häftlingen gebaut worden und steht in Autobahnnähe reichlich unmotiviert im Wald.
Bild: Christian Strasser

Reise

Oberaschau (Straße Oberaschau–Oberwang), 4882 Oberwang

Gegend

Oberaschau ist eine Ortschaft der Gemeinde Oberwang im Bezirk Vöcklabruck. Der Ort gehört zur Tourismusregion Mondsee. Kulturell bedeutend sind die Pfarrkirche Oberwang und die Konradkirche aus dem Jahr 1470. Wanderer können den Themenweg „Lebensroas" begehen. In Oberwang entstand auch „Der fidele Bauer", eine Operette von Leo Fall, die dieser nach einer Begegnung mit dem „fidelen Bauern" Josef Schossleitner komponierte.

REICHSAUTOBAHN INS NIRGENDWO

„Aber es sind auch Autobahnen damals gebaut worden. Und wir fahren heute darauf." Dieses Zitat aus dem Munde der ehemaligen Tagesschau-Sprecherin Eva Herman sorgte für ihren TV-Hinauswurf (2007) und zeigt, dass die Legende von der Erfindung der Autobahn durch Hitler als Propagandalüge der Nazis noch immer weit verbreitet ist. Zwischen Mondsee und Regau stehen heute noch die Ruinen der „Reichsautobahn" (RAB).

Am 7. April 1938, einen Tag nach seinem umjubelten Einmarsch in Salzburg, rammte Adolf Hitler den ersten Spaten zum Anschluss der Reichsautobahn am Walserberg ins Erdreich. Alles nur Show – das „Ja" bei der Abstimmung zum „Anschluss" an das Deutsche Reich war durch Werbeanzeigen für den Autobahnbau flankiert worden. „Wir gehen nicht mehr stempeln, wir bauen Straßen", rief Straßenbau-Generalinspektor Fritz Todt 1933 jenen 700 Arbeitslosen zu, die direkt vom Arbeitsamt mit geschulterten Spaten zur Autobahn-Baustelle in Frankfurt geführt wurden. Von Beginn an war dies Teil einer gigantischen Inszenierung, Hitler meldete sich von dort über Radio und kündigte das „Zeitalter der Autobahnen" an.

Die Propaganda verschweigt, dass damit nicht für Millionen, sondern nur für wenige Zehntausend Arbeit geschaffen wurde. Sie verschweigt, dass die Autobahn nicht von Hitler, sondern 1932 von Konrad Adenauer erfunden wurde. Die „Nur-Autostraßen" waren von Todt auch nicht als Verkehrsweg für die Massen-Motorisierung gedacht (von den 300.000 bestellten und angesparten „Volkswagen" wurde kein einziger ausgeliefert), sondern als Lebensadern des Militärs, um über Nacht tausende Soldaten an die Front verlegen zu können. Doch auch dafür wären sie nicht geeignet gewesen, denn die Reichsbahn war wesentlich ökonomischer. Unbeirrt trommelte Goebbels aber vom „Hitler-Programm", das die Massenarbeitslosigkeit beseitigt hätte. Tatsächlich hausten die maximal 125.000 Arbeiter (bei fünf Millionen Arbeitslosen) bei Hungerlöhnen in schäbigen Baracken und wurden bei Kritik an dieser „Fremdenlegion" sofort ins KZ verbracht.

Im März 1934 eröffnete Hitler die „Zweite Arbeitsschlacht" der Strecke Salzburg–München, die Ende 1935 vollendet war. 1938 wurde in einer „Weihestunde" der Anschluss Österreichs an die deutsche Reichsautobahn vollzogen. Wo die deutsche Sprache beginne, müsse auch die beste Straße der Welt beginnen, so Todt.

Die Planungen von Fernstraßen begannen schon in den Dreißigerjahren, die wirtschaftliche Lage erlaubte aber die Großbauvorhaben nicht. Hitler wollte hingegen nach nur drei Jahren Bauzeit im Mercedes-Kompressor mit Tempo 130 von Salzburg nach Wien düsen können. Die Bauleitung oblag München, mit Abteilungen in Salzburg, Seewalchen (Eschenhaus) und Kammer-Schörfling. Mit Kriegsbeginn mangelte es an Mensch und Material, was durch Kriegsgefangene „wettgemacht" wurde, die unter teils unmenschlichen Bedingungen arbeiten mussten. Anfang 1942 wurden alle Bauarbeiten kriegsbedingt eingestellt. In der Region Attersee-Attergau waren bis dahin vor allem Brückenbauwerke und ein erheblicher Teil der Erdarbeiten fertiggestellt worden. Die Linienführung richtete sich nach der „schönen Aussicht" auf Berg und See, Sehenswürdigkeiten sollten an den Automobilisten „herangeführt" werden. Demgemäß wäre die RAB-Trasse in Hanglage entlang des Westufers des Attersees geplant gewesen – wegen geologischer Probleme, die es auch am Mondseeberg gab, wurde diese Trassierung aber aufgegeben. Sogenannte Reichsautobahnlager (RAB-Lager) in Nußdorf (beim Wieserbauernhof), Hainbach (bei Aurach) und bei Seewalchen beherbergten erst Bauarbeiter, später Gefangene und nach dem Krieg Flüchtlinge. Erst 1958 wurde der erste Abschnitt, von Mondsee bis zur Landesgrenze von Salzburg, eröffnet.

3.827 Kilometer waren in Deutschland gebaut worden, das sind etwa ein Drittel der heutigen Verbindungen. In Österreich waren lediglich 16,8 Kilometer vollendet. 1943 gab Hitler die unbenutzten Rollbahnen für Radfahrer frei. Man hatte die Unwirtschaftlichkeit des Projekts zu spät erkannt, Militärs beanstandeten die gute

Hitlers Reichsadler, nach 1945 des Hakenkreuzes verlustig, überlebte die Nachkriegszeit auf Autobahnbrücken nur bis zum Erscheinen des ersten Bandes dieser Reihe (2009).
Bild: Christian Strasser

Erkennbarkeit aus der Luft für feindliche Bomber, und überhaupt galt das Projekt als teures „Luxusgut" für die wenigen motorisierten Systemgünstlinge.

Nach Erscheinen des ersten Buches dieser Reihe – „Im Schatten der Mozartkugel" (2009) – und dem Abdruck eines Fotos, das den Reichsadler auf einem Brückenpfeiler zeigt, fürchtete ein Jurist der Autobahnbetreiberfirma ASFINAG, dass das Unternehmen als „Beitragstäter" zum Verbotsgesetz eingestuft werden könnte, und ließ diesen und alle weiteren Wappenvögel von den Brücken schremmen. (cs)

Literatur:

Bernd Kreuzer: Tempo 130 – Kultur- u. Planungsgeschichte der Autobahnen in OÖ, Linz 2005.

37 MONDSEE / ST. GILGEN

Einer der beiden von Hamminger erschossenen Gendarmen, die der Serienmörder auf einsamen Waldstraßen auf ihren Motorrädern niederstreckte.

Bild: Oberösterreichisches Landesarchiv

Reise

1. Verkehrs- und Ischlerbahnmuseum, Seebadstraße 2, Mondsee
2. St. Gilgen Museum (in Umbau, Wiedereröffnung 2026)
   Pichlerplatz 6, 5340 St. Gilgen

Gegend

Wir haben Hamminger im Salzkammergut verortet, weil er hier mehrere Jahre lang unerkannt lebte, bevor er zwischen Bad Ischl und Salzburg auf einer Fahrt mit der damals noch vorhandenen Lokalbahn festgenommen wurde. Das Mattigtal und der Kobernaußerwald (Mittelgebirge mit bis zu 767 m Seehöhe), wo er seine Verbrechen beging, sind der Region im Nordwesten vorgelagert. Zusammen mit dem östlich gelegenen Hausruckwald bildet er eines der größten Waldgebiete Mitteleuropas.

„BIST DU NICHT BRAV, HOLT DICH DER HAMMINGER …“

Georg Hamminger erschoss gezielt Gendarmen. Und (nicht nur) Nazis rund um den Kobernaußerwald lebten in Angst und Schrecken. Es ist die Geschichte eines Serienmörders, der sich auch als Widerstandskämpfer gegen Hitlers regionale Bonzen aufspielte. Hamminger hasste reiche Bauern und Großgrundbesitzer – von denen viele NS-Funktionäre waren. Sie setzten die – nach Abschaffung der Leibeigenschaft vor Jahrhunderten – noch immer vorhandene Unterdrückung von Knechten, Mägden und Kleinbauern fort. In Hammingers Biografie mischen sich Armut, mangelnde Schulbildung, Intelligenz, Wahnsinn, kleine und große Kriminalität, Brandstiftung, Morde sowie Angriffe auf Repräsentanten des Hitlerregimes.

Wie in Behörden- und Gerichtsakten bis heute oft üblich, wurde auch bei Hamminger auf die Schilderung sozialer Hintergründe seiner Straftaten verzichtet. Das hätte die österreichische, ab 1938 nationalsozialistische und ab 1945 wieder österreichische Obrigkeit in Argumentationsnotstand gebracht. Amtlich verewigt wurden nur Serienmorde, Einbrüche und Diebstähle. Georg Hamminger wurde am 8. April 1915 in der Ortschaft Offenschwandt bei Aspach im Innviertel geboren. Seine Vorfahren waren Knechte und Mägde, sogenannte „Kleinhäusler". Die Eltern lebten wie der Großteil der ländlichen Bevölkerung in größter Armut, während die etablierte und zum Teil sehr reiche Bauernschaft des Innviertels die Arbeitskraft dieser Menschen ausbeutete. Sie waren längst keine Leibeigenen mehr, die uralten Hierarchien auf dem Land hatten sich jedoch im frühen 20. Jahrhundert kaum verändert.

Hammingers Vater, geboren 1875, verdiente sich ein wenig Geld als Rechenmacher. Als er seine Familie damit nicht mehr durchfüttern konnte, verlegte er sich daneben auf kleinere Einbrüche und Diebstähle. 1920 starb seine Frau, der kleine Georg war damals fünf. Ihre Wohnsitze – Bruchbuden – mussten sie oft wechseln. 1921 wurde Georg in Lengau an der Grenze zu Salzburg eingeschult. Trotz vorhandener Intelligenz scheiterte er wegen Verhaltensstörungen bald in dem extrem hierarchischen Schulsystem.

Ab 1931 nahm ihn der Vater zum Wildern mit. 1935 ertappte man sie auf frischer Tat. Beide kamen ins Gefängnis. Das war der Auftakt zu Georg Hammingers krimineller Karriere. Es folgten in der Gegend um die Gemeinden Lochen und Schneegattern Jahre mit Diebstählen, kleineren Betrügereien und Einbrüchen. Immer wieder gaben Bauern Hinweise, die dazu beitrugen, die Hammingers zu fangen. Damit zogen sie sich deren Hass zu. Allein 1936 saß Georg fünf Mal im Gefängnis.

Als 1938 die Nationalsozialisten den österreichischen Staat auslöschten, radikalisierte sich der junge Hamminger auch politisch. Er hasste die Nazis schon seit 1934, als er deren – gescheiterten – Putsch bei Lamprechtshausen aus nächster Nähe mitbekommen hatte. Berichtet wird, dass ihn die Brutalität und Obrigkeitshörigkeit der Nationalsozialisten von Beginn an abgeschreckt hätten. Seine rein kriminelle Energie paarte sich ab 1938 immer stärker damit, dass er sich als eine Art Widerstandskämpfer sah und stilisierte. Das verstärkte sich noch dadurch, dass viele seiner früheren Gegner bei Bauernschaft und Gendarmerie nun offiziell gemeinsame Sache mit dem Hitlerregime machten. Viele von ihnen hatten sich schon vor 1938 illegal im Geist des Nationalsozialismus betätigt.

1937 war Hamminger noch vom Österreichischen Bundesheer zum Wehrdienst eingezogen worden. Er diente in Ried im Innkreis, mit der Machtübernahme der Nationalsozialisten wurde auch seine Einheit auf Hitler vereidigt und in die Nähe von Köln verlegt. Hamminger war bei den deutschen Truppen, die im Oktober 1938 die Tschechoslowakei überfielen und besetzten. Ende 1938 rüstete er ab und suchte sich in dem kleinen Innviertler Industrieort Schneegattern einen festen Job in der Glasfabrik. Dort wurde nun Munition produziert.

In Wirtshäusern sprach er immer wieder über seinen Hass auf den Nationalsozialismus. Obwohl er eine feste Arbeit hatte, dürfte er in dieser Zeit immer wieder auch kleinere Betrügereien begangen haben. Jedenfalls wurde er am 21. Februar 1941 am Bezirksgericht Mattighofen zu vier Wochen Arrest verurteilt. Einige Wochen danach

20000 RM Belohnung

Seit Juni 1944 wurden im Mattigtal mehrere Mordanschläge gegen Gendarmeriebeamte verübt und Brände gelegt. Die Nachforschungen der Sicherheitsorgane nach den vermutlichen Tätern wurden dadurch erschwert, daß diesen mehrere Personen aus der dortigen Gegend in falsch verstandener Freundschaft und in Unkenntnis der schweren Strafbarkeit ihres bedenken- und gewissenlosen Verhaltens Unterschlupf und Hilfe gewährten. Einige dieser Helfershelfer wurden deswegen bereits in Haft genommen und gehen ihrer strengen Bestrafung entgegen.

Der eingangs beschriebenen Verbrechen ist dringend verdächtig:

Der flüchtige Strafgefangene

Georg Hamminger

8. 4. 1915 in Offenschwandt Kreis Braunau/Inn geboren, Oberweinberg Nr. 1, Gmd. Schalchen wohnhaft gewesen

Die Bevölkerung wird hiermit ersucht, alle Wahrnehmungen über den Aufenthalt oder das Auftauchen des Genannten sofort der nächsten Sicherheitsdienststelle mitzuteilen. Es wird nachdrücklichst davor gewarnt, dem Verbrecher Unterkunft oder sonstige Hilfe zu leisten, da strengste Bestrafung dafür in Aussicht steht.

Das Reichskriminalpolizeiamt hat für die Mitwirkung bei der Ermittlung bezw. Ergreifung des Täters eine Belohnung in Höhe von insgesamt RM 20.000.- ausgelobt, welche Summe ausschließlich für Personen aus der Bevölkerung und nicht für Beamte, zu deren Berufspflicht die Verfolgung strafbarer Handlung gehört, bestimmt ist. Die Verteilung der Belohnungssumme erfolgt unter Ausschluß des Rechtsweges. Alle Mitteilungen zur Sache werden streng vertraulich behandelt.

Linz, den 11. Dezember 1944.

Kriminalpolizeistelle Linz

I. V.

gez. Dr. jur. Fleischmann

SS-Sturmbannführer, Kriminalrat

Fahndungsplakat von Dezember 1944. Ausgestellt von der Kriminalpolizei der Nationalsozialisten in Linz, die von einem Sturmbannführer der SS geleitet wurde.

Bild: Oberösterreichisches Landesarchiv

bekam Hamminger beim Roten Kreuz einen Job als Kraftfahrer. Wieder versuchte er sich eine „normale" Existenz aufzubauen, doch am 16. Dezember 1942 verurteilte ihn das Gericht Ried im Innkreis erneut wegen Diebstahlversuchs und Körperverletzung. Er verlor seinen Job und brachte sich mit Hilfsarbeiten bei Bauern durch. 1943 ging er erneut wildern und wurde erwischt. In diesem Jahr geriet er zunehmend in die Rolle des Sündenbocks. Die meisten kleineren Straftaten, die im traditionell naziverseuchten Innviertel begangen wurden, lastete man nun Georg Hamminger an. Zuletzt brummte ihm die braune Justiz zwei Jahre Haft auf. Bei Außenarbeiten flüchtete er schließlich am 27. April 1944.

Georg Hamminger lebte darauf in einer Erdhöhle im Kobernaußerwald. Laut dem Historiker Florian Schwanninger erschoss er zwischen Sommer 1944 und Frühling 1945 insgesamt elf Menschen. Einen verletzte er schwer. Vier Opfer waren Gendarmen; zum Teil linientreue Verteidiger des NS-Regimes und damit für Hamminger besonders verhasste Vertreter der Obrigkeit. Um nicht in Feuergefechte verwickelt zu werden, lockte Hamminger drei der Beamten in einen Hinterhalt: Johann Traxler vom Posten Friedburg wurde am 27. Juli erschossen, Karl Hammerschmid aus Maria Schmolln folgte am 24. August. Beide waren mit dem Motorrad unterwegs zu Recherchen wegen Einbrüchen bei einsamen Bauernhöfen, die Hamminger zuvor begangen haben soll. Nun lauerte er den Gendarmen im Wald auf. Den Beamten Heinrich Leitner aus Mattighofen streckte er am Abend des 30. November 1944 vor seiner Privatwohnung nieder. Leitner überlebte schwer verletzt.

Nun versuchte Hamminger seine „offenen Rechnungen" mit Leuten zu begleichen, die ihn Jahre zuvor an die Behörden verraten haben sollen. So schoss er am 13. März 1945 in Oberweinberg bei Mattighofen den Landwirt Josef Mühlbacher in die Brust. Originalton Hamminger: „Partisanen sind da. Jetzt haben wir dich, du Saulump." In der Nacht vom 3. auf den 4. Mai 1945 – direkt zu Kriegsende – lockte er Georg und Anna Mitterbauer vor deren Haus. Der Besucher behauptete, er habe von den eben einrückenden Truppen der USA den Auftrag, Verräter zu liquidieren. Hamminger ermordete das Paar vor den Augen der Tochter. Anschließend verletzte er die Nachbarn Alois und Maria Niederklapfer durch Bauschüsse tödlich. Laut Florian Schwanninger soll Hamminger in der Gegend um Mattighofen auch die Anwesen mehrerer NS-Funktionäre angezündet haben.

In den Wirren nach dem Krieg gelang es Hamminger, mit falschen Papieren im Salzkammergut unterzutauchen. Der pensionierte Staatsanwalt Dr. Franz Loidl erkannte ihn 1947 bei einer Fahrt auf der Salzkammergut-Lokalbahn. In St. Gilgen wurde Hamminger festgenommen. Er war mit einer Pistole bewaffnet. Am 24. Juni

1947 erhängte sich Georg Hamminger im Gefängnis von Ried im Innkreis. Die Verdammung des Outlaws war für manche Nazis in den folgenden Jahren eine willkommene Möglichkeit, von staatlich organisierten Massenverbrechen und dem eigenen Hochverrat an Österreich abzulenken.

„Wenn du nicht brav bist, kommt der Hamminger aus dem Wald und holt dich" – mit Sätzen wie diesem wurden bis in die späten 1960er-Jahre nicht nur oberösterreichische Kinder diszipliniert und eingeschüchtert, auch der Autor dieser Zeilen aus dem Salzburger Pongau, wenn er die Schulferien bei den Großeltern in Mattighofen (Bezirk Braunau, Innviertel) verbringen durfte. Fast 30 Jahre später – als das Buch der Autoren und ORF-Journalisten Silvana und Christian Schiller erschien – erfuhr ich, wer Georg Hamminger war, den auch mein Großvater mütterlicherseits (nach dem Krieg „staatsanwaltschaftlicher Funktionär" im Bezirksgericht, einst Mitglied der NSDAP) als gelegentliche Drohung im Mund führte.

Wir haben dieses Kapitel im Heimatmuseum von St. Gilgen und im Ischlerbahn-Museum von Mondsee verortet. Dort gibt es einen guten Überblick zur Geschichte dieser historischen und einst 67 Kilometer langen Eisenbahnlinie zwischen Salzburg und Bad Ischl. Ihre Gleise und die örtlichen Bahnhöfe in den Gemeinden existieren heute nicht mehr. (gl)

Literatur:

„Gendarmenmörder Hamminger verhaftet", in: Neue Warte am Inn, 16.5.1947.

Silvana und Christian Schiller: Georg Hamminger. Ein Mörder und seine Zeit. Grünbach 1993. Das Buch ist längst vergriffen und nur antiquarisch oder in öffentlichen Bibliotheken erhältlich.

Florian Schwanninger: Widerstand und Verfolgung im Bezirk Braunau am Inn, in: Oberösterreich in der Zeit des Nationalsozialismus. Linz 2005.

Christian Topf: Auf den Spuren der Partisanen. Wanderführer. Münster 2018.

Web:

museum-mondsee.at
sanktgilgenmuseum.at
imschatten.org/salzkammergut

38 KZ-DENKMAL REDL-ZIPF, BRAUEREI ZIPF

Deutsche Einheit vor dem Abschuss einer V2 an der Nordseeküste. Bild: unbekannter NS-Militärfotograf.

Quelle: Archiv des Office of Strategic Services (OSS), Militärgeheimdienst der USA bis 1945

Reise

1. KZ-Mahnmal bei der Pfarrkirche Zipf, 4871 Zipf
2. Brauerei Zipf, Zipf 22, 4871 Zipf

Gegend

Die Zipfer Bierbrauerei steht seit 1842 in der Gemeinde Neukirchen an der Vöckla. Sie wuchs stark mit dem Ausbau des österreichischen Eisenbahnnetzes als Vertriebsmöglichkeit. Der frühere Privatbetrieb ist Teil der Brau Union Österreich AG. Deren Aktienmehrheit steht im Besitz des Weltkonzerns Heineken. Die Kühlkeller hinter dem Industriebau wurden ab 1943 von Himmlers SS beschlagnahmt und ausgebaut.

KZ-HÄFTLINGE EBNEN DEN WEG ZUR MONDLANDUNG VON 1969

In Redl-Zipf bei Neukirchen an der Vöckla am Nordrand des Salzkammergutes betrieben SS-Leute, Techniker, Physiker und Chemiker der Nationalsozialisten ein riesiges Bunker-, Versuchs- und Prüfgelände. Hier ging es um raketengestützte Kampfsysteme. Man testete ca. 500 – damals neuartige – Flüssigkeitstriebwerke, die in die sogenannten „Vergeltungswaffen" eingebaut wurden. Die ballistischen Fernraketen des Typs V2 (ursprüngliche Tarnbezeichnung „Aggregat 4, A4") feuerten die Nazis auf London und andere Städte in Westeuropa ab.

Das Testgelände war organisatorisch innerhalb der SS eng mit dem Konzentrationslager Ebensee im Inneren Salzkammergut verbunden. Es fungierte wie Ebensee als Außenlager des zentralen Konzentrationslagers Mauthausen. Laut dem Historiker Stefan Wedrac waren in Redl-Zipf bis zu 2.300 KZ-Häftlinge unter katastrophalen Bedingungen als Zwangsarbeiter im Einsatz. Gesichert ist, dass hier mindestens 267 ihr Leben verloren. Die genaue Zahl dürfte wesentlich höher sein, weil Kranke oder Verletzte ins KZ Mauthausen oder zur Mordanstalt Hartheim bei Linz gebracht und dort vergast wurden.

Der Großvater eines der Autoren dieses Buches, Peter Strasser aus dem nahen Vöcklamarkt, Jahrgang 1903, arbeitete bei der örtlichen Molkerei als Chauffeur und war ehrenamtlich bei der Freiwilligen Feuerwehr. Dort lenkte er auch ein Einsatzfahrzeug. Eines Tages wies ihn der Gauleiter an, ein Zimmer für zwei Ingenieure aus Peenemünde in seinem Privathaus – Ortsteil Pfaffing Nr. 3 – zur Verfügung zu stellen und die Männer zu verköstigen. Diese waren als Raketen-Techniker beschäftigt.

Bei Spaziergängen an Sonntagen konnte Strasser durch den Zaun bei der Brauerei die Häftlinge des Konzentrationslagers beobachten. Ihm fiel auch auf, dass ständig Material über die Gleise der Brauerei angeliefert wurde. Für Staunen sorgten die großen Kesselwaggons, die im Hochsommer von dickem Eis überzogen waren.

Das KZ Redl-Zipf, ein Außenlager des Konzentrationslagers Mauthausen, befand sich auf den Wiesen im linken oberen Bildrand. Die unterirdischen Bunker und Prüfstände liegen in dem dicht bewaldeten Bergrücken rechts oben und sind bis heute ein Sperrgebiet.
Flugbild: Gerald Lehner

Sie dürften flüssigen Sauerstoff enthalten haben, der neben Ethanol als primärer Treibstoff für die Raketentriebwerke diente – oder flüssigen Stickstoff, der vorgelagert für eine chemische Reaktion an Bord der Raketen verwendet wurde.

Eines Nachts kam es dann zu einer gewaltigen Explosion auf dem Testgelände. Es gab zahlreiche Tote. Peter Strasser musste mit seinen Kameraden ausrücken. Sie löschten den Großbrand und holten die Leichen getöteter Techniker aus dem Stollensystem. Am 28. Februar 1944 gab es wieder eine Explosion. 14 Menschen kamen ums Leben, zahlreiche technische Anlagen wurden zerstört. Am 28. August folgte die Zerstörung eines weiteren A4-Triebwerkes auf dem Prüfstand. Resultat: 24 Tote, darunter die Raketentechnikerin Ilse Oberth, eine Tochter des in NS-Kreisen bekannten Weltraumforschers Hermann Oberth.

Am 29. August gab es eine nunmehr verheerende Explosion. Tage später wurde durch eine Traueranzeige der Tod von 25 Menschen bekannt, die zur nationalsozialistischen Belegschaft des Testgeländes gehört hatten. Die ebenfalls umgekommenen

KZ-Häftlinge fanden keine Erwähnung. Viele Tote waren zur Unkenntlichkeit verbrannt, oder man fand nur noch Leichenteile.

➡ GRUNDLAGENFORSCHUNG FÜR DIE ERSTE MONDLANDUNG

Die V2 war weltweit das erste Objekt aus Menschenhand, das die Grenze zum Weltraum in 100 Kilometer Höhe durchstieß – auf seinem ballistischen Weg zum Ziel. Diese Rakete der Nazis wurde nach Kriegsende die Basis für alle folgenden Entwicklungen der Raumfahrt und raketengestützten Waffentechnologien der USA und der Sowjetunion. Wernher von Braun, leitender Raketentechniker im Reich Hitlers, lief nach Kriegsende zu den Amerikanern über und wurde knapp 20 Jahre später zum „Vater" der amerikanischen Mondmissionen mit Saturn-V-Raketen der NASA.

Warum mutierte ausgerechnet Redl-Zipf zum KZ-Außenlager mit diesen Spezialanlagen? Ursprünglich war das Testgelände beim „Raxwerk" in Wiener Neustadt (Niederösterreich) angesiedelt. Die Nazis hatten ihr damals revolutionäres Raketenprogramm von Peenemünde an der Ostsee in den Alpenraum verlegt, um vor Angriffen britischer und amerikanischer Bomberverbände sicher zu sein. Als ab Oktober 1943 die Angriffe der Alliierten auch auf Wiener Neustadt ständig zunahmen, begann man fieberhaft nach einem sicheren Standort zu suchen.

Auf die traditionsreiche Zipfer Bierbrauerei kam die SS, weil deren Bierkeller ziemlich groß waren und tief unter der Erde lagen sowie einen direkten und relativ kurzen Gleisanschluss zur Hauptverkehrsroute zwischen Wien, Linz und Salzburg hatten. Das Projekt wurde unter das Kommando von SS-General Hans Kammler gestellt. Deckname: „Schlier", nach einer geologischen Besonderheit – dem Vorkommen von Mergel in der Nähe. Die Baracken für das KZ-Außenlager Zipf wurden ab 11. Oktober 1943 errichtet. Häftlinge untertunnelten den Berg hinter der Brauerei für riesige Bunker und die Triebwerksprüfstände. Diese Anlagen sind noch heute zu sehen. Die Raketentests waren extrem laut und versetzten auch die Bevölkerung entfernter Dörfer in Angst.

Im Testbetrieb wurden flüssiger Sauerstoff und Ethanol in die Brennkammer der Rakete gepresst und gezündet. Für den nötigen Druck beim Einspritzen sorgte eine Dampfturbine mit 600 PS an

Prüfstand für V2-Raketentriebwerke im oberirdischen, heute vom Wald überwucherten Teil des Bunkerkomplexes hinter der Zipfer Bierbrauerei. Im senkrechten Schacht links wurden die Antriebe gezündet. Ihr Abgasstrahl schoss über den Kanal im Vordergrund ins Freie.
Bild: Gerald Lehner

Bord jeder V2. Ihr Antriebsdampf wurde durch Katalyse aus Wasserstoff-Peroxid und Kalium-Permanganat erzeugt, die sich ebenfalls in der Rakete befanden. Dazu kam flüssiger Stickstoff mit 200 Bar aus mehreren Druckbehältern, der die Katalyse in Gang hielt. Jedes der insgesamt rund 500 Triebwerke wurde über rund 60 Sekunden einem Brenntest unterzogen.

Zur Herstellung von Treibstoff-Komponenten, für weitere Verfahren und Tests brauchte man sehr viel Strom. So entstand rund einen Kilometer südöstlich des Konzentrationslagers nahe des Bahnhofes Redl-Zipf der weithin sichtbare „Transformatoren-Bunker" – aus mehreren Metern dickem Stahlbeton auf allen Seiten. Er steht noch immer und könnte wohl nur mit einer ganzen Serie von Sprengladungen erschüttert werden. Zur Tarnung gegen Fliegerangriffe ließ ihn die SS wie einen riesigen Heustadel bemalen. Sie hatte die hier ansässige Bauernfamilie Schausberger als Grundbesitzer zur Abtretung des Areals gezwungen. Als tiefgläubige Katholiken waren sie keine Freunde des Regimes. Man bedrohte die damals jugendliche Tochter Theresia und andere Zeugen, weil sie den beim Bau beschäftigten und völlig unterernährten KZ-Häftlingen immer wieder Brot oder Kartoffeln zusteckten. Die heutige Bäuerin Maria Schausberger

Riesiger Betonbunker, einzeln stehend zwischen der Brauerei und dem Bahnhof Redl-Zipf. Er beherbergte Transformatoren, die für die elektrolytische Herstellung von Treibstoffkomponenten gebraucht wurden.
Bild: Gerald Lehner

hat mit ihrer längst verstorbenen Schwiegermutter oft über diese Zeit gesprochen und deren Nachlass gesichert. Auch ihr Ehemann Anton steht seit Jahren als Zeitzeuge zur Verfügung.

Im Verlauf des Krieges verlagerten die Machthaber auch einen Teil des „Nibelungenwerkes" aus St. Valentin (Niederösterreich) zum Raketen-Testgelände nach Redl-Zipf, in dem dann auch Panzer und Panzerteile montiert wurden. In den letzten Tagen vor Kriegsende wurde auch das „Kommando Bernhard" nach „Schlier" gebracht. Die dafür eingesetzten KZ-Häftlinge mussten gefälschte Pfund- und Dollar-Geldnoten drucken. Die Nazis wollten damit die Währung der Alliierten destabilisieren. Beim Herannahen der U.S. Army ermordete die SS viele dieser Häftlinge und versenkte die Druckmaschinen und Banknoten im Toplitzsee im hintersten Teil des Salzkammergutes (siehe Kapitel „Geldfälscher, Glücksritter und Hollywood").

SCHWARZER FALKE DER USA IM TIEFFLUG ABGESCHOSSEN

Am Nachmittag des 31. März 1945 attackierten mehrere amerikanische Kampfflieger einen militärischen Eisenbahnzug der deutschen Wehrmacht beim Bahnhof Redl-Zipf, in Sichtweite des V2-Triebwerksprüfstandes und der Flüssigsauerstofffabrik. Auf einem offenen Waggon war ein Flieger-abwehr-Geschütz („Vierlingsflak") montiert. Dessen Artilleristen erzielten bei einem der Jagdflugzeuge des Typs North American P-51D „Mustang" schwere Treffer, als es den deutschen Eisenbahnzug im Tiefflug beschoss. Die Maschine geriet in Brand. Pilot Arnett W. Starks, 2nd Lieutenant der

Die U.S. Army Air Forces bildeten insgesamt 950 afroamerikanische Kampfpiloten aus – im Rahmen der 332nd Fighter Group in der 100th Fighter Squadron. Ihre Heimatbasis und Fliegerschule war Tuskegee, Alabama. Bild: USAAF

Die „Red Tails" fielen durch ihre knallrot lackierten Leitwerke auf. Geflogen wurden verschiedene Versionen von North American P-51 Mustangs.
Bild: Flight Simulator MS 2020/Gerald Lehner

rein afroamerikanischen „Red Tails" aus Alabama, starb wenige Sekunden später beim Absturz. Auch seine „Mustang" trug das typische Markenzeichen – ein in leuchtendem Rot lackiertes Leitwerk. Sie zerschellte nahe der Ortschaft Pöring und brannte aus, etwa drei Kilometer östlich von Zipf.

Historisch wichtig für viele Afroamerikaner

Während des Krieges und in der Traditionspflege danach erlangten die „Red Tails" als „Tuskegee Airmen" (insgesamt 950 Mann der 332nd Fighter Group, 100th Fighter Squadron) international einige Berühmtheit. Sie reicht bis in die Gegenwart – auch als Filmstoff für Hollywood sowie für die Geschichtsschreibung und in der politischen Arbeit der afroamerikanischen Bevölkerung gegen den noch immer grassierenden Rassismus. Der 25-jährige Starks stammte aus der Working Class von Los Angeles. Sein Vater war Eisenbahnarbeiter, die Mutter ein „Dienstmädchen", wie es damals hieß.

Er gehörte zu den Fliegern, die gegen Kriegsende in Süditalien auf dem Ramitelli Airfield – unweit der Adriaküste ca. 60 Kilometer nordwestlich von Foggia – stationiert waren. Luftlinie bis ins Alpenvorland von Bayern, Salzburg und Oberösterreich: ca. 700 Kilometer (377 nautische Meilen). Eine einmotorige und turbogeladene „Mustang" mit ca. 1.700 PS hatte auf Langstrecke eine sogenannte „Marschgeschwindigkeit" von ca. 530 km/h (286 Knoten) in 3.000 Meter Seehöhe. So lag zum Beispiel die Anflugzeit bis Zipf vom oft wetterstabilen Süditalien bei nur einer Stunde und 20 Minuten, allerdings

Realer Flug im Jänner 2024 über dem Bahnhof Redl-Zipf auf den Spuren von Arnett W. Starks. Linker Punkt: Standort der deutschen Fliegerabwehr. Rechter Punkt: Absturzort der P-51 Mustang bei dem Dorf Pöring.
Flugbild: Gerald Lehner

stark – positiv oder negativ – beeinflusst von Windstärke, Windrichtung und Alpenwetter. Es ging aber noch schneller: In der sehr dünnen Luft von 7.600 Metern (mit wenig Widerstand) schafften die Piloten – die dann in ihren nicht druckkompensierten Kanzeln Sauerstoffmasken tragen mussten – bis zu 784 km/h. Flugzeit bis zum nördlichen Alpenrand one way: 55 Minuten. Je nach Größe der abwerfbaren Zusatztanks blieb dann im Zielgebiet eine mögliche Kampfzeit von bis zu zwei Stunden – bevor sie wieder heimfliegen mussten.

Hauptaufgabe der „Red Tails" war der Begleitschutz für große Bomberverbände mit B-17 und B-24, die gegen Nazideutschland flogen. Die Jagdpiloten stießen aber immer wieder auch in kleinen Gruppen vor, um Eisenbahnen, Autos und gepanzerte Fahrzeuge zu zerstören.

Ohren- und Augenzeuge ihres Angriffes bei Zipf am Eingang zum Salzkammergut war der einheimische Adolf Grabner, Jahrgang 1938, damals ein siebenjähriger Schüler. Er sah beim Eisteich der Brauerei einen der US-Jäger im Tiefflug seitlich vorbeiziehen und wunderte sich über das dunkle Gesicht des Piloten. Wenig später erfuhr er, dass dieser im Wrack seiner „Mustang" verbrannt war und – laut Zeitzeugen – in einem nahen Wald bestattet wurde. Einige Jahre später wurden die sterblichen Überreste auf einen Militärfriedhof nach San Diego (Kalifornien) überführt. 1997 traf Grabner in den USA Veteranen jener Streitkräfte, die die Region um Redl-Zipf am 5. Mai 1945 kampflos besetzt und von den Nazis befreit hatten – Soldaten der 118th Signal Radio Intelligence Company, die zur 317th U.S. Infantry bzw. zur 3rd U.S. Army gehörten, damals insgesamt 280 Mann.

Genaue Anflugroute in den USA recherchiert

Seit Jahren steht Grabner als Zeitzeuge auch im Austausch mit dem Flieger-Veteranenverband der „Tuskegee Airmen" in Alabama. Dort beschrieben ihm Kameraden des abgeschossenen Piloten Starks ihre Anflugroute von damals: „Sie freuten sich sehr, dass sich weiße Österreicher für ihren Kampf gegen Hitlers Truppen interessieren."

Bei ihrem Angriff in Zipf flogen die „Mustangs" insgesamt sechs Mal gegen den deutschen Flak-Eisenbahnzug an – über die Ortschaften Pöndorf, Pfaffing zum Bahnhof Redl-Zipf. Es folgte der Beschuss mit Bordwaffen – aus sechs Maschinengewehren oder (zehnfach geladenem) Raketenwerfer pro Flugzeug. Dann drehten sie ab über Timelkam und St. Georgen, ehe die Runde bei Pöndorf wieder begann. Nach dem fünften Anflug fehlte die Maschine von Starks. Er sei auch über Funk nicht mehr erreichbar gewesen, so seine ehemaligen Kameraden. Kurz danach sahen sie die Rauchsäule und das Feuer. So wussten sie, dass ihr Wingman nicht mehr zum Ramitelli Airfield nach Italien zurückkehren würde. Laut örtlicher Feuerwehrchronik ging durch den Crash auch ein Haus des Dorfes Pöring in Flammen auf, offenbar ohne zivile Opfer.

Es waren insgesamt mehr als ein Dutzend „Mustangs", die in Staffelformation an diesem 31. März 1945 anflogen und dann in kleineren Schwärmen zwischen München, Landshut und Linz verschiedene Ziele angriffen. Laut dem Tagesbericht ihres Kommandos schossen zwölf Piloten dabei insgesamt 13 Jäger der deutschen Luftwaffe ab (Focke Wulf 190, Messerschmitt 109). Besonders erwähnt wird 1st Lieutenant Robert W. Williams, der zwei Abschüsse verbucht habe, die anderen jeweils einen. Williams und sein Wingman Bertram W. Wilson hätten später das Distinguished Flying Cross als Auszeichnung erhalten – für „heroic actions on this day". Getötet wurden neben Arnett W. Starks noch Frank N. Wright, der über Norditalien abstürzte, und Clarence N. Driver. Er geriet im Tiefflug-Angriff bei Landshut (Niederbayern) ins Trudeln und zerschellte.

„Gedenklandschaft" bei Zipf in Planung

Der beim Verfassen dieser Story 85-jährige Zeitzeuge Adolf Grabner gehört neben Dr. Hannes Koch, Dr. Franz Ottinger und Dipl.-Ing. Willy Ottinger zu den Gründern der „Arbeitsgemeinschaft (Arge) Schlier". Das ehrenamtliche Team bemüht sich um wissenschaftliche Dokumentation der historischen Vorgänge beim Rüstungsbetrieb samt der dazugehörigen KZ-Außenlager. Man will auch die noch vorhandenen Bunker und Bauten erhalten und zugänglich machen. Die Arge, das Team der Gedenkstätte KZ Mauthausen und die Brauerei Zipf haben dazu das Projekt einer „Gedenklandschaft" entwickelt. Diese soll auch an die Leiden und Schicksale der KZ-Häftlinge erinnern, die hier ausgebeutet und getötet wurden.

Die Reste des Rüstungsbetriebes sind im Besitz der Brauerei Zipf. Die Arge hofft auf eine rasche Umsetzung des Projektes. Bisher ermöglicht die Geschäftsführung der Brauerei für Besucher von Schlier nur eine Führung pro Jahr. Interessierte können sich dazu via E-Mail (unter Angabe von Name, Adresse, Telefonnummer) bei der Arge Schlier anmelden (arge@schlier.at). (gl)

Literatur:

Robert Bouchal, Johannes Sachslehner: Unterirdisches Österreich – vergessene Stollen, geheime Projekte. Wien 2013.
Hannes Koch: Schlier. Der geschichtliche Hintergrund des letzten erhaltenen „V2"-Triebwerk-Prüfstandes. Publikation der Arge Schlier. Zipf 2023.
Stefan Wedrac: Die Brauerei Zipf im Nationalsozialismus. Ein österreichisches Brauunternehmen zwischen V2-Rüstungsbetrieb, KZ-Außenlager und NS-Kriegswirtschaft. Wien 2021.

Filmtipp:

„Red Tails", Kinofilm über die Geschichte der „Tuskegee Airmen", erschienen 2012 in den USA. 125 Minuten.

Web:

schlier.at
geheimprojekte.at/deckname_schlier.html
zipfer.at
tuskegeemuseum.org/history/
facebook.com/TuskegeeAirmenNHS

Spezialtipp:

Beim Salzburger Flughafen können Sie eine restaurierte und voll flugfähige „Mustang" aus der Nähe sehen, wenn sie nicht gerade in der Luft, in Wartung oder bei Airshows im In- und Ausland unterwegs ist. Historische Namenslackierung: „Nooky Booky IV":

Flugzeugmuseum der „Flying Bulls" im Hangar 7
Wilhelm-Spazier-Straße 7a
5020 Salzburg
hangar-7.com

Die „Flying Bulls" in Salzburg verfügen hier neben vielerlei anderen, voll flugfähigen Oldtimern auch über eine Vought Chance „Corsair" und einen B-25 „Liberator"-Bomber, einst im Dienst der U.S. Air Force.

39 BERGHAM BEI BAD WIMSBACH

„Leaky Tub" – die „Badewanne mit Löchern", wie der riesige „Liberator"-Bomber von seiner Besatzung getauft und bemalt wurde. Die B-24 wurde am 23. Februar 1945 über Oberösterreich abgeschossen. Nur einer von elf Mann Besatzung überlebte.
Bild: U.S. Army Air Forces

Reise

Der Weiler Bergham mit 75 Einwohnern liegt vier Kilometer südwestlich des Kurortes Bad Wimsbach-Neydharting im Traunviertel. Von der Westautobahn gut erreichbar auch über Vorchdorf.

Gegend

Es gibt in der Marktgemeinde Bad Wimsbach eine lange Tradition der Heilkunde mit Moorbädern. Bergham liegt auf einem Höhenzug an der Straße zwischen Laakirchen und Lambach. In Bad Wimsbach lebte auch der österreichisch-britische Unternehmer Rudolf Weisweiller, ein Freund der früheren britischen Premierministerin Margaret Thatcher. Weisweiller war Nachkomme von Egon Ranshofen-Wertheimer. Dieser gebürtige Innviertler, Diplomat und Sozialdemokrat aus Braunau am Inn (Hitlers Geburtsstadt) beriet die US-Regierung in Washington beim Kampf gegen die Nazis. Er war 1945 in San Francisco einer der Mitbegründer der Vereinten Nationen (UNO).

KILLING FIELDS FÜR BOMBERPILOTEN

Das Salzkammergut lag seit Anfang 1944 an strategisch und taktisch wichtigen Einflugrouten alliierter Bomberverbände. Diese griffen Industrieanlagen der Nazis in Ostösterreich, Süddeutschland und Nordböhmen an. Besatzungen aus den USA fanden dabei über den Bergen und auf dem Boden Oberösterreichs, der Steiermark und Salzburgs den Tod – durch Beschuss aus Flakgeschützen, durch deutsche Jagdpiloten, durch Absturz oder Lynchjustiz der Nazis. Eine neue Datenbank – unterstützt von Österreichs Akademie der Wissenschaften und dem Zukunftsfonds der Republik – erleichtert ab sofort Recherchen über die damaligen Dramen, Tragödien – und manche Glücksfälle.

Am 23. Februar 2024 – wenige Tage vor Redaktionsschluss für dieses Buch – fand in dem Dorf Bergham bei Bad Wimsbach eine besondere Gedenkfeier für zehn amerikanische Flieger statt. Die Männer im Alter zwischen 16 und 23 Jahren waren genau 80 Jahre zuvor auf einem Acker neben dem Dorf gestorben – beim Absturz bzw. der finalen Explosion ihres B-24-„Liberator"-Bombers der 723rd Bomber Squadron. Pilot und Kommandant war 2nd Lieutenant Philip H. Scanlon aus New York. Zu seinen Kämpfern gegen Hitlerdeutschland gehörten auch zwei Juden: Sidney Rulnick aus Massachusetts und der New Yorker Bernard Kellerman. Als Bombenschütze fungierte Donald E. Forbes aus Montana. Ihr riesiges Flugzeug (aufgemalter Kosename: „Leaky Tub" = löchrige Badewanne) hatte unweit von Gmunden schwere Flaktreffer erhalten. Danach wurde es noch von Jagdpiloten angegriffen. Vor dem Crash trafen ein abgerissener Motor und eine Tragfläche samt eingebauten Benzintanks einen Bauernhof von Bergham, der dann bis auf die Grundmauern niederbrannte. Es gab keine zivilen Opfer, jedoch sehr viele Augenzeugen unter den Einheimischen, von denen heute noch etliche leben.

Gedenkfeier in Bergham genau 80 Jahre nach dem Abschuss der „Leaky Tub". Von links: Norbert Fischer, Lokalhistoriker und Kulturpolitiker in Bad Wimsbach – Lt. Col. Pete Arendt, Assistant Army Attache der amerikanischen Botschaft in Wien – Mag. Erwin Stürzlinger, Bürgermeister von Bad Wimsbach – Victoria Reggie Kennedy, Botschafterin der USA in Österreich – Col. Erik Bauer, Defense Attache der amerikanischen Botschaft in Wien.
Bild: Gerald Lehner

Amerikanische Botschafterin hält Gedenkrede

Die Gedenkrede in Bergham zum 80. Jahrestag hielt Victoria Reggie Kennedy, Botschafterin der USA in Österreich. Sie ist Witwe von Senator Edward „Teddy" Kennedy, dem 2009 verstorbenen Bruder des früheren US-Präsidenten John F. Kennedy. Sie würdigte besonders, dass die lokale Bevölkerung den einzigen Überlebenden des Absturzes geborgen, gut erstversorgt und nicht umgebracht hatte – den mit Fallschirm abgesprungenen Funker Alphonse J. Lanteigne. Über dessen Vermittlung entwickelten sich nach dem Krieg zahlreiche Freundschaften zwischen oberösterreichischen Familien und Angehörigen der toten Flieger in den USA. Auch der Wimsbacher Kulturreferent Norbert Fischer kümmert sich seit Jahrzehnten um Partnerschaften.

Ausgebranntes Wrack der „Leaky Tub" auf einem Acker in Bergham bei Bad Wimsbach.
Bild: Oberösterreichisches Landesarchiv

Zwölf „Liberator" an einem Tag abgeschossen

An diesem 23. Februar 1944 – ca. 15 Monate vor Kriegsende – wurden rund um Steyr, Linz und Gmunden insgesamt zwölf B-24-Bomber abgeschossen. Ihr Ziel war meistens die Flugmotoren-Fabrik in Steyr. Eine „Liberator" crashte im Nahbereich von Gmunden bei Rüstorf südlich von Schwanenstadt, während die überwiegende Mehrzahl viel weiter im Osten Österreichs zu Boden ging. Es war noch immer die Zeit schwerer Kriegsverbrechen gegen potenzielle Gefangene: Abgesprungene Amerikaner wurden nicht selten erschossen – schon an ihren Fallschirmen vom Boden aus. Oder NS-Funktionäre, Militärs oder Zivilisten lynchten sie wenig später.

B-17 und B-24 flogen menschenleer in die Crashs

Eine amerikanische Besatzung im Salzkammergut hatte an diesem 23. Februar 1944 besonders großes Glück, nachdem auch sie desaströse Treffer durch Flak erhalten hatte. Alle zehn konnten mit Fallschirmen abspringen. Der brennende Bomber flog noch einige Minuten als „Geist" durch die Gegend, ehe er im Stadtgebiet von Gmunden einen Hügel rammte. Die Männer gingen nahezu

Besatzung der B-25: Die meisten auf diesem Bild waren auch am 23. Februar 1945 an Bord. Hintere Reihe von links die getöteten Offiziere: Philip Scanlon (Pilot), Glen M. Davis (Co-Pilot), George Strong (Navigator), Donald Forbes (Bombenschütze). Vordere Reihe die Unteroffiziere, die die Maschinengewehre bedienten.
Bild: U.S. Army Air Forces

unverletzt in Gefangenschaft und wurden schon wenige Wochen später von eigenen Truppen befreit.

Nur einen Tag später – am 24. Februar 1944 – verlor die U.S. Air Force wieder vier Flugzeuge samt Crews über der Region. Nun war ein Kampfverband der 49th Bomber Squadron mit Boeing-B-17-Bombern an der Reihe. Auch diese sollten die Flugmotoren- und Rüstungsindustrie der Deutschen in Steyr angreifen. Zwei ihrer „Fliegenden Festungen" mit jeweils zehn Mann an Bord stürzten nach schwerem Beschuss beim Attersee ab, eine beim Fuschlsee und eine in der benachbarten Gemeinde Faistenau, beides Orte im Salzburgischen.

Wiederum einen Tag später, am 25. Februar 1944, holten deutsche Jäger eine weitere B-17 vom Himmel. Die sollte Rüstungsbetriebe der Nazis in Regensburg bombardieren. Diese „Flying Fortress" crashte laut der neu geschaffenen Datenbank mit ausgewerteten Informationen der U.S. Air Force im Dachsteingebiet. Das Schicksal der Besatzung sei bis heute nicht geklärt, heißt es.

Hier prallte der schon durch Flak und Jägerbeschuss zerstörte Bomber auf den Acker, nachdem eine Tragfläche und ein Motor auf Bergham (hinten) gefallen waren und einen Bauernhof in Brand setzten.
Bild: Gerald Lehner

Weitere zwei B-17 schossen deutsche Jagdflieger in dieser Region am 21. Juli 1944 ab. Sie gehörten zu einem hoch fliegenden Bomberverband, der Rüstungswerke in Most (Nordböhmen) angreifen sollte. Einer stürzte bei Altmünster am Traunsee ab, der zweite bei Gmunden.

Im Frühling 1945 hatte wiederum die Crew einer B-24 „Liberator" großes Glück im Unglück. 28 dieser Maschinen waren am 25. April 1945 in Foggia (Süditalien) gestartet, um den Hauptbahnhof und den Güterbahnhof von Linz anzugreifen. Der Bomber von Captain John W. Greenman („Roger the Lodger") erhielt einen Flaktreffer. Der Kommandant befahl seinen Leuten den Ausstieg, und alle kamen mit Fallschirmen bei Lambach gesund auf den Boden. Auch diese B-24 crashte wenig später bei Gmunden – in die Traunböschung. Sie schlug in die Schottergrube oberhalb von Theresienthal ein. Laut Augenzeugen war die Feuersäule hundert Meter hoch und über mehrere Stunden sei immer wieder Munition der Maschinengewehre explodiert. Der Gmundner Bautechniker und Privatpilot Karl Ebner kümmert sich hier seit Jahren um die

Auseinandergebrochene B-24 stürzt Anfang 1945 über Deutschland ab – die Folgen des Abschusses durch den Piloten einer deutschen Messerschmitt Me 262, eines der weltweit ersten Düsenjäger.
Bild: U.S. Army Air Forces

Erinnerungskultur. Es gibt auch in diesem Fall zahlreiche Kontakte aus dem Salzkammergut mit Angehörigen der zehn Flieger, die alle das Kriegsende erlebten und gesund in die USA heimkehrten.

Saint-Exupérys Flugzeugtyp: P-38 „Lightning" bei Gosau

Auffallend sind laut der neuen Datenbank auch die Ausfälle der Amerikaner durch technische Defekte. Am 29. Oktober 1944 stürzte bei Grünau im Almtal ein Jagdflugzeug des Typs North American P-51 „Mustang" der 305th Fighter Group aufgrund eines Motorschadens ab. Der Pilot sollte einen Bomberverband beschützen, der nach Regensburg in Niederbayern flog. Eine weitere „Mustang" verunglückte am 9. Dezember 1944 wegen Defekts bei Tiefgraben am Irrsee im nordwestlichen Salzkammergut. Sie trug den Kosenamen „Wampy Special" und gehörte zur 317th Fighter Group.

Am 20. Dezember 1944 verloren die USA bei Gosau am Fuß des Dachsteins eine P-38 „Lightning" mit der legendären Doppelrumpf-Konstruktion – auch „Gabelschwanzteufel" genannt. Der französische Jagdflieger und Schriftsteller Antoine de Saint-Exupéry

Formation von B-24 Liberators der 93rd Bomb Group über Italien, 1943. Aufgemalte Schriftzüge und Gemälde, oft auch Namen von Freundinnen oder Ehefrauen der Piloten: „Joisey Bounce“, „The Duchess“, „Boomerang“ & „Thunder Mug“.
Bild: U.S. Army Air Forces

verunglückte am 31. Juli 1944 bei Marseille bei einem Aufklärungsflug mit einer solchen US-Maschine. Die bei Gosau gecrashte P-38 war bei der 154th Weather Squadron und sollte als Pfadfinderin und Geleitschutz für amerikanische Bomber dienen, die Most in Nordböhmen zum Ziel hatten. Die letzte B-24 „Liberator“ verunglückte schließlich am 19. März 1945 über dem Salzkammergut – wegen eines Motorschadens auf dem Weg von Italien nach Landshut in Niederbayern. Der Besatzung gelang beim Grimming unweit des Ennstales eine holprige Notlandung. Alle zehn überlebten, kamen in Gefangenschaft und wurden knapp sieben Wochen später bei Kriegsende befreit. (gl)

Literatur:
Nicole-Melanie Goll, Georg Hoffmann: Missing in Action – Failed to Return. Die Todesopfer der amerikanischen und britischen Air Forces im Luftkrieg über dem heutigen Österreich. Ein Gedenkbuch. Wien 2016.

40 KZ MAUTHAUSEN

Gedenkstätte des ehemaligen Konzentrationslagers am Südrand des Mühlviertels beim Donautal. Im Vordergrund der Steinbruch „Wiener Graben" mit der berüchtigten „Fallschirmspringerwand", wo KZ-Häftlinge von SS-Leuten in den Tod gestürzt wurden.
Flugbild: Gerald Lehner

Reise

KZ Gedenkstätte Mauthausen, Erinnerungsstraße 1, 4310 Mauthausen

Gegend

Bei Mauthausen und Gusen – 15 bzw. zwölf Kilometer östlich von Hitlers Lieblingsstadt Linz – lagen bedeutende Steinbrüche. Deren Granit wurde in großen Mengen für die sogenannten „Führerbauten" benötigt. Es gibt beim ehemaligen KZ Mauthausen ein großes Museum und ein Dokumentationszentrum. Das Lagergelände und der angrenzende Steinbruch sind Mahn- und Gedenkstätte.

DIE MUTTER DER TODESFABRIKEN

Im Salzkammergut gab es mehrere Außen- bzw. Nebenlager des Konzentrationslagers Mauthausen. Dieses befand sich ca. 70 Kilometer nordöstlich des Traunsees. Die dortige Gedenkstätte beherbergt heute ein äußerst sehenswertes Museum. Auf dem Gebiet von Hitlers „Reich" in Deutschland und Österreich gehörte das Hauptlager als einziges zur besonders gefährlichen Kategorie III. Die Rückkehr von Häftlingen aus solchen Lagern war „unerwünscht", die „Vernichtung durch Arbeit" das Ziel von SS-Bürokratie und Lagerpersonal. Insgesamt waren 200.000 Menschen aus 30 Nationen im KZ Mauthausen und seinen Nebenlagern inhaftiert.

Schätzungen über die Zahl der Ermordeten schwanken zwischen 95.000 und 100.000. Dazu müssen noch Tausende gezählt werden, die nach der Befreiung an Krankheiten und Unterernährung verstarben. Insgesamt dürften im Hauptlager und allen Nebenlagern ca. 120.000 Menschen umgekommen sein.

Das KZ Mauthausen war neben den Gestapo-Zentralen in Linz und Wien das Zentrum von Terror und Tod im Alpenraum. Dazu kamen kleinere Nebenlager im Umkreis von bis zu 200 Kilometern. Das Hauptlager auf den Anhöhen des unteren Mühlviertels – nur 15 Kilometer östlich von Linz – wurde neben dem (schon seit 1933 bestehenden) KZ Dachau bei München zum Symbol für die Auslöschung der unabhängigen österreichischen Identität und ihrer Repräsentanten. In Dachau und Mauthausen waren neben Bürgern vieler Nationen besonders viele Regimegegner aus Österreich inhaftiert.

Noch im März 1938 – kurz nach dem „Anschluss" Österreichs – gaben Reichsführer SS Heinrich Himmler und August Eigruber, neuer Gauleiter für „Oberdonau", den Bau des Konzentrationslagers Mauthausen bekannt – „für Volksverräter aus ganz Österreich", wie es hieß. Die SS gründete dafür eine eigene Gesellschaft mit beschränkter Haftung, die „Deutsche Erd- und Steinwerke GmbH" (DEST). Standort waren die Granitsteinbrüche bei Mauthausen und der Nachbargemeinde Gusen. Hitler hatte sein geliebtes Linz, die wichtigste Stadt seiner Jugend, zur künftigen „Führerstadt" erklärt. Für deren gigantomanischen Ausbau benötigte das Regime große Mengen Granit und anderes Baumaterial. So wurde schon am 16. Mai 1938 der Mauthausener Steinbruch von der SS in Betrieb genommen; zu Beginn noch mit zivilen Arbeitern. Im August 1938 trafen die ersten Häftlinge ein, die mit dem Bau des eigentlichen Lagers begannen; etwa 300 Österreicher und einige Deutsche. Die nächsten folgten im Oktober und November.

Die ersten 20 Baracken wurden bis 1940 errichtet. 1941 kam Lagerteil II mit vier Baracken dazu, weitere sechs Baracken im Lager III wurden 1944 gebaut. Außerdem gab es das sogenannte „Krankenlager" bzw. „Russenlager" mit zehn Baracken, wo die SS sowjetische Kriegsgefangene vegetieren ließ. Lager III war eine Art Vorhof zur Vernichtung, wo Selektionen von kranken und ausgemergelten Häftlingen durchgeführt wurden. Neben dem Krankenlager gab es noch das „Zeltlager", das sich nördlich des Lagers I befand. Dazu kamen Wäscherei und Küchenbaracken sowie ein Arrestgebäude mit 33 Zellen von jeweils etwa fünf Quadratmetern – für Einzelhaft, Strafaktionen, Folter und Hinrichtungen mittels einer Anlage für Genickschüsse. Später wurde auch noch eine Gaskammer installiert.

Der Alltag war von der SS so durchgeplant, dass er die Häftlinge psychisch und körperlich zerstören sollte. Größtmögliche Qualen waren klar definiertes Ziel. Bei Appellen musste stundenlang im Freien strammgestanden werden – bei jedem Wetter und mit der für KZs typischen, völlig unzureichenden Kleidung. Es gab auch in Mauthausen schwere Typhus-Epidemien sowie massiven Läusebefall, eine Qual, die sich nur schwer ertragen ließ und zur Schwächung im Vorfeld des Todes führte.

Beim Granitsteinbruch „Wiener Graben" hinter dem Hauptlager hatte sich die SS eine besondere Grausamkeit ausgedacht, die „Todesstiege". Häftlinge mussten schwere Granitblöcke über die insgesamt 186 Stufen und 31 Höhenmeter hinaufschleppen; jeweils mehrfach täglich und arbeitstaktisch zum Teil völlig sinnlos.

Im Nordwesten des ehemaligen Lagers, wo einst die SS ihre Unterkünfte hatte, stehen heute die Mahnmale verschiedener Staaten und Nationen zum Gedenken an die Opfer. Beherrschend sind monumentale, teils auch stalinistisch geprägte Kunstwerke aus Staaten des ehemaligen Warschauer Pakts – mit entsprechenden Texten. Sehr beeindruckend ist das kleine Denkmal Griechenlands mit Teilen einer antiken Säule und einem poetischen Text.
Flugbild: Gerald Lehner

Kapos und Wachmannschaften machten sich einen Spaß daraus, manche Kolonne die steile Treppe wieder hinunterzustoßen. Zahlreiche Folterungen, Morde und Selbstmorde sind mit der „Todesstiege" und den Granitwänden verbunden, wo sich Häftlinge aus Verzweiflung hinunterstürzten. Die SS bediente sich der „Fallschirmspringerwand" im Steinbruch auch gezielt für Mordaktionen. So wurde im Sommer 1942 die erste Gruppe holländischer Juden, die nach Mauthausen kam, in den Abgrund gestoßen.

Um Häftlingen strukturell das Leben zur Hölle zu machen bzw. dieses durch Arbeit auszubeuten und zu verkürzen, gab es auch im KZ Mauthausen ein ausgeklügeltes System von Schikanen und Strafen, die jeden zu jeder Tages- und Nachtzeit treffen konnten. Hinzu kamen völlig unzureichende Verpflegung und tägliche Arbeitseinsätze, die laut Vorschriften nie weniger als elf Stunden dauern durften. Nur an Sonntagnachmittagen hatten die Häftlinge „frei". Unter solchen Bedingungen betrug die durchschnittliche Überlebenszeit nur wenige Monate. In Mauthausen kamen neben vielen Polen und Österreichern auch besonders viele Spanier und Italiener ums Leben, die sich gegen die faschistischen Regime ihrer Heimatländer engagiert hatten.

Am 28. April 1945, nur eine Woche vor der Befreiung des KZ Mauthausen durch amerikanische Soldaten der 11. Panzerdivision (3. US-Armee), wurden in der lagereigenen Gaskammer noch 42 österreichische Widerstandskämpfer ermordet. Diese gehörten zum „Welser Netz", das den Nazis über Jahre hinweg zu schaffen gemacht hatte. Kurz vor dem Untergang des Regimes hatte Gauleiter August Eigruber noch angeordnet, dass „keine aufbauwilligen Kräfte" in Oberösterreich die NS-Zeit überdauern sollten.

Zwischen dem Hauptlager und dem Steinbruch stehen seit den späten 1940er-Jahren zahlreiche Mahnmale, die 30 Nationen ihren Opfern von Mauthausen gewidmet haben; darunter auch die USA. Die stalinistische Sowjetunion errichtete eine pompöse Skulptur zur Verherrlichung des eigenen Regimes, die einer würdigen Erinnerungskultur wohl wenig gerecht wird. Zielführender erscheint der Text von Bertolt Brecht auf dem Mahnmal der früheren DDR: „O Deutschland, bleiche Mutter! Wie haben deine Söhne dich zugerichtet. Dass du unter den Völkern sitzest. Ein Gespött oder eine Furcht!"

Positiv sticht das Mahnmal Griechenlands hervor; eine schlichte Gedenkplatte aus Stein samt kleiner Säule und der Inschrift: „Vergesst uns nicht, die wir hier getötet wurden. Denn das Vergessen des Bösen ist die Erlaubnis zu seiner Wiederkehr." (gl)

Literatur:

Florian Freund: Der Mauthausen-Prozess. Zum Militärgerichtsverfahren in Dachau im Frühjahr 1946. Dachauer Hefte, Nr. 13, 1997.

Siegfried Haider, Gerhard Marckhgott: Oberösterreichische Gedenkstätten für KZ-Opfer. Linz 2001.

Hans Marsalek: Die Geschichte des Konzentrationslagers Mauthausen. Österreichische Lagergemeinschaft Mauthausen. Wien 1980.

Hans Marsalek, Kurt Hacker: Kurzgeschichte des Konzentrationslagers Mauthausen und seiner drei größten Nebenlager Gusen, Ebensee, Melk. Wien 1995.

Web:

mauthausen-memorial.org

„Mühlviertler Hasenjagd"

Bestialisch gewütet hat die SS im KZ Mauthausen auch unter tausenden Kriegsgefangenen aus der Sowjetunion. Diese mussten zum Teil wochenlang unter freiem Himmel zubringen; es gab kaum Versorgung mit Nahrung. Russen und andere Bürger der UdSSR starben im KZ Mauthausen als sogenannte „Untermenschen" massenweise. Angesichts dieser Aussichten unternahmen 500 sowjetische Offiziere, die im Todesblock 20 untergebracht waren, einen Fluchtversuch. In der Nacht auf den 2. Februar 1945, wenige Monate vor Kriegsende, stürmten sie mit selbst gebastelten Spießen und Messern aus Glasscherben und geschärften Metallstücken die Außenbefestigung des Lagers.

Den elektrisch geladenen Zaun schlossen sie mit nassen Decken kurz, die mit Maschinengewehren bestückten Wachtürme und ihre SS-Besatzungen bekämpften sie mit Feuerlöschern. Einige fanden dabei den Tod, doch vielen gelang es, in die winterlichen Wälder zu entkommen. Die Überlebenschancen waren aufgrund der tiefen Temperaturen gering. Es folgten Wochen äußerst brutaler Verfolgung durch SS und Gestapo in der ganzen Region, bei der viele Mitläufer aus der Bevölkerung, fanatische Nationalsozialisten und Mitglieder der Hitlerjugend mitmachten. Die SS nannte es die „Mühlviertler Hasenjagd" und bestand darauf, dass jeder Aufgegriffene an Ort und Stelle erschossen werden müsse.

Doch es gab auch Gendarmen in der Region, die stillschweigende Gegner der Nazis waren und bei den Suchaktionen passiven Widerstand leisteten. In Chroniken der Exekutive aus der unmittelbaren Nachkriegszeit ist vermerkt, dass sich die Entflohenen der Zivilbevölkerung gegenüber sehr korrekt verhalten hätten. Insgesamt erlebten elf Geflüchtete das Ende der Naziherrschaft. Einige wurden von Einheimischen, die dabei selbst Kopf und Kragen riskierten, auf Bauernhöfen versteckt.

Österreich mit den kollektiven Gedächtnislücken seiner politisch belasteten Soldatenbünde und Politiker verdrängte dieses Kriegsverbrechen über Jahrzehnte. 1984 erschien der Roman „Februarschatten" von Elisabeth Reichart, der das Geschehen literarisch beleuchtete. Und 1994 erlangte der Mut der Gefangenen große Bekanntheit durch den österreichischen Spielfilm „Hasenjagd". Im Mai 2001 wurde in der Mühlviertler Ortschaft Ried in der Riedmark ein Gedenkstein für die Todgeweihten errichtet, die ihrem Untergang nicht tatenlos zusehen wollten.

Filmtipp:

Hasenjagd. Vor lauter Feigheit gibt es kein Erbarmen. Ein Film von Andreas Gruber (1994).

41 BAHNHOF BAD AUSSEE

Walter Pfrimer, der „Dorfmussolini", nach seinem Freispruch im Grazer Prozess im Dezember 1931. Der „Pfrimerputsch" wurde vom Gericht irritierenderweise nicht als Hochverrat gesehen. Auch sein Mitputschist Viktor Hofer aus Bad Aussee wurde freigesprochen. Pfrimer wandte sich in den folgenden Jahren dem Nationalsozialismus zu.

Bild: Österreichische Nationalbibliothek/Hilscher

Reise

Bahnhof Bad Aussee, Bahnhofstraße 61, 8990 Bad Aussee

Gegend

Bad Aussee als Zentrum des steirischen Salzkammerguts und Kurstadt bietet ein reiches kulturelles Angebot: Kammerhofmuseum, architektonische Sehenswürdigkeiten im Stadtzentrum mit seinen teils unter Denkmalschutz stehenden Gebäuden wie das Hoferhaus als ältestes Bad Ausseer Haus mit Grundmauern aus dem 8. Jahrhundert, Mauthaus, Meranhaus (Geburts- und Sterbehaus von Anna Plochl, Erzherzog Johanns Frau), Steinmühle mit Sgraffito aus dem 16. Jahrhundert, altes Bezirksgericht, Rathaus, Podenhaus, alte Schmiede aus dem 12. Jahrhundert, Kurmittelhaus, das alte Salinenspital mit ehemals protestantischer Kirche, die aus Wien stammende und ursprünglich autodynamisch angetriebene Uhr von Friedrich Lößl (Ingenieur, Erfinder und Flugpionier, lebte einige Jahre in Bad Aussee). Zudem vielfältiges ganzjähriges Veranstaltungsprogramm. Klassiker wie der Ausseer Fasching und das in Altaussee, Grundlsee und Bad Aussee stattfindende Narzissenfest Ende Mai/Anfang Juni. Solebad. Vom Bahnhof Bad Aussee über den Koppenpass, der schon in prähistorischer Zeit als Handelsweg genutzt wurde, nach Obertraun. Radrouten, Wanderungen (z. B. Via Artis), breites Angebot an Berg-, Kletter-, Mountainbike-, Skilanglauf-, Schneeschuh- und Skitouren rund um Bad Aussee, im Toten Gebirge und Dachsteingebirge.

„MARSCH AUF WIEN"

Am 12. September 1931 mobilisierte der steirische Heimwehrführer Walter Pfrimer, strikter Gegner des Parlamentarismus und „Dorfmussolini" genannt, mit seinem Mitverschwörer Carl Ottmar Lamberg 14.000 Mann der paramilitärischen Heimwehr für den „Marsch auf Wien". Die demokratisch legitimierte österreichische Regierung sollte gestürzt werden. Als Vorbild diente der erfolgreiche „Marsch auf Rom" der italienischen Faschistinnen und Faschisten unter Führung Benito Mussolinis in Italien 1922.

Der betont deutschnationale und antisemitische Rechtsanwalt Walter Pfrimer gründete 1918 den Deutschen Volksrat in seinem Wohnort Judenburg in der Obersteiermark. Ab 1922 war er im Heimatschutz aktiv, wie die Heimwehr in der Steiermark hieß, 1923 übernahm er die Leitung. Gemeinsam mit Richard Steidle schwor Pfrimer als Bundesführer der Heimwehr am 18. Mai 1930 beim Heimwehrtag in Korneuburg die Mitglieder auf den sogenannten „Korneuburger Eid" ein, der ein Ende des demokratischen Parlamentarismus und stattdessen die Einführung eines faschistisches Staatssystems vorsah.

Ab Frühjahr 1931 plante Pfrimer den Putsch in Österreich in zahlreichen geheimen Absprachen mit Vertretern der steirischen Eisen- und Stahlindustrie sowie Carl Ottmar Lamberg, der als Adeliger auf Schloss Pichlarn im Ennstal residierte und NS-Sympathisant war. Zunächst wollten Pfrimer und Lamberg Angriffe auf Versammlungen der sozialdemokratischen Partei in der Obersteiermark verüben und die darauf folgenden erwartbaren Reaktionen als Vorwand für den Heimwehrputsch nutzen. Schließlich streuten Pfrimer und Lamberg nur Gerüchte, dass Heimwehrversammlungen in der Steiermark von den „Roten" angegriffen worden seien, und befahlen die Mobilisierung von rund 14.000 Mann. Pfrimer und Lamberg gingen davon aus, dass sowohl die gesamte Heimwehr als auch Teile der Exekutive auf ihrer Seite stünden.

Am 12. September 1931 kurz vor Mitternacht begann der Putsch. „Es ist ehestens nach herausgegebener Weisung der Marsch nach Wien anzutreten!“, ordnete Pfrimer an. Die Putschisten blockierten Verkehrswege, verhafteten sozialdemokratische Bürgermeister, besetzten Bezirkshauptmannschaften, Postämter und Bahnhöfe. Auch in Bad Aussee versuchten regionale Putschisten unter der Führung von Viktor Hofer den Bahnhof, die Post und die Sparkasse zu besetzen. In Kapfenberg erschossen die Putschisten bei einem Angriff auf das sozialdemokratische Arbeiterheim zwei Arbeiter, in Pernegg starb bei einem ähnlichen Angriff ein Heimwehrler. Pfrimer erklärte sich in der Nacht selbst zum Staatsführer Österreichs. Mittels Plakaten informierte er die steirische Bevölkerung über die Außerkraftsetzung von Teilen der Bundesverfassung. Die steirische

Der im Zuge des „Pfrimerputsches" von faschistischen Heimwehrmännern kurzzeitig besetzte Bahnhof Bad Aussee. Sozialdemokratische Eisenbahner wehrten sich gegen diese Besetzung.
Bild: Susanne Rolinek

Landesregierung unter Landeshauptmann Anton Rintelen kollaborierte mit den Putschisten, auch wenn Rintelen das später bestritt. Anton Rintelen sollte nach Ansicht von Pfrimer und Lamberg neuer Regierungschef in Österreich werden.

Der Putsch verlief jedoch nicht wie geplant. Heimwehren außerhalb der Steiermark verweigerten Pfrimer die Gefolgschaft. Nur ein Trupp aus dem oberösterreichischen Kirchdorf an der Krems marschierte gemeinsam mit steirischen „Hahnenschwanzlern", wie die Heimwehrler wegen ihrer schwarzen Hutfedern spöttisch genannt wurden, Richtung Wien. Zudem verfehlten andere Heimwehreinheiten, die über den Semmering nach Wien marschieren und dabei die Hochquellwasserleitungen unterbrechen sollten, die Route. Inzwischen war auch die Bundesregierung in Wien von mehreren Seiten über den Putschversuch informiert worden. So hatte die Sozialdemokratin Paula Wallisch, Ehefrau des Nationalratsabgeordneten Koloman Wallisch, in Bruck an der Mur einen ungewöhnlichen Heimwehraufmarsch in voller Bewaffnung beobachtet. Sie meldete ihre Beobachtung sofort ihrem Mann, der wiederum Politikerinnen und Politiker in Wien sowie den Republikanischen Schutzbund (sozialdemokratische paramilitärische Einheit) informierte. Auch in anderen obersteirischen Gemeinden meldeten Angehörige der Sozialdemokratischen Partei auffällige Heimwehraufmärsche. Die christlichsozial-deutschnationale Bundesregierung unter Karl Buresch reagierte zunächst sehr zögerlich. Erst als die Sozialdemokratische Partei erklärte, der Republikanische Schutzbund werde den Heimwehrputsch niederschlagen, sollte die Regierung dies nicht tun, alarmierte die Bundesregierung Bundesheer, Gendarmerie und Polizei gegen die Putschisten.

Der „Marsch auf Wien" endete in Amstetten (Niederösterreich), als Informationen durchsickerten, dass Bundesheer und Polizei auf dem Weg seien. Die Heimwehrtrupps lösten sich auf. Auch in der Steiermark und in Oberösterreich zogen sich die Heimwehrler zurück und versteckten ihre Waffen. In Klosterneuburg (Niederösterreich) löste die Gendarmerie ein Lager von Wiener Heimwehrmännern auf, die hier auf ihren Einsatz gewartet hatten. Einen Tag nach Beginn des Putsches war er schon wieder vorbei. Walter Pfrimer erklärte nun, dass es sich nur um eine „bewaffnete Demonstration" gehandelt habe, und flüchtete nach Maribor zu seiner Schwester.

Monate später kehrte er nach Österreich zurück und wurde mit anderen Putschisten – unter ihnen Viktor Hofer aus Bad Aussee – in einem Hochverratsprozess angeklagt. Der Prozess in Graz im Dezember 1931 endete mit Freisprüchen für Pfrimer und sieben weitere Angeklagte, da die österreichische Justiz, Teile der Bundes- und Landesregierung sowie Teile der Exekutive und der Bevölkerung durchaus Sympathien mit den Putschisten hatten. Auch die Strukturen der demokratiefeindlichen Heimwehren wurden nach dem Putsch nicht angetastet, sondern bestanden weiter. Viele ehemalige Putschisten liefen ab 1932 zur NSDAP über.

Pfrimers Mitverschwörer Carl Ottmar Lamberg war indessen nach Deutschland geflüchtet und arbeitete im österreichischen Beirat rund um Hermann Göring und Franz von Papen. Er geriet zunehmend in Konflikt mit der NSDAP-Spitze, die Gestapo verhaftete ihn und deportierte ihn ins KZ Auschwitz, wo er im Juli 1942 ermordet wurde. Pfrimer hingegen machte bei der NSDAP, in die er bereits 1933 eingetreten war, Karriere. Er stieg nach dem „Anschluss" Österreichs an Deutschland zum Reichstagsabgeordneten auf. Nach dem Ende der NS-Diktatur musste er sich einem Entnazifizierungsverfahren unterziehen, konnte danach aber wieder unbehelligt als Rechtsanwalt in Österreich arbeiten. (sr)

Literatur:

Bruce F. Pauley: Hahnenschwanz und Hakenkreuz. Der Steirische Heimatschutz und der österreichische Nationalsozialismus 1918–1934, Wien 1972.

Martin Prieschl: Der Pfrimer-Putsch 1931, in: Truppendienst, Ausgabe Nr. 323, 5/2011, auf https://www.bmlv.gv.at/truppendienst/ausgaben/artikel.php?id=1204, aufgerufen am 8.1.2024.

Wolfgang Quatember, Ulrike Felber, Susanne Rolinek: Das Salzkammergut. Seine politische Kultur in der Ersten und Zweiten Republik, Ebensee 2024.

42 OBERTRESSEN 6, BAD AUSSEE

Hofmannsthal mit Jakob Wassermann (rechts) und Josef Redlich (links) in einer Wiese in Altaussee.

Bild: Freies Deutsches Hochstift

Reise

1 Obertressen 6 (Wohnhaus mit Gedenktafel), 8990 Bad Aussee
2 Schloss Ramgut, Ramgutstraße 18, 8990 Bad Aussee
3 Literaturmuseum Altaussee, Fischerndorf 61, 8992 Altaussee

Gegend

Bad Aussee als Kurstadt im steirischen Salzkammergut gilt als Hauptort des Ausseerlandes. Altaussee mit dem Salzbergwerk und den Salinen ist historisch aufgrund des Salzabbaus bedeutsam. 1868 wurde Aussee zum Kurort erklärt. Die zahlreichen Villen der Region zeugen vom Reichtum. Im neu gestalteten Literaturmuseum Altaussee kann man Sammlungsgegenstände und Texte von Hugo von Hofmannsthal, Friedrich Torberg und Jakob Wassermann besichtigen, im Sommer finden regelmäßig Lesungen statt. Das Literaturmuseum ist auch Ausgangspunkt eines literarischen Spaziergangs durch Altaussee (Via Artis), der eine unglaublich hohe Zahl an berühmten Künstlern und Schriftstellern erschließt. Eine Besichtigung wert ist auch der Friedhof von Altaussee mit dem Grab von Jakob Wassermann.

„SEELENLANDSCHAFT SALZKAMMERGUT“: HUGO VON HOFMANNSTHAL

Hugo von Hofmannsthal (1874–1929), einer der wenigen österreichischen Weltbürger des vergangenen Jahrhunderts, schöpfte über dreißig Sommer lang aus dem Ausseerland Kraft für sein literarisches Schaffen. Der Mitbegründer der Salzburger Festspiele und Autor des „Jedermann“ wurde von Antisemiten angefeindet, seine Familie und Freunde von den Nazis vertrieben, enteignet und ermordet.

Hofmannsthals Werk, Bedeutung und Einfluss auch nur ansatzweise zu würdigen, dazu fehlt hier der Platz. Brauchte doch das Freie Deutsche Hochstift 50 Jahre, um Hofmannsthals 1.100 Werke auf über 28.000 Druckseiten kritisch zu würdigen. Hofmannsthal, Gigant der österreichischen Literatur und Mitbegründer der Salzburger Festspiele, liebte das Ausseerland. Auch weitere Künstler und Gelehrte wie Emil Ertl, Frank Thiess, Sigmund Freud und andere fühlten sich hier zu Hause.

Hugo von Hofmannsthal wurde am 1. Februar 1874 in Wien geboren. Schon während seiner Schulzeit war er als Dichter erfolgreich –1896 wurde im „Simplicissimus“ die Erzählung „Das Dorf im Gebirge“ (Altaussee war gemeint) abgedruckt. Der dortige junge Redakteur war Jakob Wassermann, mit dem ihn künftig eine lange Freundschaft verbinden sollte. Hofmannsthals Aufenthalte im Ausseerland sind im Literaturmuseum Altaussee penibel dokumentiert: Schon als Bub besuchte er mit seinen Eltern Verwandte am Grundlsee, 1892 findet sich in den Ausseer Kurlisten ein „stud. phil.“ im Hotel „Erzherzog Franz Carl“ und 1894 ist der erste Aufenthalt beim „Seewirt“ in Altaussee dokumentiert. Der Student Hugo von Hofmannsthal hatte Kontakt mit den Familien Franckenstein, Oppenheimer oder Andrian in ihren repräsentablen Sommerfrische-Villen. Hofmannsthal hatte wie Andrian regen

Kontakt zu „Jung-Wien" um Arthur Schnitzler, Hermann Bahr, Richard Beer-Hofmann, Theodor Herzl, Stefan George, Felix Salten und Karl Kraus im Café Griensteidl in Wien.

1901 heiratete er Gertrud („Gerty") Schlesinger, sie bekamen drei Kinder, Christiane, Franz und Raimund. Die Familie lebte in Rodaun bei Wien, verbrachte die Sommerwochen in Grundlsee, in Aussee und 1907 in Altaussee, Puchen Nr. 111. Zwischen 1909 und 1918 bezogen sie ein bescheidenes Quartier in Obertressen Nr. 14, das „Stügergütl" (später: Gasthaus Stieger). Um ungestört schreiben zu können, wurde Hofmannsthal von Baronin Oppenheimer im nahe gelegenen „Ramgut" ein Arbeitsraum zur Verfügung gestellt. In einem Brief vom 25. August 1912 an Helene von Nostitz schrieb Hofmannsthal: „Ich liebe diese Landschaft so sehr, je älter ich werde, desto reicher wird sie mir, bin ich einmal ganz alt, so steigen in mir wohl aus den Bächen, den Seen und Wäldern die Kinderjahre wieder hervor!" Und in einem Brief vom 6. Juli 1914 an Eberhard von Bodenhausen: „So sitze ich auf meiner Waldbank unter einem Schirm von Cretton, darüber der Sommerhimmel zwischen den Bäumen hereinleuchtend – und bin, ich muss es mir gestehen, wo ich von allen Orten am liebsten, am meisten ich selber bin! Der Ort, die Einsamkeit, die innere Klärung bringen mir wie ein Spiegelbild heran, was auf der Welt mir am Herzen nahe ist …" Ab 1919 wohnte die Familie in Obertressen Nr. 6, bei Klawik vulgo Rabenkropf – auch hier erinnert eine Gedenktafel an Hugo von Hofmannsthal. In der Nähe steht noch immer die alte „Hofmannsthal-Linde".

Mit Richard Strauss, Max Reinhardt und anderen war Hofmannsthal Mitinitiator der Salzburger Festspiele. Sein „Jedermann" wurde 1920 zum ersten Mal vor dem Dom gespielt und ist bis heute das publikumswirksame Schauspiel der Salzburger Festspiele, sein Mysterienspiel „Das Salzburger große Welttheater" wurde 1922 in der Kollegienkirche aufgeführt. Reinhardt und Hofmannsthal wurden in der lokalen Antisemitenzeitung angefeindet, ihnen wurde die Entweihung des Sakralraums vorgeworfen. Mit Hofmannsthals „Welttheater" wurde am 13. August 1925 dann das Festspielhaus eröffnet. In enger Zusammenarbeit mit Richard

Hugo von Hofmannsthal mit seinem Sohn Raimund spazierend in Altaussee. Raimund beherbergte den Duke of Windsor, abgedankter Edward VIII. von England, mit seiner Frau Wally Simpson im Jahr 1937 am Familiensitz Schloss Kammer am Attersee. Im selben Jahr wurde das skurrile, den Diktator verherrlichende Paar von Adolf Hitler am Berghof in Berchtesgaden empfangen.

Bild: Freies Deutsches Hochstift

Strauss war Hofmannsthal Schöpfer einer neuen Form des Musiktheaters: „Elektra", „Der Rosenkavalier", „Ariadne auf Naxos", „Die Frau ohne Schatten" und „Die ägyptische Helena"; „Arabella" kam erst nach seinem Tod zur Aufführung. Zu Hofmannsthals Werk zählen auch Aufsätze, Essays und Reden, Erzählungen und Prosa, Romane und Theaterstücke.

In einem Brief an Leopold von Andrian aus dem Jahr 1926 schrieb Hofmannsthal: „Seit den großen, nie zu verschmerzenden Veränderungen sind mir diese Herbstmonate in Aussee das Wichtigste und Kostbarste vom ganzen Jahr." Der Suizid seines Sohnes

In Aussee, im Haus Obertressen 6, verbrachte Hugo von Hofmannsthal seine Sommerfrische. In Sichtweite befindet sich die zu Ehren des Dichters gepflanzte „Hofmannsthal-Linde".
Bild: Christian Strasser

Franz löste bei Hofmannsthal einen Gehirnschlag aus, er starb am Tag des Begräbnisses am 15. Juli 1929. Die Nazis schienen keine Schwierigkeiten mit Hofmannsthals Portfolio zu haben. „Arabella", die letzte Oper, die er mit Strauss schrieb, wurde im „Nazi-Sommer" 1933 in Dresden uraufgeführt, Aufnahmen von „Ariadne auf Naxos" entstanden 1935 in Berlin und 1944 in Wien. Die Beziehung von Richard Strauss zu den Nazis war wechselhaft: 1934 noch zum Reichsmusikkammer-Präsidenten bestellt, fiel er durch die Zusammenarbeit mit Stefan Zweig, der das Libretto für seine Oper „Die schweigsame Frau" schrieb, bei den Nationalsozialisten in Ungnade und wurde zum Rücktritt gezwungen. Dennoch nahmen die Nationalsozialisten Strauss in die Sonderliste der drei wichtigsten Musiker des „Dritten Reiches" auf.

Hofmannsthal musste nicht mehr erleben, dass die Festspiele im ersten NS-Herrschaftsjahr in Salzburg zu „Germanischen Weihespielen" werden sollten, von „artfremden Einflüssen" befreit. Folglich wurde sein „Jedermann" aus dem Programm genommen, weil er, der katholische Hofmannsthal, einen jüdischen Urgroßvater hatte. Zunächst war er offiziell als „Halbjude" eingestuft worden, was dann später „korrigiert" wurde. Im März 1938, kurz nach dem „Anschluss“ Österreichs, drangen Mitglieder der SA ins Salzburger Festspielhaus ein, wo sie Viktor Hammers Büste von Hugo von Hofmannsthal zerschlugen. Gerty, laut den Nürnberger Rassegesetzen „Volljüdin“, zog nach Wien, von wo sie 1939 nach England emigrieren musste. Das Vermögen der Hofmannsthals wurde von den Nationalsozialisten beschlagnahmt. In das Hofmannsthal-Schlössl in Wien, das sogenannte Fuchsschlössl, zog die regimetreue Heimatdichterin Maria Grengg ein. Das 1932 gekaufte Schloss Prielau nahe Zell am See war ebenfalls enteignet worden, trotz Versuchen Gertys, es an Verwandte und Freunde zu verschenken oder zu verkaufen. „Des Führers Lieblingsbildhauer“ Josef Thorak riss das Gebäude an sich, 1947 wurde es trotz heftiger Gegenwehr Thoraks restituiert.

Eng befreundet war „HVH“ auch mit Irene und Paul Hellmann, die in Altaussee ein Sommerhaus besaßen, und die die Gründung der Festspiele finanziell unterstützten. Paul war quasi Hofmannsthals „Vermögensberater“. Er starb 1938, nachdem er, frisch operiert, von der Gestapo verhaftet und misshandelt worden war. Er musste in Haft auf dem Boden sitzen und ständig wiederholen: „Ich bin ein dreckiger Saujud.“ Seine Frau flüchtete zum Sohn Bernhard nach Rotterdam. Mit der Besetzung der Niederlande schnappte auch hier die Falle zu. Als Juden mussten sie untertauchen. Bernhard wurde im Frühjahr 1943 verraten, ins Vernichtungslager Sobibor deportiert und dort 1943 noch vor seinem 40. Geburtstag ermordet, seine Mutter am Tag ihrer Ankunft in Auschwitz vergast. Hofmannsthals Schwager Fritz Schlesinger starb im KZ Dachau. (cs)

Literatur:

Hugo von Hofmannsthal und die Kultur im steirischen Salzkammergut: Zu einer Ausstellung anlässlich des 50. Todestages des Dichters. Marktgemeinde Bad Aussee in Zusammenarbeit mit dem Deutschen Literaturarchiv, Marbach/Neckar 1979.

Robert Vilain: Hofmannsthal und das ›Dritte Reich‹. Rezeption und fiktive Historie, in: Martin Skamletz, Thomas Gartmann (Hg.): Musikforschung der Hochschule der Künste Bern, Band 10. Bern 2018.

Gespräch des Autors mit Hofmannsthals Enkel Oktavian von Hofmannsthal im September 2023.

43 EHEMALIGE VILLA MUNK, BAD AUSSEE

Die ehemalige Villa von Aranka Munk in Bad Aussee.
Bild: Susanne Rolinek

Reise

Ehemalige Villa Munk, Markleite 78, 8990 Bad Aussee

Gegend

Bad Aussee als Zentrum des steirischen Salzkammerguts und Kurstadt bietet ein reiches kulturelles Angebot: Kammerhofmuseum, architektonische Sehenswürdigkeiten im Stadtzentrum mit seinen teils unter Denkmalschutz stehenden Gebäuden wie das Hoferhaus als ältestes Bad Ausseer Haus mit Grundmauern aus dem 8. Jahrhundert, Mauthaus, Meranhaus (Geburts- und Sterbehaus von Anna Plochl, Erzherzog Johanns Frau), Steinmühle mit Sgraffito aus dem 16. Jahrhundert, altes Bezirksgericht, Rathaus, Podenhaus, alte Schmiede aus dem 12. Jahrhundert, Kurmittelhaus, das alte Salinenspital mit ehemals protestantischer Kirche, die aus Wien stammende und ursprünglich autodynamisch angetriebene Uhr von Friedrich Lößl (Ingenieur, Erfinder und Flugpionier, lebte einige Jahre in Bad Aussee). Zudem vielfältiges ganzjähriges Veranstaltungsprogramm. Klassiker wie der Ausseer Fasching und das in Altaussee, Grundlsee und Bad Aussee stattfindende Narzissenfest Ende Mai/Anfang Juni. Solebad. Radrouten, Wanderungen (z. B. Via Artis), breites Angebot an Berg-, Kletter-, Mountainbike-, Skilanglauf-, Schneeschuh- und Skitouren rund um Bad Aussee, im Toten Gebirge und Dachsteingebirge.

„DAS BILD VOM ARMEN MITZERL": RAUB UND RESTITUTION

Aranka Munk, 1862 in Budapest in die berühmte jüdische Familie Pulitzer geboren, und ihr Mann Alexander hatten drei Töchter, Lili, Maria (auch Ria oder Mitzerl genannt) und Lola. Maria beging 1911 Suizid. Der Maler Gustav Klimt fertigte im Auftrag der Eltern posthum drei Porträts von Maria an. Das unvollendete Gemälde „Ria Munk III" nahm Aranka Munk nach der Scheidung von ihrem Mann mit in ihre Ausseer Villa. Dort wurde das Bild nach der Deportation und Ermordung von Aranka Munk geraubt.

Die Geschichte von Raub und Restitution begann im März 1938. Bereits am Abend des 11. März 1938, noch Stunden vor dem offiziellen „Anschluss" Österreichs an das Deutsche Reich und dem Einmarsch der deutschen Truppen, zogen rund tausend Hitler-Sympathisantinnen und -Sympathisanten im Rahmen „einer rasch inszenierten Freudenfeier" mit Fackeln durch Bad Aussee. Für Aranka Munk, Tochter Lola (Alexander Munk und die dritte Tochter Lili waren bereits vor 1938 verstorben) sowie andere von den Nazis als Jüdinnen und Juden klassifizierte Personen in Bad Aussee hingegen bedeute die NS-Machtübernahme Verfolgung und Raub ihres gesamten Vermögens. Die Gestapo beschlagnahmte die Villa Munk, die mit wertvollen Möbeln, Teppichen und Kunstwerken ausgestattet war. Aranka Munk durfte zwar noch weiter darin wohnen, hatte aber keine Verfügungsgewalt mehr über ihr Vermögen und die Villa einschließlich des darin befindlichen Inventars.

Im Mai 1938 teilte die Kurkommission Bad Aussee in der Zeitung „Alpenpost" mit, die Gemeinden hätten im Sinne der Verfügung der Gauleitung Steiermark dafür Sorge zu tragen, dass „der Aufenthalt von Volksgenossen in den Kurorten und Sommerfrischen der Steiermark in Zukunft nicht mehr durch die Anwesenheit von Juden gestört werde". Aranka Munk durfte im Jänner 1939,

Das „Bild vom armen Mitzerl", Gustav Klimt: Gemälde „Ria Munk III", 1917/18, unvollendet (Klimt starb vor der Fertigstellung im Februar 1918).
Bild: Fine Art Images/Heritage Images

als sie einer behördlichen Vorladung in Wien nachkommen musste, nicht mehr nach Bad Aussee zurück. Also bat sie ihren Hausverwalter, auf die Villa und besonders „auf das Bild vom armen Mitzerl" aufzupassen. Damit war das unvollendete Klimt-Gemälde „Ria Munk III" (Klimt starb 1918 kurz vor der Fertigstellung an der Spanischen Grippe) gemeint, das sich noch in der Villa befand.

Der Enkel des damaligen Hausverwalters erinnerte sich später noch gut daran, im Jahr 1942 das Gemälde im Stiegenhaus gesehen zu haben: „Da wir neugierig waren, gingen mein Großvater, meine Eltern und ich, als ca. neunjähriger Bub, um 1942 in die Villa Munk, um das Bild anzuschauen. Es war ein großes Bild – schätzungsweise 1,5 Meter hoch und circa 80 cm breit – und zeigte eine stehende Frau. Es war sehr flach und plastisch gemalt, und wirkte insgesamt unfertig. Das Gesicht war ausgeformt, aber der Körper schien sich in Beiwerk aufzulösen. Wir sind damals vor dem Bild gestanden und haben uns gewundert und darüber gelacht, dass es angeblich so wertvoll sein soll."

Am 19. Oktober 1941 deportierte die Gestapo Aranka und Lola Munk von Wien ins jüdische Ghetto im polnischen Lodz (während der deutschen Besatzung „Litzmannstadt"), wo Aranka Munk wenige Wochen später ums Leben kam. Lola wurde im September 1942 weiter ins polnische Vernichtungslager Chelmno (während der deutschen Besatzung „Kulmhof") in Polen deportiert und dort ermordet.

Das wertvolle Klimt-Gemälde „Ria Munk III" gelangte schließlich in den Besitz des umstrittenen Kunsthändlers Wolfgang Gurlitt, der in der Nachbarschaft von Aranka Munk in Bad Aussee gelebt hatte und nach 1945 weiter dort lebte. In den 1950er-Jahren verkaufte Wolfgang Gurlitt einen Teil seiner umfangreichen, auch aus „arisiertem" Vermögen stammenden Sammlung an die Stadt

Linz und wurde Direktor des nach ihm benannten Wolfgang-Gurlitt-Museums (heute „Lentos Kunstmuseum Linz"). Unter den Ankäufen befand sich auch „Ria Munk III". Hatte 1952 der Linzer Magistratsdirektor zu diesem Gemälde noch „Klimt jüdischer Besitz! Vorbehalt bis Klärung!" notiert, kaufte 1956 die Stadt das Gemälde trotzdem an. Das Klimt-Gemälde wurde zu einem Highlight des Museums.

Indessen hatten sich die Erbinnen und Erben nach Aranka und Lola Munk um die Restitution des geraubten Vermögens der beiden bemüht, der Standort des geraubten Klimt-Gemäldes „Ria Munk III" konnte trotz fieberhafter Suche aber nicht eruiert werden, da sich das Gemälde unter einem anderen Titel im Linzer Gurlitt-Museum befand. In den 2000er-Jahren starteten die Nachkommen der Munks einen neuerlichen Anlauf zur Suche nach dem geraubten Vermögen und kamen mit Unterstützung professioneller Provenienzforschung dem Gemälde auf die Spur. Doch die Stadt Linz als Betreiberin des Museums reagierte zunächst ablehnend auf die Restitutionsanfrage. Der Kunsthistorikerin Sophie Lillie gelang es, den oben zitierten Enkel des ehemaligen Hausverwalters von Munks Ausseer Villa, der das Gemälde eindeutig identifizieren konnte, ausfindig zu machen. 2009 restituierte das Museum Lentos schließlich das Klimt-Gemälde an die auf der ganzen Welt verstreuten rechtmäßigen Erbinnen und Erben. Andere Werke aus der Sammlung Aranka Munk sind allerdings bis heute verschollen. (sr)

Literatur:

Marie-Therese Arnbom: Die Villen vom Ausseerland. Wenn Häuser Geschichten erzählen, Wien 2021.

Lentos Kunstmuseum Linz: Zwischenbericht Provenienzforschung, Linz 2019.

Sophie Lillie: Was einmal war. Handbuch der enteigneten Kunstsammlungen Wiens, Wien 2003.

Thomas Trenkler: „Das Bild vom armen Mitzerl", in: Der Standard, 17.11.2008.

44 „SONNENHÄUSL", BAD AUSSEE

Nach polizeilicher Aufforderung, von ihrer geliebten Villa (Lerchenreith 110) in Bad Aussee nach Wien zu übersiedeln, um von dort deportiert werden zu können, schied Lilli Baitz freiwillig aus dem Leben.

Bild: Christian Strasser

Reise

1 „Sonnenhäusl", Lerchenreith 110, 8990 Bad Aussee
2 Literaturmuseum Altaussee, Fischerndorf 61, 8992 Altaussee

Gegend

Bad Aussee als Kurstadt im steirischen Salzkammergut gilt als Hauptort des Ausseerlandes. Altaussee mit dem Salzbergwerk und den Salinen ist historisch aufgrund des Salzabbaus bedeutsam. 1868 wurde Aussee zum Kurort erklärt. Die zahlreichen Villen der Region zeugen vom Reichtum. Im neu gestalteten Literaturmuseum Altaussee kann man Sammlungsgegenstände und Texte von Hugo von Hofmannsthal, Friedrich Torberg und Jakob Wassermann besichtigen, im Sommer finden regelmäßig Lesungen statt. Das Literaturmuseum ist auch Ausgangspunkt eines literarischen Spaziergangs durch Altaussee (Via Artis), der eine unglaublich hohe Zahl an berühmten Künstlern und Schriftstellern erschließt. Eine Besichtigung wert ist auch der Friedhof von Altaussee mit dem Grab von Jakob Wassermann.

LILLI BAITZ: JÜDISCHE PUPPEN IN TRACHT

Ihre kunsthandwerklichen Arbeiten waren von New York bis Berlin gefragt: Die konvertierte Jüdin Lilli Baitz arbeitete in Salzburg und Bad Aussee. Aufgrund ihrer jüdischen Herkunft wurde sie vom NS-Regime drangsaliert, ihre Firma „arisiert", ihre Arbeit für Propaganda ausgebeutet. Ihr Leben endete tragisch in Bad Aussee.

Lilli Baitz war die jüngste Tochter von Josef und Clara Schreiber, eines jüdischen, später zum Katholizismus konvertierten Paares. Vater Josef gründete Ende der 1860er-Jahre das erste Sanatorium in Aussee, was für die abgelegene Salzkammergut-Gemeinde den Beginn eines enormen Aufschwungs markierte. Das Unternehmer-Gen hatte Lilli auch von ihrer Mutter: Clara Schreiber versammelte Fürstinnen, Schauspieler, Autorinnen und Denker um sich und war Gründerin und erste Chefredakteurin der „Steirischen Alpenpost". Lilli hatte zwei Schwestern, Adele, eine Feministin und sozialdemokratische Reichstagsabgeordnete in der Weimarer Republik, und Ida, eine Künstlerin.

Mit ihrem Mann Roman gründete Lilli in Berlin ein Kunstgewerbeatelier. Für einen Weinhändler bastelte sie Figuren zu verschiedenen Weinsorten mit geschnitzten Kartoffelköpfen und Trachten aus der jeweiligen Region – das war der Beginn einer bemerkenswerten Karriere. Bestellungen großer Kaufhäuser und Firmen folgten: Karstadt in Hamburg, Harrod's in London, Herzmansky in Wien, Kaufmann's in Pittsburgh, die Schifffahrtsgesellschaft HAPAG und viele andere. Vielfach umfassten ihre Dekorationen ganze Szenen mit mechanischen Teilen, etwa Weihnachtslandschaften, Märchenszenen, Tier- und Fabelgeschichten.

Für die Deutsche Reichsbahn stellte das Atelier ab 1938 auch Propagandamaterial her, für die Filmfirma MGM wurden lebensgroße Figuren von Laurel und Hardy produziert, die 1934 in verschiedenen Berliner Kaffeehäusern als Gäste saßen, um den Film „Die Wüstensöhne" zu bewerben. Eine für ein Kaufhaus

Lilli Baitz und Adele Schreiber in Bad Aussee (1935).
Bild: Jüdisches Museum Hohenems, Nachlass Gudrun Schemell, A 2424, aus dem „Gedenkbuch Adele Schreiber"

hergestellte Weihnachtskrippe wurde in Bad Aussee derart bewundert, dass auch in der dortigen Kirche eine solche Krippe aufgestellt wurde (heute im Kammerhofmuseum Bad Aussee zu sehen). Die Nachfrage nach Trachtenpüppchen „Handmade by Baitz!" stieg, eine Werkstätte errichtete Baitz im Salzburger Stadtteil Parsch (Gaisbergstraße 12, 1923–1932). Nach dem Tod ihres Mannes 1930 kehrte Lilli Baitz nach Aussee zurück und ließ sich ein Häuschen, das „Sonnenhäusl" in Lerchenreith, errichten, in dem sie mit ihrer Freundin Paula Schmidl lebte. Sie hatte nun auch hier eine Werkstatt. Das Kunstgewerbeatelier L. & R. Baitz in Berlin führten langjährige Mitarbeiter, Lilli Baitz stand ihnen beratend zur Seite. Mit fortschreitendem Krieg nahmen Propagandaaufgaben zu, etwa eine Kriegsszene mit dem Titel „Dünkirchen".

In Bad Aussee war Baitz nach dem „Anschluss" 1938 zunehmend Antisemitismus ausgesetzt. Weil sie die Witwe eines „arischen" Ehemannes war, musste sie nicht von Beginn an schlimmste Repressalien ertragen, doch die Gestapo aus Linz forderte sie zum Beispiel auf, ihre Winterkleidung, „die sie nicht unmittelbar für den persönlichen Gebrauch benötigt", abzugeben.

Trotzdem wurde die Bedrohung für Baitz immer greifbarer. Bei einem Besuch ihrer Schwester Adele in der Schweiz, die längst aus Berlin geflüchtet war, beschwor diese Lilli vergebens, nicht wieder nach Bad Aussee zurückzukehren. Lillis Freundin Paula Schmidl bemühte sich in Briefen an die NS-Behörden darum, die alte Dame vor dem Schlimmsten zu bewahren, eine Zwangsübersiedelung nach Wien konnte sie so zumindest hinauszögern. Im August 1942 sollte Lilli Baitz jedoch tatsächlich deportiert werden. Sie wurde vorgewarnt und beging mithilfe eines befreundeten Arztes am 14. August 1942 Suizid.

Nach dem Krieg produzierten L. & R. Baitz Nachfolger noch bis in die Sechzigerjahre. Das Schicksal ihrer Namensgeberin war aber lange Zeit vergessen. Zuletzt gab es 2012 eine Ausstellung im Kammerhofmuseum Bad Aussee. (cs)

Literatur:
Gerda Leipold-Schneider: Baitz. Zwischen Fantasie und Repräsentation. Buch zur Ausstellung des Vorarlberger Landesmuseums und des Puppenmuseums Blons. Vorarlberger Landesmuseum 2005.

45 SALZBERGWERK ALTAUSSEE

Das Steinberghaus mit dem Stolleneingang des Salzbergwerks in Altaussee. Das Bergwerk diente ab 1943 als unterirdisches Depot für NS-Raubkunst aus ganz Europa und von Sammlungen österreichischer Museen.

Bild: Susanne Rolinek

Reise

Salzwelten Altaussee, Lichtersberg 25, 8992 Altaussee

Gegend

Rund um das Schaubergwerk am Lichtersberg Wanderwege (u. a. Via Salis). Nicht weit von der Talstation der Loser-Seilbahn und der Blaa-Alm entfernt, dem Ausgangspunkt für die Wanderung zum NS-Widerstandsstützpunkt „Igel“. Der im Tal am gleichnamigen See gelegene Luftkurort Altaussee bietet zahlreiche Sehenswürdigkeiten: Literaturmuseum und Theaterverein mit vielfältigem Veranstaltungsprogramm, spätgotische katholische Kirche, architektonisch interessante Sommerfrischevillen (viele während der NS-Zeit „arisiert“), Freiluft-Solegradieranlage im Ort, historische Mühlberg-Wassermühle, Burgruine Pflindsberg. Als Klassiker der alljährliche Altausseer Kirtag im September oder das in Altaussee, Grundlsee und Bad Aussee stattfindende Narzissenfest Ende Mai/Anfang Juni. Zahlreiche Wanderungen (z. B. Via Artis, Via Salis, LiteraTour, Seeumrundung, Traunuferweg), breites Angebot an Rad-, Berg-, Kletter-, Mountainbike-, Skilanglauf-, Schneeschuh- und Skitouren rund um Altaussee und im Toten Gebirge.

RAUBKUNST IM BERGWERK

Spätestens seit dem Hollywood-Blockbuster „Monuments Men" (2014) ist die Geschichte der im Altausseer Bergwerk gelagerten Raubkunst – wenn auch stark von den historischen Fakten abweichend – einem großen Bevölkerungskreis bekannt. Adolf Hitler selbst hatte den Raub und die Entziehung von Kunstwerken in ganz Europa befohlen. Ein Teil dieser wertvollen Raubkunst wurde in den Kriegsjahren aus Luftschutzgründen im Salzbergwerk Altaussee eingelagert. Im April 1945 wollte der zuständige Gauleiter August Eigruber die hier gelagerten Kunstschätze vernichten. Doch eine Gruppe Widerständiger und sogar SSler verhinderten diesen Plan.

Die nationalsozialistische Gewaltherrschaft beruhte unter anderem auf der systematischen Beraubung der vom „Dritten Reich" beherrschten Menschen, Regionen und Staaten. Jüdische, kirchliche, private und staatliche Kunstsammlungen wurden systematisch entzogen, von öffentlichen Institutionen und Privatpersonen übernommen oder auf dem internationalen Kunstmarkt verkauft.

Als im Verlauf des Krieges das deutsche Reichsgebiet zunehmend Ziel von alliierten Bombenangriffen wurde, ordnete die NS-Führung die Auslagerung von Kunstschätzen in bombensichere Depots an. Das Salzburgwerk Altaussee war im Jahr 1943 zum Bergungsort von wertvollen entzogenen Sammlungen und der Kunstsammlung des sogenannten „Sonderauftrags Linz", der Sammlung Adolf Hitlers für ein eigenes „Führermuseum" in Linz, bestimmt worden. Auch die Stollen des Salzbergwerks in Bad Ischl/Lauffen wurden ab November 1944 für die Kunstgüterbergung verwendet. Für die Wahl Altaussees und Lauffens war neben klimatischen Bedingungen im Bergwerk und den spezifischen geologischen Gegebenheiten vor allem die topografische Abgeschlossenheit ausschlaggebend gewesen. Das Bundesdenkmalamt in Wien übernahm die Organisation der Bergung wertvoller Raubkunst, darunter den berühmten Genter Altar oder die Madonna von Michelango.

Bergung von NS-Raubkunst im Winter 1943 im Altausseer Salzbergwerk. Auch im Salzbergwerk Lauffen bei Bad Ischl wurde ab 1944 Raubkunst deponiert.
Bild: Bundesdenkmalamt Wien

Die Rettung der Kunstschätze zu Kriegsende war untrennbar mit der politischen Entwicklung und dem Zusammenbruch des „Dritten Reichs" verbunden. August Eigruber, der als verantwortlicher Gauleiter auch für das während der NS-Zeit an „Oberdonau" (heute Oberösterreich) angeschlossene steirische Salzkammergut zuständig war, befahl, die Stollen und Depots des Salzbergwerks in Altaussee zu sprengen und die Kunstschätze zu vernichten. Sie sollten nicht in „feindliche" Hände fallen. Eigruber ließ Kisten mit Fliegerbomben in den Stollen bringen. Bergleute, Funktionäre der Salinen, Kunsthistorikerinnen und Kunsthistoriker sowie Angehörige der regionalen Widerstandsgruppe verhinderten die Sprengung und transportierten die Bomben in einer Nacht-und-Nebel-Aktion ab. Sogar führende SS-Funktionäre wie Wilhelm Höttl und Ernst Kaltenbrunner unterstützten die Rettung der Kunstschätze und erhofften sich dadurch von der US-Armee eine mildere Behandlung nach dem Ende des „Dritten Reichs". Nach der Befreiung des Ausseerlandes am 8. Mai 1945 und der Übernahme der Kontrolle über die regionalen Salzbergwerke versuchten eigens abgestellte Kunstoffizierinnen und Kunstoffiziere der US-Armee mithilfe von österreichischen Kunstsachverständigen, einen Überblick über die Situation zu erhalten und erste Pläne im Hinblick auf die Restitution zu entwerfen. Das nach der Befreiung durch die US-Armee angefertigte Altausseer Inventar listete ca. 6.000 Gemälde, hunderte Zeichnungen, Aquarelle, Grafiken, Plastiken, Waffen, Tapisserien und eine große Anzahl von wertvollen Büchern auf. Eigene Einheiten waren jahrelang damit beschäftigt, die Kunstgegenstände in eine zentrale Sammelstelle, den Münchner „Central Collecting

Point", zu transportieren und die rechtmäßigen Eigentümerinnen und Eigentümer auszuforschen. Manche Kostbarkeiten können bis heute nicht zugeordnet werden.

Die US-Armee übergab das Bergwerk in Altaussee 1946 an das österreichische Bundesministerium für Vermögenssicherung und Wirtschaftsplanung. In diesem Jahr konnten auch die ersten Gäste wieder das Schaubergwerk besichtigen. Heute sind die Salzwelten Altaussee eine beliebte touristische Attraktion, in der auch die Geschichte der hier eingelagerten Raubkunst ihren Platz hat. (sr)

Eine Restauratorin dokumentierte 1944/45 im Auftrag des Wiener Bundesdenkmalamts die im Altausseer Bergwerk gelagerte Raubkunst und andere dort geborgene Kunstwerke.
Bild: Bundesdenkmalamt Wien

Literatur:

Theodor Brückler: Gefährdung und Rettung der Kunstschätze im Altausseer Salzberg. Versuch einer kritischen Rekonstruktion, in: Eva Frodl-Kraft: Gefährdetes Erbe. Österreichs Denkmalschutz und Denkmalpflege 1918–1945 im Prisma der Zeitgeschichte, Wien/Köln/Weimar 1997, S. 363–379.

Robert M. Edsel, Bret Witter: Monuments Men. Die Jagd nach Hitlers Raubkunst, Salzburg 2009.

Katharina Hammer: Glanz im Dunkel. Die Bergung von Kunstschätzen im Salzkammergut am Ende des 2. Weltkrieges, Altaussee 1996.

Veronika Hofer (Hg.): Berg der Schätze. Die dramatische Rettung europäischer Kunst im Altausseer Bergwerk, Scharnstein 2006.

Helmut Kalss: Widerstand im Salzkammergut. Neue Aspekte, Univ.-Diss., Graz [2]2013.

Konrad Kramar: Mission Michelangelo. Wie die Bergleute von Altaussee Hitlers Raubkunst vor der Vernichtung retteten, Wien 2013.

Simon Schwartz: Verborgen im Fels. Der Berg, das Salz & die Kunst, Graphic Novel, Berlin 2024.

Anton Strobl: Die Jahre im Heimatgau des Führers. Eine regionalhistorische Dokumentation zur NS-Zeit im Ausseerland, Altaussee [2]2013.

Ein Dorf wehrt sich. Das Geheimnis von Altaussee. Ein Film von Gabriela Zerhau, 2019.

46 ALTAUSSEE 31

Gedenktafel am kürzlich im alten Stil neu errichteten ehemaligen „Geringer"-Haus in Altaussee, wo Broch von Oktober 1936 bis März 1938 wohnte.

Bild: Christan Strasser

Reise

1 Altaussee 31, 8992 Altaussee (Gedenktafel)
2 Literaturmuseum Altausse, Fischerndorf 61, 8992 Altaussee

Gegend

Bad Aussee als Kurstadt im steirischen Salzkammergut gilt als Hauptort des Ausseerlandes. Altaussee mit dem Salzbergwerk und den Salinen ist historisch aufgrund des Salzabbaus bedeutsam. 1868 wurde Aussee zum Kurort erklärt. Die zahlreichen Villen der Region zeugen vom Reichtum. Im neu gestalteten Literaturmuseum Altaussee kann man Sammlungsgegenstände und Texte von Hugo von Hofmannsthal, Friedrich Torberg und Jakob Wassermann besichtigen, im Sommer finden regelmäßig Lesungen statt. Das Literaturmuseum ist auch Ausgangspunkt eines literarischen Spaziergangs durch Altaussee (Via Artis), der eine unglaublich hohe Zahl an berühmten Künstlern und Schriftstellern erschließt. Eine Besichtigung wert ist auch der Friedhof von Altaussee mit dem Grab von Jakob Wassermann.

HERMANN BROCH: GEFANGEN IN BAD AUSSEE

In den Dreißigerjahren erkor der Wiener Schriftsteller Hermann Broch das Ausseerland zu seinem Schreiblabor. Am Tag nach dem „Anschluss", am 13. März 1938, wurde er aufgrund einer Meldung des Briefträgers, dass er eine russische Zeitschrift abonniert habe, im Gefängnis in Bad Aussee eingesperrt. Prominente wie Alfred Einstein und James Joyce setzten sich für ihn ein.

Broch, Sohn eines wohlhabenden jüdischen Textilfabrikanten, leitete nach dem Studium die Textilfabrik in Teesdorf. Diese ging Anfang der Dreißigerjahre pleite. Finanzklamm verbrachte der geschiedene Ehemann und Vater eines Sohnes die Sommer 1932 und 1933 schreibend in Gössl am Grundlsee. In einem Brief schrieb er: „Kennen Sie übrigens das Salzkammergut? Es ist wunderschön." Aus dem Jahr 1903 datiert sein erster Aufenthalt in der Gegend. Hier entstand das Drama „Die Entsühnung". Es folgten zwei Lustspiele: „Aus der Luft gegriffen" und „Es bleibt alles beim Alten", sowie Romane, Novellen und zahlreiche Gedichte.

1936 quartierte er sich in Altaussee (Nr. 31, in einem von der jüdischen Familie Geiringer gemieteten Bauernhaus) ein, das er von seiner Jugend her kannte. Hier arbeitete er Pfeife rauchend die Nächte durch. Er schrieb: „Bedauerlicherweise mag ich die hiesige Gegend nicht", und über die Bewohner: „So etwas von Gleichgültigkeit gegen das Weltelend ringsum … übrigens war der Österreicher immer so." Das Salzkammergut sah er im Gegensatz zu seinen früheren Eindrücken also durchaus ambivalent. Die Gegend inspirierte ihn möglicherweise zu den Landschaftsbeschreibungen in seinem Roman „Die Verzauberung". Während dieser Zeit traf er sich auch mit Robert Neumann, Friedrich Torberg und Jakob Wassermann.

Hier arbeitete er auch an seinem literarischen Hauptwerk „Der Tod des Vergil". Als Gegner des Totalitarismus setzte er sich gezielt für die Verteidigung der Menschenwürde und der Menschenrechte

Zum Namenstag in einer Zelle
Dem [illegible]
Sein Haftgeselle H. Broch 19. III. 38

„Betrunkene Horden, die bald Blut saufen werden" – der Wahl-Ausseer Hermann Broch schrieb in der NS-Haft im Bezirksgericht Bad Aussee seinen „Vergil" im Angesicht des Todes.
Bild: Literaturmuseum Altaussee

ein und formulierte die „Völkerbund-Resolution". Dem Machtstreben Hitlers und Stalins sollte Einhalt geboten werden. Er korrespondierte mit Thomas Mann, Aldous Huxley, Albert Einstein, mit Hofmannsthal, Kraus, Schnitzler, Schiele und vielen anderen. Mit der Romantrilogie „Die Schlafwandler" über den Zerfall der Werte und der Persönlichkeit verfasste er Anfang der 1930er-Jahre eines der wichtigsten Werke des europäischen modernen Romans.

Am 13. März 1938 wurde Broch aufgrund einer Meldung des Briefträgers, dass er eine russische Zeitschrift („Das Wort", Moskau) abonniert habe, von selbsternannten Ordnungskräften verhaftet und für 18 Tage im Gefängnis in Bad Aussee eingesperrt. Sein Zellengenosse war der spätere Altausseer Bürgermeister Josef Khälß. Während des Gefängnisaufenthalts konnte er seine Arbeit am „Tod des Vergil" mittels in die Zelle geschmuggelten Briefpapiers fortführen. Die Haft hatte Broch mit dem möglichen Tod konfrontiert. Es war ein Zustand, so schrieb er, „der mich zwingender und zwingender zur Todesvorbereitung, zu sozusagen privater Todesvorbereitung nötigte. Zu einer solchen entwickelte sich die Arbeit am Vergil ..." Der Trakt des Gefängnisses, in dem Broch einsaß und in dem rund 30 Seiten der Todesreflexionen entstanden, existiert heute nicht mehr.

Den Verdacht, er sei Kommunist, konnte Broch schließlich entkräften. Weil er in der Haft an Darmblutungen litt, wurde er Ende des Monats – auch dank der Interventionen des politisch verantwortlichen Regierungsrates Erich Dumann – entlassen und bemühte sich um seine Ausreise. Am 24. Juli 1938 verließ er mit Unterstützung von Prominenten Österreich in Richtung New York. In der Emigration begann Broch sich mit Massenpsychologie zu befassen und forschte intensiv über die „Massenwahntheorie". Er bemühte sich um Unterstützung für Flüchtlinge – darunter war auch sein Sohn. Seine Mutter kam im KZ Theresienstadt um.

Im Exil gefragt, ob er Heimweh habe, antwortete Broch, einmal noch in seinem Leben wolle er auf einer österreichischen Bergwiese liegen, das sei das Einzige, was ihn mit der Heimat verbinde. 1950 hatten ihn seine Freunde noch für den Nobelpreis nominiert. Broch starb im Jahr darauf, kurz bevor er nach Europa zurückkehren wollte. Ein Gedenkstein nahe Brochs Quartier in Altaussee, beim Haus Covington (kürzlich im alten Stil wiedererrichtet), erinnert an ihn. (cs)

Literatur:

Hermann Broch 1886–1951: Dichter wider Willen. Ein Lesebuch zur Ausstellung anläßlich des 100. Geburtstages. Schriftenreihe des Literatur- und Heimatmuseums Altaussee, Band 3. Altaussee 1986.

Florian Labitsch: Brochstücke. Der Schriftsteller Hermann Broch im kulturhistorischen Kontext des Ausseer Landes. Fischamend 2012.

47 WASSERMANN-VILLA, ALTAUSSEE

Heute ist Wassermanns ehemalige Villa (Fischerndorf 48), in der er starb, eine Attraktion am vielbegangenen Wanderweg in Altaussee.
Bild: Christian Strasser

Reise

1 Wassermann-Villa vulgo Villa Andrian (an der Via Artis, Künstler-Themenwege im Ausseerland), Fischerndorf 48, 8992 Altausee
2 Literaturmuseum Altaussee, Fischerndorf 61, 8992 Altaussee

Gegend

Bad Aussee als Kurstadt im steirischen Salzkammergut gilt als Hauptort des Ausseerlandes. Altaussee mit dem Salzbergwerk und den Salinen ist historisch aufgrund des Salzabbaus bedeutsam. 1868 wurde Aussee zum Kurort erklärt. Die zahlreichen Villen der Region zeugen vom Reichtum. Im neu gestalteten Literaturmuseum Altaussee kann man Sammlungsgegenstände und Texte von Hugo von Hofmannsthal, Friedrich Torberg und Jakob Wassermann besichtigen, im Sommer finden regelmäßig Lesungen statt. Das Literaturmuseum ist auch Ausgangspunkt eines literarischen Spaziergangs durch Altaussee (Via Artis), der eine unglaublich hohe Zahl an berühmten Künstlern und Schriftstellern erschließt. Eine Besichtigung wert ist auch der Friedhof von Altaussee mit dem Grab von Jakob Wassermann.

„ES KOMMT EINE FINSTERE ZEIT": JAKOB WASSERMANN

1922 erwarb der Schriftsteller Jakob Wassermann ein großes Grundstück mit Haus am Altausseer See. Neben Thomas Mann und Hermann Hesse war er der erfolgreichste Autor des S. Fischer Verlags gewesen, wurde 1933 aber auf die Liste der verbotenen Autoren gesetzt. Nach einem missglückten Telefonat mit seinem Verleger – es ging um einen Vorschuss – starb Wassermann, verarmt und psychisch gebrochen, am 1. Jänner 1934 an einem Herzinfarkt.

Die Auflagenzahlen seiner Bücher gingen in die Millionen: „Melusine" (1896), „Die Geschichte der jungen Renate Fuchs" (1900), „Caspar Hauser" (1907) und „Christian Wahnschaffe" (1919), um nur ein paar zu nennen, machten ihn zu einem der meistgelesenen deutschsprachigen Autoren der Weimarer Republik. Seine Lebenszeit von 1873 bis 1934 fällt mit der Zeitspanne zusammen, als Juden in Deutschland erstmals im Genuss der vollen Bürgerrechte waren. Wassermann blieb als Jude jedoch skeptisch, zu Recht, musste er doch den wachsenden Antisemitismus ertragen.

In München schloss der Sohn eines jüdischen Spielwarenfabrikanten Freundschaft mit Thomas Mann und Rainer Maria Rilke. Für die „Frankfurter Zeitung" übersiedelte er nach Wien, wo er sich der Autorengruppe „Jung-Wien" anschloss. 1901 heiratete er die exzentrische Julie Speyer, Tochter eines wohlhabenden Textilfabrikanten und Kaiserlichen Rates.

Die Sommer wurden häufig im Ausseerland verbracht, vorerst in Bad Aussee und in Grundlsee, ab 1903 wohnte die größer werdende Familie – bald hatten sie vier Kinder – in Altaussee, unter anderem in der „Filtsch-Villa" (heute von Klaus Maria Brandauer bewohnt). Wassermann: „So fand ich den Ort, an dem ich mich niederließ, das Tal im steirischen Gebirge, und diese Landschaft wurde mir zum Freund, wie ein Mensch zum Freund wird, nach jahrelanger Erprobung ..." In vielen Werken spielen die Altausseer Landschaft

Bestsellerautor Jakob Wassermann bei seiner von „Rosen, Efeu und Wein umrankten Villa“; im Sommer pendelte er zwischen Badestrand, Konditorei und Schreibtisch.
Bild: Literaturmuseum Altaussee

und die markanten Charakteristiken ihrer Bewohner eine bedeutende Rolle. Ein berühmter Ausspruch von Jakob Wassermann lautet: „Altaussee ist kein Dorf, sondern eine Krankheit, die man nie mehr loswird!“

Wassermann verfasste Werk um Werk und nahm bald einen festen Platz in der deutschen Literatur ein. Thomas Mann bezeichnete ihn als „Fabulierer von Geblüt und Instinkt – keiner unter uns ist es wie er“. 1915 lernte er bei den Wiener Nachbarn, der Familie Wellesz, Marta Stross kennen. Familie Stross wie auch Familie Wellesz urlaubten in Altaussee. Ab 1919 wohnten Jakob und seine neue Lebensgefährtin Marta, die ebenfalls literarische Ambitionen hatte, als Paar fast ganzjährig in Altaussee, im Winter in der „Filtsch-Villa“, im Sommer im „Gattererhaus“.

1922 erwarb Wassermann ein großes Grundstück mit Haus am Altausseer See, das mit der großzügigen Unterstützung eines befreundeten Wiener Bankiers in eine repräsentable Villa umgestaltet werden konnte. In der Villa am See hatte er seine bedeutendste Schaffensperiode. Seine fast 20 Romane – dazu kamen Essays, Novellen, Theaterstücke, Kriminalgeschichten – wurden Bestseller und in zahlreiche Sprachen übersetzt. Der Tod seines Freundes Hugo von Hofmannsthal war ein schwerer Schlag für ihn. Die gesellschaftliche Perspektive für Juden beurteilte er bereits 1921 in seinem autobiografischen Rückblick „Mein Weg als Deutscher und Jude“ vernichtend. „Vom gesellschaftlichen Standpunkt aus sind wir bereits heute vogelfrei“, so sein Fazit.

Die Ehe mit Julie Speyer wurde nach jahrelangen Prozessen erst 1926 geschieden, im gleichen Jahr heiratete er Marta Stross. Bis zu seinem Lebensende war Jakob Wassermann mit finanziellen Forderungen seitens seiner Ex-Frau konfrontiert. Auch sein verschwenderischer Lebensstil trug zu immer größer werdenden Finanzproblemen bei. Angesichts der finanziellen Sorgen riet ihm sein Verleger Samuel Fischer, „schneller zu schreiben". Längst lebte er von Vorschüssen.

1933 kam er dem Ausschluss aus der Preußischen Akademie der Künste durch seinen Austritt zuvor. Zudem wurde sein Name auf die umfangreiche Liste der verbotenen Autoren gesetzt, was seinen materiellen Ruin bedeutete, aber auch seine Hoffnungen auf eine Welt des Friedens ohne nationale Spannungen und ohne Rassenhass beendete: „Das ganze Leben stülpt sich um. Schwarze Drohung, – dass ich Aussee verliere. Tag und Nacht hängt dies wie eine Wolke über mir, dennoch ist es wohl unvermeidlich."

Jakob Wassermann verstarb in der Neujahrsnacht 1934 in Altaussee und wurde auch dort begraben. Im Dorf ging das Gerücht um, dass er seine lebenswichtige Diabetesspritze unbenutzt am Schreibtisch liegen lassen hatte. 1973 wurde, anlässlich seines 100. Geburtstages, der Weg zwischen dem „Gasthaus Schneiderwirt" und dem „Haus Hofwieser" „Jakob-Wassermann-Weg" benannt. (cs)

Literatur:

Anna-Katharina Stacher-Gfall: Jakob Wassermann und das Ausseerland. Bedeutung der Landschaft für Dichter und Werk. Im Auftrag des Literaturmuseums Altaussee. Fischamend 2008.

48 VOLKSSCHULE ALTAUSSEE

Als Kind besuchte Charlotte Lichtblau während ihrer Aufenthalte mit ihrer Familie in Altaussee einige Wochen die örtliche Volksschule.

Bild: Susanne Rolinek

Reise

Volksschule Altaussee, Fischerndorf 57, 8992 Altaussee

Gegend

Der am gleichnamigen See gelegene Luftkurort Altaussee, von Sandling, Loser und Trisselwand dominiert, bietet zahlreiche Sehenswürdigkeiten: Literaturmuseum und Theaterverein mit vielfältigem Veranstaltungsprogramm, spätgotische katholische Kirche, architektonisch interessante Sommerfrischevillen (viele während der NS-Zeit „arisiert"), Freiluft-Gradieranlage im Ort, historische Mühlberg-Wassermühle, das immer noch in Betrieb befindliche Salzbergwerk mit Schaubergwerk Salzwelten Altaussee, Burgruine Pflindsberg. Als Klassiker der alljährliche Altausseer Kirtag im September und das in Altaussee, Grundlsee und Bad Aussee stattfindende Narzissenfest Ende Mai/Anfang Juni sowie eine Seeüberquerung mit Schiff oder traditioneller „Plätte". Radrouten, Wanderungen (z. B. Via Artis, Via Salis, LiteraTour, Seeumrundung, Traunuferweg, Blaa-Alm als Ausgangspunkt für die Wanderung zum NS-Widerstandsstützpunkt „Igel"), breites Angebot an Rad-, Berg-, Kletter-, Mountainbike-, Skilanglauf-, Schneeschuh- und Skitouren rund um Altaussee und im Toten Gebirge.

CHARLOTTE LICHTBLAU UND DIE „AUSSEER KRANKHEIT"

Die Malerin, Kunstkritikerin und Kunsttherapeutin Charlotte Lichtblau litt nach ihrer Vertreibung aus Österreich 1938 an einer bestimmten Art von Heimweh: der „Ausseer Krankheit". 1925 in Wien in eine assimilierte jüdische Familie geboren, verbrachte sie als Kind nicht nur viele Sommer- und Winterurlaube in Altaussee, sondern besuchte hier auch für einige Wochen die Volksschule. 1938 war es vorbei mit der Idylle, die Familie musste fliehen.

„Altaussee ist kein Dorf, sondern eine Krankheit, die man nie mehr los wird!" Dieser Spruch stammt vom Schriftsteller Jakob Wassermann (1873–1934), der mit seiner zweiten Frau Marta – ebenfalls Schriftstellerin – ab 1919 in Altaussee lebte.

Auch Charlotte Lichtblau, geb. Adelberg, litt an dieser Krankheit. Schon Lichtblaus Großeltern hatten die Sommer in Altaussee verbracht, Lichtblaus Eltern folgten der Tradition. Mit zwölf Jahren malte Charlotte Lichtblau ihr erstes Bild in Altaussee. „Hier in Altaussee habe ich sehen, das heißt malen, gelernt, indem ich stunden , ja tagelang die Trisselwand anschaute. Und dabei habe ich begriffen, was Form ist", erzählte sie Jahrzehnte später der in Altaussee lebenden Autorin Barbara Frischmuth, mit der sie privaten Kontakt hatte.

Dass es hinter der idyllischen Kulisse politisch brodelte, war Charlotte Lichtblau schon in den Jahren des Austrofaschismus bewusst, schließlich hatte die Familie im Juli 1934 die Auswirkungen des Naziputsches im Salzkammergut erlebt und wusste über die Aktivitäten der Altausseer NSDAP-Mitglieder Bescheid. Auch der Antisemitismus war allgegenwärtig. Zudem war die Kluft zwischen der Ausseer Bevölkerung und „den Leuten aus der Stadt" immer spürbar.

Nach dem „Anschluss" im März 1938 konnte Charlotte Lichtblau von Wien aus mit ihren Eltern und ihrer Schwester zunächst

Charlotte Lichtblau mit ihrer Mutter, Ende 1920er-Jahre.
Bild: Archiv Albert Lichtblau

nach Kroatien und von dort nach Großbritannien flüchten. Indessen war in Altaussee unter anderem Hans Kain, Leiter der von Lichtblau besuchten Volksschule in Altaussee und Nazigegner, verhaftet worden.

Im Jänner 1940 kam Lichtblau mit ihrer Familie erschöpft und völlig verarmt in den USA an. Lichtblaus Vater versuchte verzweifelt, in Europa zurückgebliebene Angehörige in die USA zu retten, doch vergeblich – ein Teil der Familie überlebte die NS-Verfolgung nicht. Charlotte Lichtblau begann in New York eine Ausbildung, um Modezeichnerin zu werden. Mit knapp 19 Jahren heiratete sie, ihr Mann Hans (John) wurde als US-Soldat nach Europa geschickt. Nach Kriegsende arbeitete Lichtblaus Ehemann für den US-Geheimdienst in Deutschland und sammelte Beweise für die Nürnberger Prozesse. Charlotte Lichtblau folgte ihrem Mann nach Deutschland. 1947 besuchte sie das erste Mal seit ihrer Vertreibung 1938 wieder Altaussee, wo sie das ehemalige Dienstmädchen Mitzi traf, das in Altaussee geblieben und einen Ortsansässigen geheiratet hatte. Auch auf andere Altausseerinnen und Altausseer, darunter ehemalige Nazis, traf sie. „Weird" sei das alles gewesen, erinnerte sich Charlotte Lichtblau. „Stones that know" („Wissende Steine") nannte sie viele Jahre später eines ihrer Gemälde, das sich mit den Geistern der Vergangenheit, die das Ausseerland bevölkern, und den Opfern der Nazizeit auseinandersetzte.

Dunkle Seen, schroffe Berge, sanfte Wiesen, Blumen, Landschaftsstrukturen, Lichtverhältnisse, Brauchtumsfeste, aber auch die Schatten der Vergangenheit – das alles hatte sich Lichtblau unauslöschbar eingeprägt. Trotz der Vertreibung aus dem Ausseerland wollte sie sich diese Region nicht nehmen lassen, sie kam immer wieder hierher zurück und hielt sich länger in Altaussee auf. Es war ihre „Landscape of the soul", die auch in ihren expressionistischen Gemälden Niederschlag fand. Mittlerweile in den USA als Malerin, Kunstkritikerin und Kunsttherapeutin sehr bekannt, wurden im Jahr 2002 ihr Leben und ihr Werk auch im Ausseerland mit einer Ausstellung und einem Symposion gewürdigt. Zehn Jahre später starb Charlotte Lichtblau in den USA. (sr)

Charlotte Lichtblau in ihrem New Yorker Atelier mit einem von der Altausseer Landschaft inspirierten Gemälde.
Bild: Albert Lichtblau

Edith Kramer

Unweit von Altaussee, am Grundlsee, verbrachte die ein paar Jahre vor Lichtblau in Wien geborene Edith Kramer (1916–2014) mit ihrer Mutter ihre Sommerferien bei ihrer Tante, der Schauspielerin Elisabeth Neumann-Viertel (1900–1994). Diese hatte einen Kreis von liberalen Psychoanalytikerinnen und Psychoanalytikern um sich geschart. Kramers Onkel war übrigens der Schriftsteller Theodor Kramer (1897–1958). Edith Kramer begann nach ihrer Matura, die sie an der Reform-Schule von Eugenie Schwarzwald abgelegt hatte, ein Kunststudium in Wien und Prag. 1938 floh sie in die USA und ließ sich in New York nieder. 1943 hatte sie ihre erste Ausstellung in der New York Public Library. Nach 1945 kehrte Edith Kramer als Malerin und Kunsttherapeutin zurück ins steirische Salzkammergut, verbrachte immer wieder mehrere Wochen auf einer Almhütte oberhalb des Grundlsees und schuf dabei unzählige Bilder. Auch Edith Kramers Werk wurde mit zwei Ausstellungen in Bad Aussee (2005 und 2016) gewürdigt. Sie starb 2014 am Grundlsee.

Literatur:

Albert Lichtblau: Ursprung und Transformation. Leben und Werk der Malerin Charlotte Lichtblau / Origin & Transformation. Life and Art of the Painter Charlotte Lichtblau, Graz 2005.

Anton Strobl: Die Jahre im Heimatgau des Führers. Eine regionalhistorische Dokumentation zur NS-Zeit im Ausseerland, Altaussee ^{2}2013.

Charlotte Zwiauer (Hg.): Edith Kramer. Malerin und Kunsttherapeutin wischen den Welten, Wien 1997.

49 HOTEL AM SEE, ALTAUSSEE

Das Hotel am See der Familie Frischmuth in Altausee, dessen Miteigentümer Edith Hauer-Frischmuths Mann Ludwig war. Hier lebte sie zum Teil während der NS-Zeit und bespitzelte in den Hotelräumen hohe NS-Funktionäre, um die Informationen Angehörigen des örtlichen Widerstands weiterzugeben.

Bild: Susanne Rolinek

Reise

Hotel am See, Fischerndorf 2, 8992 Altaussee

Gegend

Der am gleichnamigen See gelegene Luftkurort Altaussee, von Sandling, Loser und Trisselwand dominiert, bietet zahlreiche Sehenswürdigkeiten: Literaturmuseum und Theaterverein mit interessantem Veranstaltungsprogramm, architektonisch interessante Sommerfrischevillen (viele während der NS-Zeit „arisiert"), Freiluft-Gradieranlage im Ort, historische Mühlberg-Wassermühle, das immer noch in Betrieb befindliche Salzbergwerk mit Schaubergwerk Salzwelten Altaussee, Loser-Seilbahn, Burgruine Pflindsberg. Als Klassiker der alljährliche Altausseer Kirtag im September und das in Altaussee, Grundlsee und Bad Aussee stattfindende Narzissenfest Ende Mai/Anfang Juni sowie eine Seeüberquerung mit Schiff oder traditioneller „Plätte". Radrouten, Wanderungen (z. B. Via Artis, Via Valis, LiteraTour, Seeumrundung, Traunuferweg, Blaa-Alm als Ausgangspunkt für die Wanderung zum NS-Widerstandsstützpunkt „Igel"), breites Angebot an Rad-, Wander-, Berg-, Kletter-, Mountainbike-, Skilanglauf-, Schneeschuh- und Skitouren rund um Altaussee und im Toten Gebirge.

EINE „GERECHTE UNTER DEN VÖLKERN"

Seit 1953 zeichnen der Staat Israel und die israelische Gedenkstätte Yad Vashem sogenannte „Gerechte unter den Völkern" aus. Dies waren Menschen, die sich während der NS-Zeit unter eigener Lebensgefahr und ohne Gegenleistung für die Rettung von Jüdinnen und Juden einsetzten, sie versteckten, mit Lebensmitteln versorgten, ihnen gefälschte Papiere verschafften und Deportationen verhinderten. Edith Hauer-Frischmuth war eine von ihnen.

Hauer-Frischmuth, 1913 in Wien geboren, jubelte Hitler nicht zu, als er sich im März 1938 in Wien als „Führer" feiern ließ. Auch empörte sie, wie SA und SS mit politisch Andersdenkenden sowie Jüdinnen und Juden umgingen. Und durch die rassistische Politik der Nazis wurde ihr erst bewusst, dass ihre Großmutter väterlicherseits Jüdin gewesen war. Hauer-Frischmuth galt nun im Sinne der rassistischen NS-Gesetze als „Vierteljüdin".

Persönliche Konsequenzen spürte sie zunächst kaum. Die Ehe mit einem „Arier" war für sie nicht verboten, also konnte sie 1939 ohne Probleme Ludwig Frischmuth heiraten, der als Arzt im Wiener Wilhelminenspital arbeitete und Mitbesitzer des Hotels am See in Altaussee war. Die Jungvermählten blieben zunächst in Wien, auch als ihre drei Kinder geboren wurden. Das Verhältnis zwischen Hauer-Frischmuth und der Altausseer Stammfamilie ihres Ehemanns war von Anfang an distanziert und problematisch. Einerseits ging durch die Altausseer Frischmuths selbst ein ideologischer Riss – die sozialistischen, christlichsozialen bzw. austrofaschistischen und großdeutschen Familienmitglieder hatten durchaus Probleme miteinander. Andererseits war Hauer-Frischmuth privat nicht unschwierig, konfliktfreudig und verteilte Ohrfeigen, wenn sie sich missverstanden oder ungerecht behandelt fühlte. Auch Barbara Frischmuth, die Nichte von Edith Hauer-Frischmuth, war davon betroffen. In ihrem Roman „Einander Kind" beschäftigte sie sich unter anderem mit der Lebensgeschichte ihrer Tante in

Grab von Edith Hauer-Frischmuth am Altausseer Friedhof.
Bild: Susanne Rolinek

Verbindung mit ihrer eigenen Familiengeschichte.

Ungeachtet der persönlichen Konflikte war Edith Hauer-Frischmuth eine mutige Frau, die während der NS-Zeit in Wien unter Lebensgefahr Kontakt zu Widerstandszellen aufbaute, um Jüdinnen und Juden zu helfen und sie vor Verfolgung und Deportation zu retten. Zugute kam ihr, dass ein Bekannter ihres Mannes als SSler bei der Gestapo arbeitete, und so täuschte sie immer wieder Gründe vor, um das Gestapobüro zu besuchen. Bei diesen Besuchen entwendete sie Stempel und Ausweispapiere und gab sie an die Widerstandszellen in Wien weiter. Diese stellten gefälschte Papiere für von Verhaftung oder Deportation bedrohte Personen her. Mit den gefälschten Papieren gelang es oftmals, die bedrohten Personen über die Grenze ins sichere Ausland zu bringen.

Die mutige Frau versteckte in ihrer Wohnung auch selbst bedrohte Personen, darunter Monika Taylor, die Hauer-Frischmuth ab 1942 heimlich hier unterbrachte und ihr gefälschte Ausweispapiere verschaffte. Taylor war eines jener sogenannten „U-Boote", die verborgen bzw. mit falscher Identität die NS-Zeit überleben konnten (siehe auch das Kapitel „Else Bergmanns Leben als ‚U-Boot'"). Hauer-Frischmuth nahm Taylor im Sommer 1943 sogar mit nach Altaussee, um sie besser schützen zu können. Diese Widerstands- und Rettungsaktionen Edith Hauer-Frischmuths sind durch diverse Unterlagen im Dokumentationsarchiv des österreichischen Widerstandes sowie Aussagen von Zeuginnen und Zeugen belegt. Auch Barbara Frischmuths Mutter erinnerte sich daran, dass ihre Schwägerin ihr in Wien versteckte jüdische „U-Boote" gezeigt hatte.

Im Mai 1944 ging Hauer-Frischmuth mit ihren drei Kindern dauerhaft nach Altaussee. Im Hotel am See trafen sich in den letzten Monaten vor Kriegsende SS-Männer und hochrangige

NS-Funktionäre aus dem gesamten Deutschen Reich. Hauer-Frischmuth zechte mit diesen Männern und horchte sie aus. Es war eine schwierige Gratwanderung zwischen Anbiederung, Bespitzelung und Lebensgefahr, doch die dadurch gewonnenen Informationen gab Hauer-Frischmuth an Gegnerinnen und Gegner der NS-Diktatur im Ausseerland weiter. Ob sie unmittelbar vor und während der Befreiung vom NS-Regime im Ausseerland eine führende Rolle im Widerstand innehatte oder eine von vielen Widerständigen in der Region war – darüber gingen die Meinungen der ehemaligen Widerstandskämpferinnen und -kämpfer und gehen jene der Fachleute auseinander.

Unter Berücksichtigung der Formen des Widerstands – von hochorganisiert und öffentlich (z. B. Flugblatt- und Unterschriftenaktionen) über hochorganisiert, aber eher verborgen (z. B. Nachrichtenübermittlung), bis niedrig organisiert und öffentlich (z. B. Regimekritik, Verweigerung von Grußformen) bzw. niedrig organisiert und eher verborgen (z. B. Schwarzschlachtungen, individuelle Kontakte mit Nazis zum Zweck der Bespitzelung) – war Hauer-Frischmuth zweifellos eine Widerstandskämpferin. Nach 1945 wurden diese mutigen Frauen jedoch oftmals ins Private zurückgedrängt, ihre Leistungen vergessen; so auch bei Edith Hauer-Frischmuth. Spät, aber doch ehrten die israelische Regierung und die Gedenkstätte Yad Vashem Hauer-Frischmuth 1998 als eine „Gerechte unter den Völkern". Die Zeremonie fand in Wien statt. Auf der Ehrenmedaille ist zu lesen: „Wer ein einziges Leben rettet, rettet die ganze Welt". (sr)

Literatur:

Barbara Frischmuth: Einander Kind, Salzburg/Wien 1990.

Helmut Kalss: Edith Hauer-Frischmuth. Eine ruhmlose Heldin, in: Raimund Bahr: Für Führer und Vaterland. Das Salzkammergut 1938–1945, Wien/St. Wolfgang 2008.

Helmut Kalss: Widerstand im Salzkammergut, Neue Aspekte, Graz, Univ.-Diss., ^{2}2013.

Righteous Among the Nations honored by Yad Vashem, Austria, auf: https://www.yadvashem.org/yv/pdf-drupal/austria.pdf, aufgerufen am 8.1.2024.

50 VILLA KARAJAN, GRUNDLSEE

Die Villa Karajan im Ortsteil Mosern in Grundlsee.
Bild: Susanne Rolinek

Reise

Villa Karajan, Mosern 24, 8993 Grundlsee

Gegend

Der am gleichnamigen See gelegene Ort Grundlsee am Fuß des Toten Gebirges und seine Umgebung bieten interessante Einblicke in den regionalen Kulturraum: Reste der Seeklause direkt am Beginn des Grundlsees oder die denkmalgeschützte Toplitzklause am Toplitzsee und der Mitte des 16. Jahrhunderts künstlich angelegte Triftkanal vom Kammersee zum Toplitzsee als Zeugnisse der ehemaligen Holztrift über den Wasserweg bis Bad Aussee. Das Holz wurde als Rohstoff für die Befeuerung der Sudpfannen bei der Salzproduktion verwendet. Der „Kaiserliche Stall" als Veranstaltungsraum. Wanderwege zu architektonisch interessanten Sommerfrischevillen (viele während der NS-Zeit „arisiert"), die entlang der Via Artis zu sehen sind, und zur Ranftl- und Schachnermühle. Klassiker wie das in Grundlsee, Altaussee und Bad Aussee stattfindende Narzissenfest Ende Mai/Anfang Juni sowie eine Seeüberquerung mit Schiff oder traditioneller „Plätte". Zahlreiche Rad- und Wanderrouten (u. a. zum Toplitz- und Kammersee, Archäo- und GeologieTrail), breites Angebot an Berg-, Kletter-, Mountainbike-, Skilanglauf-, Schneeschuh- und Skitouren rund um Grundlsee und im Toten Gebirge, Wassersport. Mini-Skigebiet in Zloam.

DER ÜBEREIFRIGE DIRIGENT, DER ZWEI MAL DER NSDAP BEITRAT

Am Grundlsee befindet sich die Villa Karajan, die Herbert von Karajans Großvater 1880 errichten ließ. In dieser Familienvilla hielt sich der 1908 in Salzburg geborene international bekannte Dirigent Heribert Adolf Ernst von Karajan, Künstlername Herbert von Karajan, immer wieder auf. Deutschnational und antisemitisch gesinnt, trat der Dirigent 1933 gleich zwei Mal der NSDAP bei.

Karajans antisemitische und deutschnationale Gesinnung zeigte sich schon während der Schulzeit, als er der schlagenden Alldeutschen Gymnasialverbindung Rugia beitrat. In den Studienbüchern der Universität Wien 1927 und 1928 vermerkte er bereits explizit, dass er „(Deutsch)Arier" bzw. „Arisch" sei. Im April 1933 trat er in Salzburg der NSDAP bei, verließ aber kurz darauf Salzburg für ein Engagement in Ulm. Dort meldete sich Karajan im Mai 1933 bei der NSDAP-Ortsgruppe und trat ein zweites Mal der Partei bei. Schließlich wurden das ältere Salzburger Eintrittsdatum und die ältere Mitgliedsnummer gestrichen, da Karajan in Salzburg keine Mitgliedsbeträge mehr einzahlte, sondern nur mehr in Ulm.

1935 übernahm Karajan die Stelle als Generalmusikdirektor in Aachen und dirigierte am 20. April Wagners „Tannhäuser" zu Ehren von Hitlers Geburtstag. Im November 1938 wurde er von Göring an die Berliner Oper berufen. Am 20. April 1939, zu Hitlers 50. Geburtstag, ernannte der „Führer" Karajan auch zum Staatskapellmeister. Zudem arbeitete der Dirigent im Auftrag des Berliner Reichspropagandaamtes und stellte sich der Auslandspropaganda zur Verfügung, es folgten in diesem Zusammenhang Propagandaauftritte in Athen, Madrid, Rom und Paris. Aufgrund seiner „maßlosen Forderungen", wohl auch finanzieller Natur, lief im Juni 1942 sein Vertrag an der Berliner Staatsoper aus. Auch hatte sich sein langjähriger „Erzfeind" Wilhelm Furtwängler, seit 1933 Vizepräsident der nationalsozialistischen Reichsmusikkammer, in

Herbert von Karajan im Jahr 1946. Zu dieser Zeit war Karajan mit seiner Frau Anita in der Villa am Grundlsee gemeldet, übersiedelte dann aber nach Salzburg.

Bild: Österreichische Nationalbibliothek

Stellung gebracht, um Karajans Macht zu verringern und selbst wieder Hitlers „Lieblingsdirigent" zu werden. Karajans Agent Rudolf Vedder, ein SS-Angehöriger, war schon zuvor wegen Unzuverlässigkeit aufgefallen und wurde kurze Zeit später aus der NSDAP ausgeschlossen.

Einige Monate nach diesem Machtkampf mit Furtwängler heiratete Karajan im Oktober 1942 Anita Gütermann, „Mischling 2. Grades", wie es im NS-Jargon hieß. Ehen zwischen „arischen" Personen und „Mischlingen 2. Grades" waren nicht verboten. Anita stammte aus der Nähseiden-Dynastie Gütermann, die während der NS-Zeit gute Geschäfte mit SA und SS machte, wenn auch ein anderer Familienzweig der Gütermanns sein Vermögen durch die NS-Verfolgung verlor. Anita Gütermann hatte gute Kontakte zu hohen NS-Funktionären und suchte auch persönlichen Kontakt zu Propagandaminister Joseph Goebbels, um ihn von der geplanten Heirat zu überzeugen und zugleich Karajans Karriere zu unterstützen. Goebbels war Gütermann und Karajan wohlgesinnt, der Dirigent durfte auch NSDAP-Mitglied bleiben und übernahm die Leitung des Reichs-Bruckner-Orchesters in Linz, das zu einem führenden Orchester des „Dritten Reichs" aufgebaut werden sollte. Im August 1944 wurde Herbert von Karajan in Hitlers und Goebbels' sogenannte „Gottbegnadeten"-Liste aufgenommen. Darin waren rund tausend regimetreue Künstler und einige wenige Künstlerinnen verzeichnet, die von Wehr- und Arbeitsdienst befreit waren.

Im Februar 1945 setzte sich Herbert von Karajan mit seiner Frau nach Italien ab und erlebte dort das Ende des Zweiten Weltkriegs, kehrte aber schon 1946 wieder nach Salzburg zurück. Er wirkte (trotz offiziellen Dirigierverbots wegen seiner NS-Vergangenheit) bereits wieder hinter der Bühne der Salzburger Festspiele und studierte mit dem Ensemble den „Figaro" ein. Karajan fehlte nicht nur jedes Unrechtsbewusstsein zu seiner Rolle während der NS-Zeit. Im Zuge des Entnazifizierungsverfahrens erklärte er sogar, „1935 oder 1936" von den Nazis zur Parteimitgliedschaft gezwungen worden zu sein, und „zwar nach mehrmaliger dringender Aufforderung zuletzt auf ausdrückliches Verlangen". Weiters beharrte er darauf, nach der Heirat mit Anita Gütermann aus der NSDAP ausgetreten zu sein. Beide Behauptungen wurden nachweislich (und mehrfach) widerlegt.

Wiederholt machten Kritikerinnen und Kritiker auf die Widersprüche in Karajans Aussagen aufmerksam. Bis in die 1980er-Jahre vergeblich. Der international gefeierte Dirigent reagierte scharf auf Kritik an seiner auf Hochglanz polierten und auf Lügen und Beschönigungen konstruierten Vita. Erst im Zuge des österreichischen Gedenkjahrs 1988 und vor allem nach Karajans Tod 1989 erreichten Recherchen zu seiner Rolle während der NS-Zeit eine breitere Öffentlichkeit.

Im Folder zur Via Artis Grundlsee, einem Wanderweg auf den Spuren von Künstlerinnen und Künstlern in der Region, ist von diesen mittlerweile klar belegten Aspekten zu Herbert von Karajans Leben aber nichts zu finden. Die Villa Karajan ist zwar der zweite Wegpunkt der Via Artis, in diesem Folder sucht man bzw. frau aber vergeblich nach einem Hinweis auf die NS-Aktivitäten des Dirigenten ab 1933. (sr)

Literatur:

Die Stadt Salzburg im Nationalsozialismus. Herbert-von-Karajan-Platz, auf: https://www.stadt-salzburg.at/fileadmin/landingpages/stadtgeschichte/nsprojekt/strassennamen/biografien/karajan_herbert_von-v1.pdf, aufgerufen am 8.1.2024.

Michael H. Kater: Die mißbrauchte Muse. Musiker im Dritten Reich, München/Zürich 2000.

Oliver Rathkolb: Führertreu und gottbegnadet. Künstlereliten im Dritten Reich, Wien 1991.

Peter Uehling: Karajan. Eine Biographie, Reinbek 2006.

51 VILLA ROTH, GRUNDLSEE

Vor dem „Anschluss" war der Grundlsee das Sammelbecken der europäischen Intelligenz – von Psychoanalytikern wie Wilhelm Reich, Dichtern wie Hugo von Hofmannsthal und Jakob Wassermann sowie Hermann Broch. Gegen Kriegsende zogen die größten Verbrechergestalten der Nazis in die geraubten Seevillen ein. Im Bild die Villa Roth am Grundlsee, Wohnort der Familie Goebbels.

Bild: Christian Strasser

Reise

Schloss Grundlsee, Gößl 27, 8993 Grundlsee

Gegend

Der Grundlsee ist nach wie vor eine der Sehnsuchtsgegenden der städtischen Bevölkerung Österreichs und ausländischer Besucher. Sehr geschätzt wird die insulare Brauchtums- und Bekleidungskultur des Sees am Südende des Toten Gebirges. Baden, Tauchen, Segeln, Ausflugsschifffahrt, Ausstellungen und Veranstaltungen im „Kaiserlichen Stall" in Grundlsee. Ausflug zum Toplitzsee.

JÜDISCHER SEHNSUCHTSORT UND NAZIMÜLLPLATZ

Vor dem „Anschluss" war der Grundlsee das Sammelbecken auch der jüdischen europäischen Intelligenz – von Psychoanalytikern wie Wilhelm Reich, Dichtern wie Hugo von Hofmannsthal und Jakob Wassermann sowie Hermann Broch, der hier 1938 verhaftet wurde. Gegen Kriegsende zog eine andere „Gästeschicht" in die geraubten Seevillen ein. Nicht um Urlaub zu machen, sondern um ihre Existenzen zu retten: die größten Verbrechergestalten der Nazis mit ihren Familien, Geliebten und geraubtem Gold – von Kaltenbrunner bis Eichmann.

Der Grundlsee: Traumlandschaft und Großstädter-Paradies, Sommerheimat der Kunstmäzenaten-Familie Mautner aus Böhmen und der Sommerschule der legendären Eugenie Schwarzwald, in welcher der spätere Widerständler gegen Hitler Helmuth James von Moltke Quartier nahm, Herzensheimat der Schauspielerin Elisabeth Neumann-Viertel, von Theodor Herzl, Gustav Mahler, Sigmund Freud und vieler anderer jüdischer Denker, die diesen Kulturraum schwelgerisch erkundeten und in ihren Arbeiten verewigten. Oft ging es auch darum, in die Tracht zu schlüpfen und damit in eine neue, „nichtjüdische" Identität. Als diese Welt für die Juden zusammenbrach – für Jakob Wassermann durch Verbrennung und Verbot seiner Bücher in Deutschland –, verschwanden hoffnungsvolle Existenzen. Wassermann starb am 1. Januar 1934 physisch und psychisch gebrochen in Altaussee.

Es mutet umso paradoxer an, dass sich dieser jüdische Sehnsuchtsort in ein Nazi-Walhalla verwandelte, in dem sich Unverbesserliche einen Streit zwischen den Alliierten und einen Waffenstillstand, wenn schon keinen „Endsieg" des Deutschen Reichs erhofften. Manche wollten auch nur, mit gestohlenen Pretiosen und falschen Dokumenten, ihren Kopf retten. Andere sahen den sinnlosen Traum von der „Alpenfestung“, die letzte „Endsieg“-Vision, in sich zusammenbrechen.

Einer der übelsten Kriegstreiber und Judenhetzer, Reichspropagandist Joseph Goebbels, brachte am Grundlsee seine Schäfchen ins Trockene. Im Frühjahr 1941 quartierte er seine Familie in der „Villa Roth“ ein. Die idyllisch auf einer Landzunge am nordöstlichen Ufer des Grundlsees gelegene schlossartige Villa sollte der Familie Zuflucht vor alliierten Bombern bieten und war auch als Fluchtburg für den Fall der Niederlage gedacht. Das Haus wurde von Franz Roth erbaut, Architekt des Wiener Raimundtheaters, der seinem Bruder Johann einen Sommerpalast schuf. Die Roths waren jüdische Waffenfabrikanten, die Patronen, den Sprengstoff Ammonal, aber auch Pistolen erzeugten und um 1910 in diesem Bereich den weltweit wichtigsten Betrieb führten. Der Linzer Gaupropagandaleiter Rudolf Irkowsky bot Goebbels die für die SS requirierte Villa an. Dieser notierte am 18. Mai 1941 in sein Tagebuch: „Die Ausseer bringen uns ein Ständchen. Es ist wie mitten im Frieden. Und doch steht hinter all dem kurzen Glück drohend der Krieg.“

Helga und Hilde, die ältesten der sechs Kinder – ihre Geschwister hießen Helmut, Hedwig, Holdine und Heidrun –, besuchten in der nahen Ortschaft Gößl die Schule. Joseph Goebbels: „Sie sind hier immer mit dem Volk zusammen. Das tut ihnen sehr gut.“ Das „Volk“ war etwa Ida Weissenbacher vom nahen Bauernhof (Jahrgang 1924), die sich mit Magda Goebbels anfreundete. „Das war eine ganz Liebe; sie kam mit den Kindern oft zu uns und holte sich Geflügel und Milch, begleitet von nur drei Bewachern“, erzählte sie im Herbst 2009 dem Autor.

Das Schloss war ab 1943 auch Hauptquartier der Marineversuchsstation des nahe gelegenen Toplitzsees. Vor den Kameras der von ihm gesteuerten Filmindustrie und Wochenschauen instrumentalisierte Goebbels seine Kinderschar als nationalsozialistische Idealfamilie und machte sie so einem großen Publikum bekannt. Goebbels, besser bekannt als „Bock von Babelsberg“, betrog seine Frau Magda mit dutzenden Filmsternchen und der Schauspielerin Lida Baarova – eine Affäre, die Hitler mit einem Machtwort beendete. Gefahr kam am Grundlsee von oben: von Bomben-Notabwürfen alliierter Flugzeuge, die knapp neben der Villa im See einschlugen. Und von Fallschirmagenten wie Josef Hans Grafl, einem Widerstandskämpfer im Auftrag des britischen Geheimdienstes SOE, der Goebbels am 8. April 1945 am Grundlsee entführen oder töten sollte, ihn aber nicht mehr vorfand.

In den letzten Tagen des „Dritten Reiches" schien es, als sollte alles, was geheim und wertvoll war, in das Ausseerland geschafft werden. Hitlers Privatbibliothek, rund 30.000 Bände, wurde in die Villa Castiglione am Grundlsee verbracht. Camillo Castiglioni war der Sohn des Rabbiners von Triest, Luftfahrtpionier, Eigentümer und schwerreicher Teilhaber zahlreicher Luftfahrt- und Autofirmen. Max Reinhardt unterstützte er beim Aufbau der Salzburger Festspiele. SS-Hauptsturmführer Friedrich Wolffhardt hatte 1943 die Villa requiriert und darin eine Dienststelle der Parteikanzlei eingerichtet. Er war seit 1941 Sonderbeauftragter der „Neuen Linzer Bücherei" in der Münchner NSDAP-Reichsleitung (unter Befehl von Martin Bormann) und sammelte in der Grundlseevilla wertvolle Bücher und Manuskripte. In den letzten Kriegstagen diente der SSler an der Front, während seine Nachfolgerin, die Grazer Bibliothekarin Gertraud Laurin, in der zweiten Maiwoche die Schätze an die Amerikaner übergab.

Im Ausseerland wimmelte es nur so von prominenten Funktionären und Kriegsverbrechern: Ernst Kaltenbrunner, SD-Chef, der in der „Villa Kerry" eine Gegenregierung aufbauen wollte, wurde hier 1945 verhaftet. Oberösterreichs Gauleiter August Eigruber lebte in einer Ausseer Villa, ebenso der Geheimdienstoffizier Wilhelm Höttl, Adolf Eichmann quartierte seine Familie am 25. April 1945 in Altaussee ein und soll Goldkisten auf der Blaa-Alm versteckt haben; weiters zahlreiche Staatsschefs der Vasallenregierungen von Hitlers Gnaden sowie SS-Obersturmbannführer Otto Skorzeny. Generalmajor Karl Fabiunke, Chef des jämmerlichen Restes der 6. Armee, quartierte sich in der „Villa Eichelhof" ein.

Es war schließlich die Entscheidung von Joseph Goebbels, dass er das Leben seiner Familie nicht retten, sondern an der Seite des „Führers" im Berliner Führerhauptquartier beenden wollte. Auf Wunsch des Paares betäubte der SS-Arzt Helmut Kunz am 1. Mai 1945 in Berlin spätnachts die Kinder mit Morphiuminjektionen, denen ihre Mutter – unterstützt von Hitlers Leibarzt Ludwig

Die Goebbels-Kinder vor der Villa Roth am Grundlsee. Ihre Ermordung ist bis heute ungesühnt. Ihr Mörder, der ehemalige SS-Mann und Zahnarzt Helmut Kunz, arbeitete nach 1945 in Münster an der Zahnklinik und bei der Bundeswehr. Kunz gab in Vernehmungen seine Beihilfe zum Totschlag zu, berief sich aber auf Befehlsnotstand, da ihm Magda Goebbels zu verstehen gegeben hätte, dass es für ihn den Tod bedeute, wenn er sich der „zugedachten Aufgabe" entziehe. Das Verfahren wurde 1959 eingestellt. Die vorsitzenden Richter beider Kammern waren ehemalige NSDAP-Mitglieder. Kunz starb 1976. 1970 grub der KGB die nahe Berlin verscharrten Kinderleichen aus, verbrannte die Knochen und streute die Asche in die Elbe.

Bild: Museum Bad Aussee

Stumpfegger – tödliche Blausäurekapseln im Mund zerdrückte. Gegen 22.00 Uhr gingen die Oberhäupter der NS-Vorzeigefamilie ebenfalls mit Gift in den Tod. (cs)

Weitere Prominente der NS-Zeit aus Oberösterreich

Ferdinand von Sammern-Frankenegg (geb. 1897 in Grieskirchen) absolvierte als Sohn eines Gerichtsvorstehers die Schule in Wels und Linz und ließ sich nach dem Studium in Peuerbach als Anwalt nieder. Nach dem „Anschluss" ging er zur SS und wurde Polizei- und SS-Führer in Warschau. Er war für die Auflösung des jüdischen Ghettos und die Deportation der 300.000 Bewohner in Vernichtungslager verantwortlich. „Ich ordne an", schrieb Sammern am 13. März 1943, dass „mit größter Energie (...) alle Juden (...) festzustellen und der Gendarmerie zur Liquidierung zuzuführen sind." Zum Verhängnis wurde ihm die Fehleinschätzung, dass die Juden im Ghetto keinen Widerstand mehr leisten könnten. Er wurde bei Beginn des Aufstandes im Warschauer Ghetto abgelöst. Sammern starb 1944 bei einem Partisanenangriff in Banja Luka, zu deren Bekämpfung er mit seinen 10.000 Polizisten abgestellt war.

Edmund Glaise von Horstenau (geb. 1882 in Braunau) war Militär und als Minister Verbindungsmann zwischen Kanzler Schuschnigg und Adolf Hitler. Nach dem „Anschluss" bekleidete er verschiedene hohe politische Funktionen und arbeitete als SA-Gruppenführer in der „Forschungsabteilung Judenfrage" des „Reichsinstituts Geschichte des Neuen Deutschlands" mit. Als bevollmächtigter Wehrmachtsgeneral beim kroatischen Ustascha-Regime erlebte er die Massenmorde an Juden mit, die er als „unterschiedlich gelöst, verhältnismäßig gründlich in Agram", beurteilte. Als Zeuge bei den Nürnberger Kriegsverbrecherprozessen fürchtete er, an Jugoslawien ausgeliefert zu werden, und beging Selbstmord.

Hermann Neubacher (geb. 1893 in Wels) führte zeitweise die illegale NSDAP in Österreich. 1938 bis 1940 fungierte er als Bürgermeister von Wien, ab 1943 war er in Serbien als Militärbevollmächtigter tätig. 1951 wurde er in Jugoslawien zu 20 Jahren Haft verurteilt, wegen Krankheit aber nach kurzer Zeit entlassen. Er starb 1960 in Wien.

Anton Reinthaller (geb. 1895 in Mettmach) war Landwirtschaftsminister im Kabinett Seyß-Inquart, von 1938 bis 1945 Unterstaatssekretär und Reichstagsabgeordneter in Berlin, sowie SS-Brigadeführer. 1950 wurde er wegen seiner Verstrickung in die NS-Führung zu drei Jahren Gefängnis verurteilt. Von 1956 bis 1958 war er erster Bundesparteiobmann der neu gegründeten FPÖ. Er starb 1958 in seinem Geburtsort.

Die Architekten Walter Dejaco (geb. 1909, Mühlau) und Fritz Ertl (geb. 1908, Linz) waren die (mutmaßlichen) Baumeister der Krematorien von Auschwitz, jedenfalls bezeichneten sie die Medien so: als „Baumeister des Massenmordes". Dejaco blieb bis zum Ende in Auschwitz und wartete die völlig überlasteten Öfen, lautete der Tatvorwurf. Er selbst ermordete laut Anklageschrift zwölf Häftlinge durch Schläge und Schüsse. Mangels Beweisen – die meisten Zeugen waren ermordet worden – wurden aber beide 1972 unerwartet freigesprochen. (cs)

Literatur:

Erika Selzer: 1945. Ende und Anfang im Ausseer Land. Katalog zur Ausstellung im Ausseer Kammerhofmuseum, Mai 1995 – Mai 1996. Bad Aussee 1996.

Leopold Emmerich Walkner: „Ein Gedächtnis geben". Arisierungen im steirischen Salzkammergut. Diplomarbeit, Graz 2005.

52 FISCHERHÜTTE AM TOPLITZSEE

Tauchgänge zur Bergung von mutmaßlichem Nazigold und anderen „Schätzen" im Juli 1959.
Bild: Österreichische Nationalbibliothek

Reise

Fischerhütte am Toplitzsee, Gasthaus, Restaurant, Gößl 172, 8993 Grundlsee

Gegend

Das Wasser des Toplitzsees enthält unterhalb von etwa 20 Metern Tiefe keinen gelösten Sauerstoff mehr. Mit zunehmender Tiefe nimmt der Salzgehalt deutlich zu. Der See ist fjordartig in die Berge eingeschnitten. Die Ufer fallen steil ab, nur westseitig und an der Nordostseite sind sie flacher, sonst dominieren Felswände. Durchschnittliche Tiefe: 62 Meter. Maximaltiefe: 103 Meter.

GELDFÄLSCHER, GLÜCKSRITTER UND HOLLYWOOD

Im Februar 2008 hielt nicht nur Österreich den Atem an. Im Kodak Theatre in Hollywood bekam der Wiener Regisseur Stefan Ruzowitzky für „Die Fälscher" den Oscar als bester nicht englischsprachiger Film. Karl Markovics spielte den Salomon Smolianoff (Salomon Sorowitsch), einen begnadeten Geldfälscher, dessen Team von KZ-Häftlingen für die Nazis britische Pfund herstellte – eine wahre Geschichte. Große Mengen wurden gegen Kriegsende im Toplitzsee bei Bad Aussee – im Herzen des Salzkammergutes – versenkt.

Adolf Burger, der so wie Salomon Sorowitsch im KZ Sachsenhausen bei Berlin inhaftiert war, verfasste das Buch „Des Teufels Werkstatt", auf dem das Drehbuch von Ruzowitzkys Film beruht. Die SS ließ ab 1942 unter dem Decknamen „Aktion Bernhard" etwa 100 Millionen Pfund produzieren und teilweise in Umlauf bringen – auf internationalen Devisenmärkten und bei der Bezahlung von Spionen. Man wollte London eine Inflation aufzwingen, das Vertrauen britischer Bürger in ihre Währung erschüttern und die Blüten für eigene Gewinne wechseln.

Als sich Hitlers Führungskader gegen Kriegsende in die sogenannte „Alpenfestung" zurückzogen, war das Salzkammergut östlich von Salzburg ein bevorzugtes Ziel. Das unzugängliche Tote Gebirge und das Dachsteingebiet boten beste Bedingungen, um sich vor den anrückenden Alliierten zu verstecken. SS-Offiziere bewohnten auch Höhlen, Unterstände und Almhütten, die bis 1945 von Widerstandskämpfern und Gegnern Hitlers benutzt worden waren. Einer von vielen idyllischen Bergseen ist der Toplitzsee; nicht weit vom größeren Grundlsee und Bad Aussee gelegen. Berliner SS-Führer hatten neben geraubten Kunstwerken auch tonnenweise Falschgeld und die von KZ-Häftlingen hergestellten Druckplatten im Gepäck, die sehr genau gearbeitet waren. Die SS versenkte das Material im Toplitzsee, um später wieder darauf zurückzugreifen.

Toplitzsee (rechts) unter den westlichen Ausläufern des Toten Gebirges. Oberhalb der Grundlsee mit den Ortschaften Gößl und Schachen. Dahinter das Talbecken von Bad Aussee. Links oben: Dachsteinmassiv mit dem Hallstätter Gletscher.
Flugbild: Gerald Lehner

Der Untergang des Regimes, die Verhaftungen von Kriegsverbrechern und die Flucht vieler Massenmörder nach Lateinamerika ließen das Falschgeld in Vergessenheit geraten. Bis in die 1980er-Jahre hielten sich Gerüchte, dass auch geraubtes Gold der Nazis im See liege. Immer wieder kamen Taucher, zuletzt im Jahr 2000 aus den USA. Sie fanden nur eine Kiste voller Bierdeckel, die Stammtischbrüder 1984 versenkt hatten. Der Goldrausch hatte 1959 begonnen, als Wolfgang Löhde vom Magazin „Stern" mit einem Taucherteam aus 80 Metern Tiefe 17 Kisten mit gefälschten Pfundnoten und zwei Kisten mit Dokumenten ans Ufer geholt hatte. Der Regisseur Franz Antel verfilmte die Geschichte unter dem Titel „Der Schatz vom Toplitzsee – Schüsse im Morgengrauen" (1959).

Antels Film floppte in den Kinos; nicht zuletzt deshalb, weil Altnazis in Österreich noch immer Stimmung gegen die Thematisierung

Toplitzsee im Herbst. Während der Eiszeiten erweiterte der mächtige Grundlsee-Lokalgletscher, der vom Hochplateau des Toten Gebirge ins Ausseer Becken floss, das ganze Tal und schürfte auch das Zungenbecken des Toplitzsees aus.

solcher Inhalte machten. Es gibt im Toplitzsee eine Tierart, die weltweit nur hier vorkommt – ab einer Tiefe von 20 Metern lebt der „Toplitzseewurm", der den reichlich vorkommenden Schwefelwasserstoff nutzt, ein organisches Zerfallsprodukt, bestens bekannt von faulen Eiern. Eine vielschichtige Metapher … (gl)

Literatur:

Markus Köberl: Der Toplitzsee. Wo Geschichte und Sage zusammentreffen. Wien 1990.

Web:

toplitzsee.at

53 GEDENKSTÄTTE GIRSTATT, KLACHAU

Die Gräber des im Zuge des „Juliputsches" erschossenen Nationalsozialisten Karl Traint und der im August 1934 wegen Sprengstoffbesitz hingerichteten Nationalsozialisten Franz Saureis und Franz Unterberger (alle drei aus Bad Ischl) am Ischler Friedhof wurden nach dem „Anschluss" zu NS-Wallfahrtsorten, hier am 19. August 1938.
Bild: Zeitgeschichte Museum Ebensee

Reise

Girstatt/Klachau (Gedenkstätte etwas nordwestlich der Bushaltestelle Klachau/Grimmingaufstieg gelegen), 8982 Bad Mitterndorf

Gegend

Girstatt/Klachau gehört zur Gemeinde Bad Mitterndorf, die für ihre Skiflugschanze in Kulm und die weithin sichtbaren Ferienhäuser im „Toblerone"-Stil aus den 1970er-Jahren bekannt ist. Der Wolferlstall dient als Kulturzentrum mit vielfältigem Programm. An der Einmündung vom Krunglbach in die Salza befinden sich die seit römischer Zeit bekannten Thermalquellen. Die Grimmingtherme nutzt die örtlichen Thermalquellen. Ausflüge zum Öden- und Salzastaustee, in den malerischen Ort Pürgg und ins Ski- und Wandergebiet Tauplitzalm. Nikolomuseum in Tauplitz. Breites Angebot an Rad-, Wander-, Berg-, Kletter-, Mountainbike-, Skilanglauf-, Schneeschuh- und Skitouren rund um Bad Mitterndorf. Markant ins Auge sticht der Grimming mit seiner alpinistisch anspruchsvollen Grimmingüberschreitung (beginnt in der Nähe der Gedenkstätte Girstatt). Von Bad Mitterndorf/Heilbrunn führt ein langer Aufstieg auf das Dachsteinplateau.

NAZITERROR: DER „JULIPUTSCH" 1934

Im Juli 1934 unternahmen SA und SS mit Unterstützung aus dem Deutschen Reich einen Putschversuch im austrofaschistischen Österreich, um die Herrschaft an sich zu reißen. In Klachau und Bad Mitterndorf überfielen die Putschisten Angehörige der paramilitärischen Heimwehr, die das Bundesheer bei der Niederschlagung des Naziputsches unterstützen sollten. Sechs Heimwehrler starben, unter ihnen der Schüler Herbert Frischmuth aus Altaussee, ein Onkel von Barbara Frischmuth.

Ortsgruppen der NSDAP bestanden im Salzkammergut schon seit Anfang der 1920er-Jahre unter anderem in Gmunden (1921), Ebensee (1922) und Bad Goisern (1924). „Deutscher Turnverein" (auch „Deutschvölkischer Turnverein") und Alpenverein spielten als Vorfeldorganisationen der NSDAP eine große Rolle. Sie führten den „Arierparagraphen" ein (Jüdinnen und Juden mussten aus den Vereinen austreten), verbreiteten Nazipropaganda und hielten Sonnwendfeiern ab, bei denen Hakenkreuzfeuer abgebrannt wurden. Ziel der Angriffe der zunehmend gewaltbereiten Nazis waren zunächst primär Angehörige der sozialdemokratischen und kommunistischen Partei sowie Jüdinnen und Juden.

Mit der Machtübernahme Adolf Hitlers in Deutschland im Jänner 1933 erhielt die österreichische NSDAP neuerlich Auftrieb. In Bad Ischl gab es von Jänner bis Juni 1933 sogar die dem „Völkischen Beobachter" in Deutschland nahestehende NSDAP-Zeitung „Ischler Beobachter". In diesen Monaten überzogen die Nazis das Salzkammergut und andere österreichische Regionen mit einer Terrorwelle. Ziel war neben der Destabilisierung des Staates auch die Störung des Tourismus. Die österreichischen Sicherheitsbehörden hatten die NS-Aktivitäten bis Juni 1933 weitgehend ignoriert und ihren Fokus vielmehr auf die sozialdemokratischen und kommunistischen Aktivitäten gerichtet. Ein folgenschwerer Fehler, wie sich zeigen sollte. Nach

einem Anschlag mit einem Toten im Juni 1933 wurde die NSDAP in Österreich verboten. Aber es kam weiter zu Bomben-, Böller- und Schusswaffenattentaten, Anschlägen auf Stromleitungen und Eisenbahngleise, Prügeleien, Hakenkreuzschmierereien, Verteilung von NS-Flugblättern, nächtlichem Abbrennen von Hakenkreuzfeuern und Hissen von Hakenkreuzfahnen. Auch vor gewalttätigen Angriffen auf Personen mit anderer politischer Ausrichtung sowie Jüdinnen und Juden schreckten die Nazis nicht zurück.

Am 25. Juli 1934 folgte der als „Juliputsch" in die Geschichte eingegangene Versuch, die austrofaschistische Regierung in Wien zu stürzen und eine NS-Diktatur zu errichten. Bundeskanzler sollte Anton Rintelen werden, jener ehemals christlichsoziale steirische Landeshauptmann, der sich immer mehr dem Nationalsozialismus zugewandt hatte.

Als Bundesheersoldaten verkleidete SS-Männer stürmten das Bundeskanzleramt und das Funkhaus der RAVAG (Radio-Verkehrs-AG) in Wien und zwangen die Anwesenden, eine fingierte Meldung über den Rücktritt der Regierung Dollfuß zu verlesen. Der SSler Otto Planetta schoss im Bundeskanzleramt auf den flüchtenden Kanzler Engelbert Dollfuß, der aufgrund seiner schweren Verletzungen und ohne ärztliche Versorgung, die ihm die Putschisten verweigerten, Stunden später verblutete.

In ganz Österreich gab es Angriffe von SS- und SA-Männern, Tote und Verletzte. Im Salzkammergut konzentrierten sich die Kämpfe auf Laakirchen, Pinsdorf, Bad Ischl, Bad Goisern, Hallstatt, Bad Aussee sowie Bad Mitterndorf und Klachau (Ortsteil von Tauplitz). In Bad Ischl wurde bei einem Schusswechsel zwischen Gendarmerie, Polizei, Heimwehr und Militär auf der einen und Putschisten auf der anderen Seite der Nationalsozialist Karl Traint

Zum Gedenken an die Toten des „Juliputsches" in Klachau wurde hier 1935 ein Gedenkkreuz auf einem Marmorsockel eingeweiht, aber 1938 von Nazis wieder zerstört bzw. das Kreuz von den Einheimischen vergraben. 2014 wurde die Gedenkstätte neu errichtet (im Hintergrund der Grimming). Der Journalist Günter Kaindlstorfer begab sich in seiner 2010 erschienenen semidokumentarischen Erzählung „Der Postautobus" auf die Spuren der historischen Ereignisse.
Bild: Susanne Rolinek

Der austrofaschistische Kanzler Engelbert Dollfuß auf Besuch beim faschistischen italienischen Statatsführer Benito Mussolini am 15. April 1933 in Rom – unmittelbar nach der Ausschaltung des österreichischen Parlaments im März 1933. Der italienische faschistische Staat diente als Vorbild für Dollfuß und sollte den Einfluss des nationalsozialistischen Deutschen Reichs begrenzen. Nach dem Verbot und der Zerschlagung der kommunistischen und sozialdemokratischen Opposition durch Dollfuß hatte der österreichische Kanzler keine Verbündeten mehr im Vorgehen gegen die Nazis. Auf dem Foto zu sehen: der Salzburger Landeshauptmann Franz Rehrl (4. von links), rechts daneben Kanzler Engelbert Dollfuß und Benito Mussolini.
Bild: Österreichische Nationalbibliothek

erschossen. In Laakirchen beschossen Putschisten den Gendarmerieposten, dabei wurde der Gendarm Josef Lukesch getötet, in Steeg bei Bad Goisern kam bei der Verhaftung der Putschisten der Nationalsozialist Martin Deubler ums Leben. In Klachau richteten die Naziputschisten – SA-Männer unter der Führung des Ausseers Josef Pohnert – ein Blutbad an, als sie am 26. Juli einen Bus mit Angehörigen der Heimwehr (Heimatschutz) unter Beschuss nahmen. Jene, die nach dem Schusswechsel noch lebten, wurden von SA-Männern misshandelt, manche erschossen. Im nahe gelegenen Bad Mitterndorf führten rund 80 SA-Männer einen weiteren Angriff durch, den Heimwehr und Gendarmerie – unter der Führung des Ausseer Gendarmen und späteren Widerstandskämpfers Valentin Tarra – abwehrten. Insgesamt sechs Menschen, davon fünf aus dem Ausseerland, kamen in Klachau und Bad Mitterndorf ums Leben, darunter Herbert Frischmuth. Tarra und seine Gruppe marschierten noch gegen putschende SA-Männer in Bad Aussee und verhafteten einige von ihnen, dabei wurde Tarra verletzt.

Nach wenigen Tagen hatte sich die Lage im Salzkammergut wieder beruhigt. In anderen Regionen Österreichs dauerten die Kämpfe bis zum 6. August 1934 an, als Bundesheer, Polizei, Gendarmerie und Heimwehr (Heimatschutz) wieder die Kontrolle über das gesamte österreichische Bundesgebiet erlangten. Viele Putschisten flohen nach Deutschland und sammelten sich dort in der „Österreichischen Legion", der paramilitärischen Einheit österreichischer Nazis in Deutschland.

Beim „Juliputsch" starben mindestens 223 Menschen, andere Quellen geben 269 Tote an. Hunderte Aufständische befanden sich in Haft, 13 Todesurteile wurden vollstreckt. Die Nazis operierten aber weiter aus der Illegalität heraus. Und spätestens mit dem sogenannten „Juliabkommen" 1936 zwischen dem Deutschen Reich und Österreich gewann der Nationalsozialismus in Österreich wieder die Oberhand. Im Zuge dieses Abkommens musste die österreichische Regierung inhaftierte Nationalsozialistinnen und Nationalsozialisten freilassen, deutsche NS-Zeitungen wieder in Österreich zulassen sowie zwei NS-nahe Politiker in die österreichische Regierung aufnehmen. Nach dem „Anschluss" Österreichs an Deutschland erhielten viele ehemalige Putschisten den sogenannten „Blutorden" für ihre „Verdienste" um den Nationalsozialismus und machten Karriere im „Dritten Reich". (sr).

Literatur:

Kurt Bauer: Elementar-Ereignis. Die österreichischen Nationalsozialisten und der Juliputsch 1934, Wien 2003.

Winfried Garscha: 70 Jahre Juliputsch, in: Mitteilungen. Dokumentationsarchiv des österreichischen Widerstandes, Folge 167, 2–3, Wien 2004.

Wolfgang Quatember, Ulrike Felber, Susanne Rolinek: Das Salzkammergut. Seine politische Kultur in der Ersten und Zweiten Republik, Grünbach 2024.

Anton Strobl: Die Jahre im Heimatgau des Führers. Eine regionalhistorische Dokumentation zur NS-Zeit im Ausseerland, Altaussee 2013.

54 BÜRGLGUT, STROBL

Nur wenige Gebäude des Bürglgutes konnten ihr Aussehen über die Zeit bewahren. Im „Waldhof" brachte NS-Verbrecher Kaltenbrunner seine Familie unter.

Bild: Christian Strasser

Reise

Bürglgut, Bürglstein 1–7, 5350 Strobl am Wolfgangsee

Gegend

Strobl am Wolfgangsee ist eine Gemeinde im Bezirk Salzburg-Umgebung, am Ostufer des Wolfgangsees und ca. 10 Kilometer von Bad Ischl entfernt. Strobl beherbergte während der Sommeraufenthalte von Kaiser Franz Joseph I. zahlreiche prominente Hocharistokraten, wovon feudale Villen zeugen. Der Fremdenverkehrsort zählte bekannte Gäste wie Emil Jannings, Hugo von Hofmannsthal und Helene Thimig-Reinhardt, die Frau von Max Reinhardt, zu seinen Gästen.

MÜTTERHEIME AM WOLFGANGSEE

Die Verschickung von Müttern und Kindern in Erholungsheime wurde von der NS-Propaganda gesundheitspolitisch begründet. Tatsächlich aber sollten sich die Mütter vom Bombenkrieg erholen und dem Führer viele Kinder schenken. Ein Schlaglicht auf die Müttererholungsheime im Salzkammergut.

Unter den Villen und Landgütern im Salzkammergut, die von der NSV („Nationalsozialistische Volkswohlfahrt") als Unterbringungsort für Mütter und Kinder, aber auch im Rahmen der „Kinderlandverschickung" genutzt wurden, war das „Bürglgut" in Strobl am Wolfgangsee. Es befand sich einst im Besitz der jüdischen Unternehmerfamilie von Moritz Sobotka aus Böhmen, der mit seinem Schwager Jakob Hauser eine der größten europäischen Malzfabriken besaß, die „ERSTE WIENER EXPORT MALZFABRIK HAUSER & SOBOTKA (HUSAG)". Zum Unternehmen gehörten beliebte Produkte wie der Kathreiner-Kneipp-Malzkaffee und das Backmalzextrakt „Diamalt", sowie weitere Firmen in Europa und den USA.

Nach dem Zerfall der Monarchie verkaufte die HUSAG einen Teil des weitläufigen Gutes mit mehreren Gebäuden an den Schwiegersohn der ältesten Sobotka-Tochter, Hans Petschek. Dieser war Großunternehmer, Bankier und stammte aus der tschechischen Kohlemagnaten-Familie Petschek, die später auch die Hauptvilla erwarb. 1938 wurde das „Bürglgut" von den Nazis „zugunsten des Deutschen Reiches als verfallen erklärt". Der „Kohlejude" (Nazijargon) Hans Petschek musste an den Flick-Konzern verkaufen und konnte in die USA emigrieren. Sobotka musste seinen Konzern unter Zwang an den Unternehmer Mautner Markhof veräußern.

Zunächst wurden alle Teile des Gutes – Gästehaus, Waldhof, Almhütte, Berghaus, Seehof, Boots- und Badehaus, Waschküche und Wäschetrockenanlage sowie diverse Magazine und Gärtnergebäude – als NSV-Müttererholungsheim genutzt. Die repräsentativen Räume des idyllisch gelegenen Landguts wollte aber auch August

Die NS-Volkswohlfahrt richtete im geschützten Bürglgut am Wolfgangsee eines von mehreren Mütterheimen ein. Anders, als in der Propaganda dargestellt, mussten die Kinder und Mütter aber immer wieder NS-Bonzen Platz machen.
Bild: Christian Strasser

Eigruber, der Gauleiter von Oberdonau, für seine privaten Gäste und Parteifreunde in Anspruch nehmen. Auch Reichsführer SS Heinrich Himmler liebäugelte damit. Durch das Tauziehen der Nazi-Größen konnte das Gut erst 1942 von den jüdischen Besitzern einkassiert und an die NSV verkauft werden. Eigruber und die Familie von SS-Obergruppenführer Kaltenbrunner nutzten aber weiterhin den Waldhof, die große Villa und die Gästehäuser und verdrängten die Mütter und Kinder in die Nebengebäude. Für Tagungen von Nazi-Gruppierungen wurden Mütter immer wieder ausquartiert.

Die Einquartierung der Mütter diente nicht nur der Erholung – sie sollten in der Heimat die Rolle der Männer übernehmen, die an der Front kämpften und starben. Auch die „Waldvilla" in St. Gilgen, die als „Bonzen-Sommersitz" dem ehemaligen Bundeskanzler Kurt Schuschnigg zwei Sommer als Ferienhaus gedient hatte, wurde zum NSV-Mütterheim für „erbgesunde und erbtüchtige" Kinder und Mütter. Propagandistisch ausgeschlachtet als „Stück Friedensarbeit mitten im Kriege", getreu dem NSV-Motto „An der Wiege des Lebens – bei Mutter und Kind". Insgesamt standen fünf NSV-Heime am Wolfgangsee, darunter die als jüdischer Besitz enteignete „Villa Herz-Kestranek" direkt am See sowie die Hotels „Peter" und „Cortisen" in St. Wolfgang.

Das „Bürglgut" wurde nach dem Krieg von den US-Behörden an das American (Jewish) Joint Distribution Committee vermietet. Zuerst kamen rund 300 traumatisierte, zerzauste Kinder, die wie durch ein Wunder die KZs überlebt hatten. In ihren Händen hielten sie noch das verschimmelte Schwarzbrot aus Polen, weil sie an eine Besserung ihrer Lage nicht glauben konnten. Gefolgt von Kindern und Jugendlichen aus Polen und Osteuropa, die aufgrund der wieder einsetzenden antisemitischen Pogrome geflüchtet waren, sowie von russischen Emigranten, Kosakenoffizieren, die mit den Nationalsozialisten kollaboriert hatten.

1948 erhielt Hans Petschek, der nunmehr in New York lebte, die Liegenschaften und die Immobilien von der Republik Österreich zurückgestellt. Heute lässt sich nur noch an wenigen architektonischen Spuren die einstige Pracht des weitläufigen Besitzes am Bürglstein erkennen. (cs)

Literatur:
Christian Wasmeier, Christian Kloyber: Das Bürglgut. Von der Großbürgerlichkeit zur Restitution. Innsbruck/Wien 2011.

55 STROBL, EHEMALIGES KINO

An der Seepromenade in Strobl am Wolfgangsee befand sich beim Kirchenwirt in einem hölzernen Rundbau das ehemalige örtliche Kino.
Bild: Susanne Rolinek

Reise

Kirchenwirt, Bürglstraße 2, 5350 Strobl am Wolfgangsee

Gegend

Die direkt am intensiv blaugrünen Wolfgangsee gelegene Gemeinde lädt zum Flanieren an der Seepromenade und weiter bis zum Bürglstein ein. Das Kulturzentrum Deutschvilla (während der NS-Zeit „arisiert", BDM-Ausbildungsstätte, nach 1945 Casino der US-Truppen, restitutiert) bietet ein vielfältiges Veranstaltungsprogramm, von Ausstellungen, Konzerten bis zu den Internationalen Wolfgangseer Literaturtagen. Rund um Strobl Naturbadestrände, Wolfgangseeschifffahrt, zahlreiche Wanderwege, u. a. zum Naturschutzgebiet Blinklingmoos, zum Schwarzensee, vom Weißenbachtal auf die Postalm als größtes zusammenhängendes Almgebiet Österreichs (auch per Mautstraße erreichbar), hier kleines Familienskigebiet. Postalm-Klettersteig. Breites Angebot an Rad-, Wander-, Berg-, Kletter-, Mountainbike-, Skilanglauf-, Schneeschuh- und Skitouren rund um Strobl in der Osterhorn- und Schafberg-Gruppe, dem Toten Gebirge, Höllen- und Katergebirge. Wassersport am Wolfgangsee.

„VOLKSSCHÄDLICHES VERHALTEN" UND „RASSENSCHANDE"

Erika Liehmann aus Strobl führte während der NS-Zeit eine verbotene Beziehung mit einem französischen Kriegsgefangenen. Zunächst heimlich. Sie half ihm, versorgte ihn mit Lebensmitteln und beschaffte ihm Zivilkleidung. Dann besuchten die beiden eine Filmvorführung im örtlichen Kino und wurden denunziert. Liehmann landete in Gestapohaft, das weitere Schicksal des französischen Kriegsgefangenen bleibt im Dunkeln.

In Strobl-Weißenbach waren ab 1940 französische Kriegsgefangene in Baracken untergebracht. Auch rund hundert Zwangsarbeiterinnen und Zwangsarbeiter aus Polen, Weißrussland, der Ukraine und dem ehemaligen Jugoslawien wurden in Strobl zur Zwangsarbeit eingesetzt.

Das NS-Regime benötigte Kriegsgefangene sowie Zwangsarbeiterinnen und Zwangsarbeiter für die Aufrechterhaltung der Wirtschaftsleistung im Krieg und setzte diese vor allem in Industrie und Gewerbe, der Bauwirtschaft, der Land- und Forstwirtschaft sowie im Tourismus ein. Ohne Zwangsarbeit wäre die NS-Kriegswirtschaft zusammengebrochen. In den von der deutschen Wehrmacht besetzten Gebieten gab es Razzien, bei denen Männer, Frauen und Jugendliche im arbeitsfähigen Alter festgesetzt und zur Zwangsarbeit in die Gebiete des heutigen Deutschland und Österreich überstellt wurden. Dazu kamen Inhaftierte aus Konzentrationslagern, jüdische Männer, Frauen und Jugendliche, politisch Andersdenkende, Homosexuelle und Angehörige ethnischer und religiöser Minderheiten in der „Ostmark", die zur Zwangsarbeit eingesetzt wurden (siehe die Kapitel „Das ‚Judenlager' Traunkirchen" sowie „Das Tor zur Hölle").

Auf dem Gebiet des heutigen Österreich waren im Herbst 1944 knapp eine Million Zwangsarbeiterinnen und Zwangsarbeiter eingesetzt – mehr als ein Drittel aller Arbeitskräfte. Sie wurden

Französische Kriegsgefangene in einem Sammellager der deutschen Wehrmacht, 1940. Ein Großteil der Kriegsgefangenen wurde unter unmenschlichen Bedingungen zur Zwangsarbeit eingesetzt, um die deutsche Kriegswirtschaft aufrechtzuerhalten.
Bild: Österreichische Nationalbibliothek

rücksichtslos ausgebeutet, litten an unerträglichen Arbeitsbedingungen, Hunger, Erschöpfung und brutalen Misshandlungen. Viele überlebten die unmenschlichen Bedingungen nicht, wenn auch die Lebensumstände in der Land- und Forstwirtschaft besser waren als in der Industrie oder am Bau. Meist waren die Zwangsarbeiterinnen und Zwangsarbeiter in mit Stacheldraht umzäunten Lagern – manche bewacht, manche nicht bewacht – untergebracht, aber auch auf Bauernhöfen, in Gasthäusern oder aufgelassenen Erholungsheimen. Erhielten sie ausnahmsweise Heimaturlaub, kehrten viele nicht mehr zurück. Fluchtversuche aus den Lagern blieben meist erfolglos.

Die „Rangordnung“ des NS-Rassenwahns stellte (neben Jüdinnen und Juden sowie Roma und Sinti) Kriegsgefangene sowie Zwangsarbeiterinnen und Zwangsarbeiter aus der Sowjetunion (einschließlich Ukraine und Weißrussland) und Polen auf die unterste Stufe. Sie galten als „rassisch minderwertig“ und mussten einen Aufnäher mit „P“ oder „Ost“ auf ihrer Kleidung tragen. Der ortsansässigen Bevölkerung war der Kontakt mit Kriegsgefangenen sowie Zwangsarbeiterinnen und Zwangsarbeitern abseits der Arbeitsnotwendigkeit streng verboten. Diese durften auch keine öffentlichen Verkehrsmittel oder Fahrräder benutzen, nicht in Gasthäuser, Kinos oder zu Festen gehen. Verfehlungen – im Zuge der Denunziation gemeldet – wurden bestraft bzw. mündeten in die Einlieferung in ein „Arbeitserziehungslager.“

Die in Strobl lebende Erika Liehmann und einer der französischen Kriegsgefangenen, der am Vockner-Gut in der Landwirtschaft eingesetzt war, kamen sich 1942 näher. Sie wurden denunziert. Liehmann musste wegen der verbotenen Liebesbeziehung zwei Monate in Gestapohaft verbringen. Und dabei hatte sie noch „Glück“ im Unglück, da sie sich nicht der „Rassenschande“ strafbar gemacht hatte, wie es im NS-Jargon hieß. Hätte sie eine Beziehung oder nur sexuelle Intimitäten mit einem „rassisch minderwertigen“ Kriegsgefangenen oder Zwangsarbeiter gehabt, wäre Erika Liehmann im KZ gelandet. Und ihr Partner wäre entweder sofort hingerichtet oder ebenfalls ins KZ deportiert worden.

Der Körper und die Rolle der „arischen“ Frauen standen im Mittelpunkt des Rassenwahns und der sexistischen NS-Ideologie. Die drastischen Konsequenzen, die Frauen bei Vergehen gegen die „rasse- und volksbewusste Haltung“ zu befürchten hatten, galten nicht für „arische“ Männer. Diese konnten meist straffrei intime sexuelle Beziehungen mit „rassisch minderwertigen“ Zwangsarbeiterinnen führen, obwohl dies an sich verboten war. Auch Vergewaltigungen an Zwangsarbeiterinnen, die häufig vorkamen, blieben für „arische“ Männer straffrei. Entstanden aus den verbotenen Beziehungen oder Vergewaltigungen Kinder, hatten die Zwangsarbeiterinnen die drastischen Folgen (Haft, Zwangsabtreibung, Kindesabnahme usw.) zu tragen, außer der Kindesvater war

Ukrainische Zwangsarbeiterinnen bei der Kartoffelernte, August 1943.
Bild: Österreichische Nationalbibliothek

ein Bauer oder Bauernsohn, der sich für den Verbleib der Frau als unersetzliche Arbeitskraft auf dem Hof einsetzte. Da es derart viele Schwangerschaften bei Zwangsarbeiterinnen gab, veranlassten die Nazis die Errichtung sogenannter „Kinderpflegestätten für fremdvölkische Kleinkinder", wo viele Kinder an Vernachlässigung und Misshandlungen starben.

Österreichische Frauen, die während der NS-Zeit eine verbotene Beziehung gehabt hatten, wurden oft auch nach 1945 weiter geächtet. Die ehemaligen Zwangsarbeiterinnen und Zwangsarbeiter wiederum erhielten für die erlittenen Torturen lange keine Entschädigung. Gerade im Bereich Infrastruktur – Kraftwerksbau, Wohnbau, Straßen- und Bahnbau – wurden durch die

NS-Zwangsarbeit jedoch Werte geschaffen, die nach 1945 der österreichischen Volkswirtschaft zufielen und bis heute zugutekommen. Erst im Jahr 2000 richtete die österreichische Bundesregierung in Kooperation mit Wirtschaftsbetrieben, die von der Zwangsarbeit besonders profitiert hatten, den Versöhnungsfonds ein. Die ausgezahlten Beträge an die Betroffenen waren jedoch gering und sind als symbolische Geste zu werten. (sr)

Literatur:

Oskar Dohle, Nicole Slupetzky: Arbeiter für den Endsieg. Zwangsarbeit im Reichsgau Salzburg 1939–1945, Wien 2004.

Elisa Frei, Martina Gugglberger, Alexandra Wachter: Widerstand und Zivilcourage. Frauen in Oberösterreich gegen das NS-Regime 1938–1945, Linz 2021.

Johannes Hofinger: Nationalsozialismus in Salzburg. Opfer – Täter – Gegner, Innsbruck/Wien/Bozen 2016.

Johann Stehrer: Strobl am Wolfgangsee. Naturraum, Geschichte und Kultur einer Gemeinde im Salzkammergut, Strobl am Wolfgangsee 1998.

56 ZINKENBACHER MALERKOLONIE

1932 stellten sich Franz von Zülow, Georg Ehrlich, Georg Merkel, Ferdinand Kitt und Ernst August von Mandelsloh mit Begleiterinnen in legerer Badekleidung in der Leichtigkeit der Sommerfrische der Kamera.

Bild: Nachlass Ferdinand Kitt, 2023

Reise

Museum Zinkenbacher Malerkolonie, Aberseestraße 11/1.Stock, 5340 St. Gilgen
Adambauer, Adamgasse 3, 5342 Abersee

Gegend

St. Gilgen ist eine Gemeinde im Salzburger Salzkammergut und als Sommerfrischeort bekannt. Es liegt rund 20 Kilometer von Bad Ischl entfernt. Die Hälfte des Wolfgangsees gehört zum Gemeindegebiet, aber auch die Oberburgau am Mondsee und die Unterburgau am Attersee. Auch der bekannte Schafberg mit seiner Zahnradbahn gehört weitgehend zu St. Gilgen. Viele Prominente errichteten hier Sommervillen. An bekannten Sehenswürdigkeiten sind das Mozarthaus, das Wohnhaus der Mutter Wolfgang Amadeus Mozarts, die Falkensteinwand und das Zwölferhorn zu nennen, das über eine Seilbahn erschlossen ist. Im Kulturhaus St. Gilgen befindet sich auch das Museum der Zirkenbacher Malerkolonie, denn die Einmündung des Zinkenbaches zählt ebenfalls noch zum Gemeindegebiet. Baden und Wandern gehören zu den beliebtesten Freizeittätigkeiten.

Aufbruch in die Moderne am Wolfgangsee

„Zinkenbacher Malerkolonie" wurde ein Zusammentreffen von Künstlerinnen und Künstlern auf dem Adambauernhof in Zinkenbach, Abersee am Wolfgangsee, von 1932 bis 1938 genannt. Mit dem „Anschluss" wurden jüdische Mitglieder zur Auswanderung gezwungen, während andere im Reich Karriere machten.

Die Wurzeln dieser losen Künstlergemeinschaft reichen bis Anfang der 1920er-Jahre und auf den Direktor der Gemäldegalerie des Kunsthistorischen Museums, Dr. Arpad Weixlgärtner, zurück. Die „Keimzelle" bildete eine Gruppe von fünf Wiener Künstlern („Künstlerkreis der Fünf"): Sergius Pauser, Mitglied der Wiener Secession, Ferdinand Kitt, Josef Dobrowsky, Ernst Huber und Franz von Zülow. Vor allem von 1932 bis 1936 sollen bis zu 27 Künstlerinnen und Künstler die Familie Kitt während der Sommermonate und auch im Winter beim Adambauern im Zentrum von Abersee besucht und eine fröhliche und ausgelassene Zeit miteinander verbracht haben. Die Runde war bunt gemischt: Politisch Geduldete wie Verfolgte, völkische, monarchistische, kommunistische, selbst nationalsozialistisch eingestellte Künstler und Künstlerinnen, „Arier" wie „Nichtarier", verbrachten gemeinsam ihre Zeit im „Malschiff", wie sie es nannten. Politische Orientierungen spielten keine Rolle, einig war man sich darin, Kunst zu schaffen. Sogar ein gemeinsames Blödelalbum entstand.

Nicht alle Künstler sind heute noch bekannt. Zum Freundeskreis zählten auch Ernst Toller und Kajetan Mühlmann. Vermutlich hatte auch John Quincy Adams, der im Sommer häufig in St. Gilgen auf Sommerfrische war, Kontakte zur Malerkolonie. Georg Ehrlich mit seiner Frau Bettina Bauer-Ehrlich gehörte dem Hagenbund an, der ein Gegenstück zur berühmten Wiener Secession bildete. Wer über zu wenig Geld verfügte, konnte seinen Aufenthalt auch mit Bildern, etwa Porträts von Familienmitgliedern, bezahlen.

Von der Kunst geeint, von der Politik zerschlagen: Mit dem Ende des Zinkenbacher Malerkreises wurde auch der Aufbruch in die Moderne unterbrochen. Hier ein Bild von Ferdinand Kitt, das „Malschiff".
Bild: Nachlass Ferdinand Kitt, 2023

Hervorzuheben ist die Wiener Künstlerin Lisel Salzer. Sie konnte als eine der ersten Frauen 1928 in der Wiener Secession ausstellen. In ihrem Atelier, der „kleinen Wiener Bohème", trafen sich die Schriftstellerin Hilde Spiel, die Karikaturistin Lisl Weil, der Komponist Erich Zeisl, die Malerin Bettina Bauer-Ehrlich und ihr Mann, der Bildhauer Georg Ehrlich. In dieser Zeit lernte sie auch ihren späteren Ehemann Fritz Grossmann kennen. Angeregt von ihren Eltern, verbrachte sie die Sommerfrische im Salzkammergut. Hier stieß sie zu der Malerkolonie, es folgten „aufregende und wilde Tage". 1939 konnte sie mit ihrem Mann nach New York flüchten. Ihre Eltern kamen 1942 im KZ Theresienstadt um. Lisl Salzer wurde 99 Jahre alt.

Ihre Freundin, die jüdische Schriftstellerin Hilde Spiel, emigrierte 1936 nach England. 1935 war ihr Roman „Verwirrung am Wolfgangsee" erschienen, der noch vor ihrer eigenen Emigrationserfahrung die Perspektive des „fremden, entwurzelten Blicks auf Vertrautes gewissermaßen vorwegnimmt" (Gianna Zocco). Der Einmarsch Hitlers beendete die Sommeridylle. Während die einen emigrierten, machten andere – das spätere NSDAP-Mitglied Ernst August von Mandelsloh oder Gudrun Baudisch-Wittke, die 1937 in Hallstatt ein von Juden geraubtes Haus kaufte – in der Zeit des Nationalsozialismus Karriere. Der Prominenteste von ihnen war Kajetan Mühlmann aus Salzburg. Der studierte Maler arbeitete als Werbegrafiker unter Max Reinhardt. Schon früh war er Mitglied der NSDAP, befreundet mit Hermann Göring, beteiligt am Ende Österreichs durch den Sturz der Regierung Schuschnigg,

SS-Oberführer und Kunsträuber in den „deutschen Ostgebieten". Teile der beschlagnahmten Kunstwerke landeten bei Hans Posse, Sonderbeauftragter Hitlers für den Aufbau der Sammlung des Sonderauftrages Linz („Führermuseum"). Mühlmanns Dienststelle raffte auch Kunstgüter von ins Ausland geflohenen Juden an sich. Für Hermann Fegelein und Frau „Gretl" Braun (Schwester von Eva) ließ er eine ganze Hauseinrichtung in die „Amerikaner-Villa" an den Attersee schaffen.

Sein Haus in Kammer am Attersee stattete Mühlmann mit Bildern von Cranach, Bredal, Osias Beert, Jan van Kessel und anderen aus. Zu seiner Tätigkeit beim Kunstraub wurde er im August und September 1945 in Altaussee befragt. Weder die Amerikaner noch die Deutschen oder die Österreicher hatten Interesse, ihn anzuklagen. Er lebte, von der Justiz unbehelligt, vom Verkauf der geraubten Bilder.

Der Zinkenbacher Malerkolonie ist heute ein Museum im ersten Stock des Kulturhauses St. Gilgen gewidmet. Der von Christina Steinmetzer 1996 gegründete Museumsverein Zinkenbacher Malerkolonie veranstaltet seit 2001 jährlich Ausstellungen zu den Künstlern und Künstlerinnen der ehemaligen Malerkolonie. (cs)

Literatur:

Bernhard Barta: Das Malschiff. Österreichische Künstlerkreise der Zwischenkriegszeit. Wien 2007.

57 VILLA WALDRUHE / HAUS LORITZ

Das „Haus Loritz", auch „Villa Waldruh" genannt, liegt, nur durch die Uferstraße getrennt, auf einer Felsnase über dem Wolfgangsee.

Bild: Christian Strasser

Reise

Villa Waldruhe/Haus Loritz, Franzosenschanze 1, Gschwand, 5340 St. Gilgen (einsehbar bei Parkplatz Franzosenschanze)

Gegend

St. Gilgen ist eine Gemeinde im Salzburger Salzkammergut und als Sommerfrischeort bekannt. Es liegt rund 20 Kilometer von Bad Ischl entfernt. Die Hälfte des Wolfgangsees gehört zum Gemeindegebiet, aber auch die Oberburgau am Mondsee und die Unterburgau am Attersee. Auch der bekannte Schafberg mit seiner Zahnradbahn gehört weitgehend zu St. Gilgen. Viele Prominente errichteten hier Sommervillen. An bekannten Sehenswürdigkeiten sind das Mozarthaus, das Wohnhaus der Mutter Wolfgang Amadeus Mozarts, die Falkensteinwand und das Zwölferhorn zu nennen, das über eine Seilbahn erschlossen ist. Baden und Wandern gehören zu den beliebtesten Freizeittätigkeiten.

St. Gilgen – Erholungsort für KZ-Kommandanten

Zwei SS-Massenmörder, Hans Loritz und Arthur Liebehenschel, ließen sich in St. Gilgen im Salzburger Teil des Salzkammerguts von KZ-Insassen Landvillen errichten. – Die Häuser sind bis heute bewohnt. Die jetzigen Besitzer sperren sich – teils vergeblich – gegen einen Denkmalschutz.

Hans Loritz, seit 1939 für das Konzentrationslager Sachsenhausen bei Berlin zuständig, hatte 1938 KZ-Häftlinge – viele Zeugen Jehovas, die als folgsam und nicht fluchtwillig galten – für den Bau seines Privathauses eingesetzt. Dazu musste er die Baustelle als KZ-Außenlager („Arbeitskommando Am See") deklarieren. Eine offizielle Erlaubnis dafür hätte es im NS-System nicht gegeben. Bis zu 25 Häftlinge schufteten dort, nachts schliefen sie im Gefängnis von St. Gilgen oder einer Baracke am Baugelände. Loritz war schon seit 1934 KZ-Kommandant und galt als äußerst brutal. Er führte das „Pfahlhängen" ein, eine Foltermethode, bei der Menschen an den rückwärts zusammengebundenen Armen aufgehängt wurden, teils, bis der Tod eintrat. Wegen Korruptionsvorwürfen verlor er 1942 seine Privilegien als KZ-Kommandant. Der Bau in St. Gilgen wurde eingestellt. Wenig später war er wieder im KZ im Dienst. Kurz vor der Auslieferung an die Sowjetunion wählte Loritz 1946 den Freitod. Wegen der von ihm initiierten „Genickschussanlage", mit der 10.000 sowjetische Kriegsgefangene ermordet wurden, stand ihm die Exekution bevor. Die US-Armee beschlagnahmte 1945 seine Villa, die die Republik an eine Privatperson weiterverkaufte.

Nicht weniger berüchtigt als Loritz war Arthur Liebehenschel, Lagerkommandant des Stammlagers des Konzentrationslagers Auschwitz. Er absolvierte eine Karriere in diversen KZs und SS-Verbänden. Als Leiter der Abteilung D 1/Zentralamt im SS-Wirtschafts- und Verwaltungshauptamt (WVHA) unter Oswald Pohl und Vertreter des Inspekteurs der Konzentrationslager Richard Glücks war er einer der höchsten Beamten der NS-Vernichtungsmaschinerie.

Hans Loritz ließ als KZ-Kommandant Häftlinge für den Bau seiner Privatvilla schuften. Das Eisentor mit Nazi-Symbol wurde angeblich im KZ Sachsenhausen gefertigt und versperrt immer noch die Auffahrt.
Bild: Wikipedia Commons

Unweit von Loritz ließ sich auch Liebehenschel mit Blick auf den Wolfgangsee eine Villa errichten. Bibelforscher aus Sachsenhausen waren im Hochsommer 1942 für ihn tätig. Seine Tochter erzählt von der Entstehung des Hauses in St. Gilgen: „Das Grundstück dafür hatte Papa auf 95 Jahre gepachtet. Meine Schwester Brigitte erzählte mir, dass Gefangene für die Schlussphase des zweistöckigen Chalets dienten." Wie ihre Mutter herausfinden musste, diente es nicht nur als Feriendomizil, sondern auch als Liebesnest für Liebehenschel und seine Sekretärin. Sie erwischte die beiden in flagranti. Die Scheidung folgte 1943, was Liebehenschel in der SS-Hierarchie schadete. Kriegsende 1945: Ex-Frau Gertrud flüchtete, als Frau eines KZ-Kommandanten enttarnt, mit den beiden Töchtern zu Fuß zwei Wochen über Felder und Wälder nach St. Gilgen. Ihr Ex-Mann wurde am 24. Januar 1948 im Krakauer Montelupich-Gefängnis durch Hängen hingerichtet.

Mit dem Einsatz von Sklavenarbeitern aus Konzentrationslagern für ihre Privathäuser übertrafen die KZ-Kommandeure noch die Kleptokratie der Nazinomenklatur. In St. Gilgen wurden die Täterorte erst sehr spät zur Kenntnis genommen, 70 bis 80

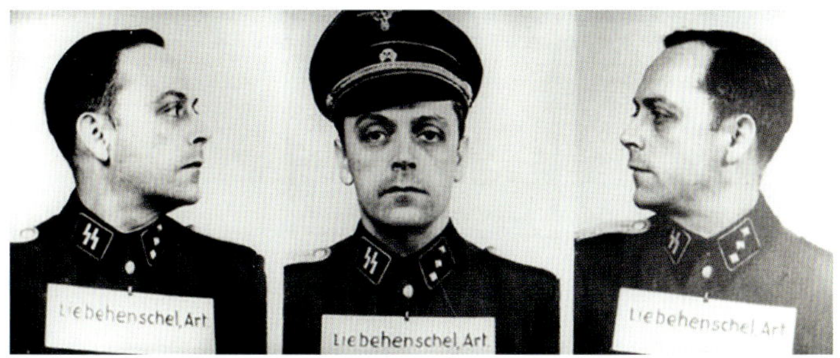

Arthur Liebehenschel, Kommandant von Auschwitz, ließ unweit von Loritz ebenfalls Zwangsarbeiter aus dem KZ an seinem Privathaus arbeiten. Sein Haus ist von der Straße nicht einsehbar.

Bild: Wikipedia Commons

Jahre nach den Ereignissen. Gegen eine Unterschutzstellung als „Täterorte" und Gedenkstätten für die Opfer wehren sich die Eigentümer der Häuser auf juristischem Weg. 2023 gelang diese beim Haus „Loritz". (cs)

Literatur:

Barbara U. Cherish: The Auschwitz Kommandant: A Daughter's Search for the Father She Never Knew. London 2009.

Dirk Riedel: Ordnungshüter und Massenmörder im Dienst der „Volksgemeinschaft". Der KZ-Kommandant Hans Loritz. Berlin [2]2020.

58 EHEMALIGE VILLA STEINREICH

Ehemalige Liegenschaft von Gertrude Steinreich in St. Gilgen.
Bild: Susanne Rolinek

Reise
Ehemalige Villa Steinreich, Steinklüftstraße, 5340 St. Gilgen

Gegend
Dorfplatz mit historischen Gebäuden, Sommerfrischevillen (viele während der NS-Zeit „arisiert"), Denkmal für Theodor Billroth und Marie von Ebner-Eschenbach an der Seepromenade, ehemaliges Bezirksgericht (Mozarthaus, Geburtsort von Mozarts Mutter und Sitz des Kulturvereins mit vielfältigem Angebot im Bereich Musik, Theater, Kabarett, auch Kinderprogramm), Museum Zinkenbacher Malerkolonie, Heimatmuseum St .Gilgen/Wetzlgut mit Pestkreuz. Naturerlebnispark Arboretum in Abersee. Wolfgangseeschifffahrt. Naturbadestrände. Markanter Ausblick vom Ort auf Zwölferhorn, Plombergstein und Schafberg. Uferweg am intensiv blaugrünen Wolfgangsee vom Ortszentrum nach Fürberg, hier Ochsenkreuz und Hochzeitskreuz auf Felsen im See, weiter den Pilgerweg über den Falkenstein (hier Kirche und Quelle) nach St. Wolfgang. Beeindruckende Aussicht von der Falkensteinwand. Naturdenkmal Steinklüfte beim Plombergstein. Schloss Hüttenstein. Zwölferhorn-Seilbahn, Schafbergbahn. Breites Angebot an Rad-, Wander-, Berg-, Kletter-, Mountainbike-, Skilanglauf-, Schneeschuh- und Skitouren rund um St. Gilgen in der Osterhorn- und Schafberg-Gruppe, dem Höllen- und Katergebirge. Wassersport am Wolfgangsee.

EINE „ARISIERTE" VILLA FÜR DEN KUNSTHÄNDLER WELZ

1932 ließ Gertrude Steinreich in der St. Gilgner Steinklüftstraße eine Sommervilla für ihre Familie bauen. Unmittelbar nach dem „Anschluss" beschlagnahmte die Gestapo die Villa Steinreich, die Familie wurde vertrieben. Friedrich Welz, während der NS-Zeit zum Kunstberater des Salzburger Gauleiters aufgestiegen, witterte seine Chance.

Am 12. März 1938, nur Stunden nach der NS-Machtübernahme, hatte der Salzburger Rahmen- und Kunsthändler Friedrich Welz in der lokalen Presse inseriert: „Die schönsten Führer-Bilder bei Welz, Sigm. Haffnergasse". Beim Antrag zur Aufnahme in die NSDAP im Mai 1938 gab er an: „Fühle mich seit 1922 mit der N.S.D.A.P geistig verbunden. Habe mich, damals in Wien lebend, an allen Versammlungen und Aufmärschen der Partei beteiligt."

Welz machte rasch NS-Karriere. Er überzeugte den Salzburger Gauleiter Friedrich Rainer von seiner Idee zur Errichtung einer Salzburger Landesgalerie (1942–1944), deren Leiter er wurde. Der Kunsthändler unternahm in dieser Funktion regelrechte „Einkaufsfahrten" in das besetzte Frankreich und die besetzten Niederlande. Er nutzte dabei auch seine Kontakte zu den bekannten Salzburger SS-Angehörigen Josef und Kajetan Mühlmann. Die Mühlmann-Brüder waren 1938 aktiv an „Arisierungen" und Entziehungen in Österreich und ab 1939 am Kunstraub in Polen, Frankreich und den Niederlanden beteiligt. Die „Dienststelle Mühlmann" in Den Haag diente als Drehscheibe für geraubte Kunstwerke in Europa. Durch die „Arisierung" der Wiener Galerie Würthle und von Werken aus der Sammlung zeitgenössischer Kunst des Wiener Zahnarztes Heinrich Rieger häufte Welz eine wertvolle Kunstsammlung an. Auch mit anderen „arisierten" und entzogenen Werken betrieb Welz regen Handel und belieferte unter anderem den Salzburger und Wiener Gauleiter sowie die Reichsminister Fritz Todt und Bernhard Rust.

Friedrich Welz (2. von links) immer mit dabei, hier zwischen dem Salzburger NS-Statthalter Albert Reitter (1. von links) und dem bei Adolf Hitler beliebten Schauspieler Emil Jannings, der seit 1929 in Strobl lebte, bei der Eröffnung der Makart-Ausstellung in der Salzburger Residenz im Mai 1940.
Bild: Stadtarchiv Salzburg, Fotoarchiv Franz Krieger

Als Zweitwohnsitz wollte er sich nun die Villa Steinreich unter den Nagel reißen. Mehr als ein Dutzend Bewerberinnen und Bewerber bemühten sich um die Liegenschaft. Als Welz ins Spiel kam, zog sogar Leo Kreiner, SS-Hauptsturmführer und Adjutant des Salzburger Gauleiters Rainer, seine Bewerbung um die Villa zurück. Im Dezember 1940 unterschrieben Friedrich Welz und sein Bekannter Raimund Hummer offiziell den Kaufvertrag für die Villa, der Verkaufserlös kam auf ein „Sperrkonto". Gertrude Steinreich hatte keinen Zugriff darauf. Welz verwendete Teile der Villa als Lager für seine neu erworbenen Kunstwerke. 1943 verkaufte er seinen Anteil der Villa an Hummer, beließ die Kunstwerke aus Luftschutzgründen aber weiter im Gebäude.

Nach dem Ende des NS-Regimes saß Welz wegen seiner Rolle während der NS-Zeit zwei Mal in Haft. 1947 wurde er freigelassen, erwartete allerdings einen Volksgerichtsprozess wegen „missbräuchlicher Bereicherung durch Ausnützung der nationalsozialistischen Machtergreifung". Angesichts des bevorstehenden Prozesses suchte der Kunsthändler fieberhaft nach Entlastungsaussagen, um einer Verurteilung zu entgehen. Im Mai und Juni 1947 schrieb er deshalb sogar an das Ehepaar Steinreich, das einen Großteil seiner Angehörigen im KZ verloren hatte, an den Sohn von Heinrich Rieger, der im KZ ermordet worden war, und an die ehemalige Eigentümerin der Galerie Würthle. In diesen Briefen biederte er sich in einer dreisten Art und Weise den NS-Opfern an, indem er sich als seriösen Geschäftsmann darstellte, der im Zuge der „Arisierungen" nur das Beste für die Geschädigten gewollt habe und nach 1945 selbst Opfer der politischen Umstände geworden sei. Im Schreiben an die Familie Steinreich beklagte er seine „fast zweijährige Haft, die ich aufgrund von Verleumdungen und falschen

Denunzierungen zu erleiden hatte", bat um „Verständnis für mein Handeln" (in Bezug auf die „Arisierungen") und betonte, „daß mich weder rassische noch politische oder skrupellose gewinnsüchtige Gründe bei meinen Handlungen geleitet haben". Der letzte Satz war insofern wichtig, da sich Welz im Volksgerichtsprozess darauf berief, aus den Briefen würde klar hervorgehen, dass „von einer Ausnützung der Lage nicht gesprochen werden kann".

Obwohl Welz in den Rückstellungsverhandlungen betreffend die Villa Steinreich, die Galerie Würthle und die Kunstwerke der Sammlung Heinrich Rieger schuldig gesprochen wurde und das Gericht die Restitution der entzogenen Vermögen anordnete, stellte die Staatsanwaltschaft den Volksgerichtsprozess gegen Welz 1950 ein.

Friedrich Welz erlangte posthum noch einmal „Berühmtheit", da seine Machenschaften während der NS-Zeit indirekt ausschlaggebend für das österreichische Kunstrückgabegesetz im Jahr 1998 waren. Die Beschlagnahmung des Schiele-Gemäldes „Wally" 1998 in New York, das Welz im Zuge der „Arisierung" der Galerie Würthle erpresst hatte, sowie die öffentliche Thematisierung von NS-Raubkunst führten zur Verabschiedung dieses Gesetzes. Bis heute restituieren Museen Kunstwerke, die aus den Beständen von Friedrich Welz gekauft worden waren, an die rechtmäßigen Eigentümerinnen und Eigentümer bzw. deren Nachkommen. Eine der prominentesten Restitutionen war jene des Klimt-Gemäldes „Litzlberg am Attersee" (1915) aus dem Museum der Moderne Salzburg im Jahr 2011. (sr)

Literatur:

Gert Kerschbaumer: Meister des Verwirrens. Die Geschäfte des Kunsthändlers Friedrich Welz, Wien 2000.

Fritz Koller: Das Inventarbuch der Landesgalerie Salzburg 1942–1944, Salzburg 2000 (Schriftenreihe des Salzburger Landesarchivs, Band 12).

Albert Lichtblau: „Arisierungen", beschlagnahmte Vermögen, Rückstellungen und Entschädigungen in Salzburg, Wien/München/Oldenburg 2004 (Veröffentlichungen der Österreichischen Historikerkommission, Band 17/2).

59 SCHLOSS FUSCHL

Ganz unidyllisch: das derzeit im Umbau befindliche Hotel Schloss Fuschl.
Bild: Susanne Rolinek

Reise
Schloss Fuschl, Schlossstraße 19, 5322 Hof bei Salzburg

Gegend
Der Fuschlsee ist aufgrund seiner intensiven blaugrünen Farbe und des Wanderwegs rund um den großteils unverbauten (jedoch nur an wenigen Stellen öffentlich zugänglichen) See zu jeder Jahreszeit ein beliebtes Ausflugsziel. Weithin bekannte Fischzucht samt Verkauf beim Schloss Fuschl. Das Veranstaltungszentrum und Museum Hundsmarktmühle auf der Thalgauer Seite des Fuschlsees ist einen Besuch wert, ebenso die renovierte Rumingmühle in Fuschl. Burgruine Wartenfels am Fuß des markanten Schobers, eines viel begangenen, jedoch nicht zu unterschätzenden Aussichtsbergs (nur für Geübte!). Zahlreiche Rad- und Almwanderrouten, breites Angebot an Berg-, Kletter-, Mountainbike-, Skilanglauf-, Schneeschuh- und Skitouren in den Salzkammergutbergen rund um Fuschl. Wassersport am Fuschlsee.

Wo Ribbentrop sich von seinen Verbrechen erholte

Das Schloss liegt idyllisch am Fuschlsee und war über Jahrzehnte beliebtes Luxushotel für Festspielgäste und andere Prominenz, 2024 wird es nach einer Renovierungsphase wiedereröffnet. Bis 1938 gehörte es Gustav von Remiz, einem Monarchisten. Nach dem „Anschluss" verhaftete die Gestapo Remiz, deportierte ihn ins KZ Dachau und beschlagnahmte die Liegenschaft. Schloss Fuschl war bis 1945 Sommerresidenz des NS-Außenministers Joachim von Ribbentrop. In den 1950er-Jahren diente es als Kulisse für die „Sissi"-Filme.

1929 kauften Gustav Remiz und seine Frau Hedwig das aus dem 15. Jahrhundert stammende Jagdschloss. Remiz unterstützte als Monarchist den Austrofaschismus, was ihn nach dem „Anschluss" Österreichs an Deutschland zur Zielscheibe der NS-Verfolgung machte. Im Juni 1938 verhaftete die Gestapo Remiz, er kam ins KZ Dachau, wo er ein Jahr später als sogenannter „Schutzhäftling" starb. Seine Frau Hedwig versuchte sich gegen die Enteignung des Schlosses zu wehren, schließlich war sie die Enkelin des Industriellen August Thyssen. Doch Gauleiter Friedrich Rainer betrieb die Enteignung mit allen Mitteln. Er schlug Hedwig Remiz zunächst vor, das Schloss „freiwillig" zu verkaufen. Als sie ablehnte, erstellte die Salzburger Gestapo einen Bescheid, dass Remiz ein „Staats- und Volksfeind" und damit eine Enteignung des Schlosses rechtens wäre.

Im Sommer 1939 suchte Martin Bormann für Ribbentrop einen Sommersitz in der Nähe des Obersalzbergs, wo Hitler residierte. Schloss Fuschl schien ideal gelegen und auch repräsentativ genug für einen Außenminister des „Dritten Reichs". Das Reichsaußenministerium zahlte dem Land Salzburg dafür eine Entschädigung, im Dezember 1939 unterschrieben Ribbentrop und Rainer die Verträge. Die eigens gegründete Stiftung „Haus Fuschl" stellte das Schloss und die angrenzenden Liegenschaften den NS-Granden für Repräsentation und Erholung zur Verfügung. Die Stiftung errichtete

Hitlers Außenminister Joachim Ribbentrop im Sommer 1939 auf Schloss Fuschl im Gespräch mit Mussolinis Außenminister Galeazzo Ciano.

Bild: Österreichische Nationalbibliothek

ein Bootshaus und einen zwei Kilometer langen Promenadenweg am See sowie ein Wachhaus für die SS. Das Schloss wurde ausgebaut und aufgestockt. Das Außenministerium wollte, um mit Staatsgästen ungestört flanieren zu können, eine Sperrzone rund um das Schloss schaffen. Doch die umliegenden Bauern wehrten sich. Staatssekretär Martin Luther, Mitarbeiter von Ribbentrop, beschimpfte die Landwirte als „schwarze Brüder", die von den „Pfaffen" aufgewiegelt worden seien.

Nach dem Zusammenbruch des Dritten Reichs musste sich Ribbentrop als einer von 24 Hauptkriegsverbrechern wegen Verschwörung, Verbrechen gegen den Frieden, Kriegsverbrechen und Verbrechen gegen die Menschlichkeit vor dem Nürnberger Gericht verantworten und wurde im Oktober 1946 hingerichtet. Er zeigte bis zuletzt keine Reue. Die US-Armee stellte die Stiftung „Haus Fuschl" unter öffentliche Verwaltung und nutzte das Schloss und die Nebengebäude als Erholungsheim für US-Offiziere. Hedwig Remiz, die den Tod ihres Mannes und die Verfolgung nicht verkraftet hatte, galt mittlerweile als „geisteskrank". Die Rückstellung von Schloss Fuschl an die Familie Remiz zog sich bis in die 1950er-Jahre, unterschiedliche Interessen waren im Spiel. Die weiter bestehende Stiftung „Haus Fuschl" argumentierte, Hedwig Remiz hätte die Investitionskosten zu begleichen, bevor es zu einer Restitution kommen könne. Die Witwe reagierte verbittert: „Es wird niemand verwundert sein, dass mich das Begehren sonderlich berührt, das Wachhaus jener SS bezahlen zu sollen, deren Auftreten in Österreich ich die

Verschleppung und Liquidierung meines Gatten in Dachau zu verdanken habe." Es kam zu einem für Hewig Remiz ungünstigen Vergleich.

Unterdessen diente Schloss Fuschl als Kulisse für die von 1955 bis 1957 entstandenen „Sissi"-Filme. Der Versuch einer aus dem politischen Zusammenhang gerissenen Idyllisierung gelang. 1959 kaufte der Bad Reichenhaller „Salzbaron" Carl Adolf Vogel das Schloss und konnte mit prominenten Gästen punkten: Der sowjetische Staatschef Chruschtschow, Ägyptens Präsident Sadat und US-Präsident Ford wohnten hier. Nach mehreren Eigentümerwechseln, einer Schließung und Renovierungsarbeiten werben die Rosewood Hotels and Resorts, die nun auch das Schloss Fuschl managen, mit der idyllischen Lage am See und planen eine Wiedereröffnung im Jahr 2024. (sr)

Literatur:

Jutta Hangler: Schloss Fuschl. Beutegut des NS-Außenministers, in: Robert Kriechbaumer (Hg.): Der Geschmack der Vergänglichkeit. Jüdische Sommerfrische in Salzburg. Wien/Köln/Weimar 2002, S. 259–280.

Johannes Hofinger: Nationalsozialismus in Salzburg. Opfer – Täter – Gegner, Innsbruck/Wien/Bozen 2016.

60 GEMEINDEBIBLIOTHEK THALGAU

Die Bibliothek in Thalgau. Im Dezember 1938 wurde ein Großteil des Bestandes bei der örtlichen Bücherverbrennung vernichtet.

Bild: Susanne Rolinek

Reise

Bibliothek Thalgau, Ferdinand-Zuckerstätter-Straße 20, 5303 Thalgau

Gegend

Der Ort lag einst an der Ischlerbahn und war daher mit dem Zug gut erreichbar. Sehenswert das Gelände der ehemaligen und nun denkmalgeschützten Zinnoxydfabrik von Nicolaus Gaertner, eine der bedeudendsten Fabriken dieser Art in der K.-u.-k.-Monarchie. Auch das Veranstaltungszentrum und Museum Hundsmarktmühle ist einen Besuch wert. Wanderweg entlang der Fuschler Ache zum Russen-Gedenkstein an der alten „Russenstraße" von Thalgau nach Hof bei Salzburg, die von russischen Kriegsgefangenen während des Ersten Weltkriegs errichtet wurde. Burgruine Wartenfels am Fuß des markanten Schobers, eines viel begangenen, jedoch nicht zu unterschätzenden Aussichtsbergs (nur für Geübte, auch Kletterrouten auf der Südseite des Schobers). Skilanglaufgebiet samt Jausenstation in Wasenmoos am Thalgauberg, hier auch die älteste erhaltene Holzkirche Österreichs auf dem nahe gelegenen Kolomansberg (Kolomanskirche). Zahlreiche Rad- und Wander-, Berg-, Schneeschuh- und Mountainbikerouten rund um Thalgau, auch ein Teil des Fuschlsees gehört zur Gemeinde Thalgau.

„FORT MIT DEM VOLKSFREMDEN GEISTESGUT!"

Im Flachgauer Ort Thalgau – dem „Tor zum Salzkammergut" – fand am 21. Dezember 1938 zur Wintersonnenwende die zweite große Bücherverbrennung auf dem Gebiet des heutigen Österreich statt; nach jener am 30. April 1938 am Salzburger Residenzplatz. In Thalgau initiierte der fanatische Nazi und Lehrer Alois Behensky die Verbrennung eines Großteils des Bücherbestands der Gemeindebibliothek.

Vor allem Bücher zu Kunst und Kultur, Philosophie sowie Heimatkunde und Religion hatten Fabrikant Nicolaus Gaertner, sein Sohn Alfred, der örtliche Schulleiter Leonhard Müller und Dechant Sebastian Russegger gesammelt und der Bibliothek der katholisch geprägten Gemeinde zur Verfügung gestellt. Bereits die austrofaschistische Regierung (von 1933/34 bis 1938) hatte österreichweit Zensurmaßnahmen gegen sogenannte „marxistische" und verhetzende NS-Literatur verhängt. Es gab aber vor 1938 durchaus Überschneidungen zwischen Austrofaschismus und Nationalsozialismus: völlige Ablehnung der parlamentarischen Demokratie, Verherrlichung von Diktatur und Führerkult, Hass auf Sozialdemokratie und Marxismus, Fokussierung auf Heimat und Deutschtum sowie Verfolgung politisch Andersdenkender.

Die Nazis gaben sich nach dem „Anschluss" allerdings nicht mit Zensur zufrieden. Karl Springenschmid, NSDAP-Mitglied, SA- und SS-Angehöriger, Lehrer, Schriftsteller und ab 1938 hochrangiger NS-Funktionär der Salzburger Gauleitung, inszenierte die Bücherverbrennung am Salzburger Residenzplatz. Dann folgte Thalgau. Der Schörghubbühel, wo die Bücherverbrennung stattfand, war bereits vor 1938 ein beliebter Treffpunkt für deutschnationale Vereine und illegale Nazis gewesen. Hier turnten Angehörige des deutschnationalen Turnvereins unter der Führung von Alois Sperrer und Johann Berner; einige dieser Turnerinnen und Turner waren bereits aktive Nazis. Die NSDAP in Thalgau war vor 1938 getragen vom lokalen bürgerlichen Lager

2008 errichtete Gedenkstätte im ehemaligen Gerichtsgarten für die aus Thalgau stammenden Opfer des NS-Regimes.
Bild: Susanne Rolinek

und verarmten Gewerbetreibenden. Nach dem „Anschluss" konnten einige von ihnen Karriere machen. Sperrer stieg zum NSDAP-Ortsgruppenleiter auf, Berner zum SA-Führer, Berners Frau Maria zur Leiterin der örtlichen Nationalsozialistischen Frauenschaft.

Doch zurück zur Bücherverbrennung am 21. Dezember 1938. Lehrer Behensky ließ beinahe den gesamten Bücherbestand der Gemeindebibliothek – rund 800 Stück – zum Schörghubbühel nördlich des Ortszentrums bringen und dort unter Mitwirkung der örtlichen SS, SA und HJ verbrennen. Das Datum war bewusst gewählt, die Wintersonnenwende wurde von den Nazis „regermanisiert" und als große nationalsozialistische „Julfeier" begangen. Auch in anderen Orten in Österreich, wie in Reisach im Kärntner Gailtal, in Villach, Bruck an der Leitha, Attnang-Puchheim, Lofer, Linz und Steyr, gab es kleinere Bücherverbrennungen. Überall begleitet von Feuersprüchen wie „Fort mit dem volksfremden Geistesgut!". Und diese Bücherverbrennungen waren nur ein Vorspiel für das Kommende: Verfolgung und völlige Vernichtung aller, die nicht der rassistischen NS-Ideologie entsprachen oder sich gegen die NS-Diktatur auflehnten – bis hin zum industriellen Massenmord, dem Holocaust (Shoah).

Der mittlerweile verstorbene Lokalchronist Bernhard Iglhauser bemühte sich jahrzehntelang um die zeitgeschichtliche Aufarbeitung in Thalgau: „Die ersten fünf Jahre wurde ich belogen und betrogen. Erst als ich Fotos vorgelegt oder sie mit Aussagen von anderen konfrontiert habe, sind einige mit der Wahrheit herausgerückt." In Zusammenarbeit mit der Gemeinde Thalgau, regionalen Kulturinitiativen und dem Salzburger Bildungswerk entstanden Gedenkorte für die Opfer von Verfolgung und Widerstand im Nationalsozialismus, zeitgeschichtliche Ausstellungen und Tagungen. Im „Thalgauer Bedenkjahr 2008" wurde im ehemaligen Gerichtsgarten gegenüber der Gemeindebibliothek eine Gedenkstätte für die Opfer des NS-Regimes eingeweiht. An dieser Stelle hatten die Nazis einen NS-Ehrenhain errichten wollen.

Die Opfer des Widerstands gegen das NS-Regime waren der 1944 hingerichtete Eisenbahner und sozialistische Widerstandskämpfer Engelbert Weiß, der 1940 hingerichtete Kriegsdienstverweigerer und Zeuge Jehovas Johann Ellmauer sowie der 1940 im KZ Buchenwald ermordete Pfarrer Johann Schroffner. Fünf Personen wurden im Rahmen der NS-Euthanasie ermordet: Johann Gschwandtner, Maria Lindinger, Zäzilia Michelitsch, Angela Neumayer und Franz Schroffner.

In Erinnerung an die Bücherverbrennung fand in der Thalgauer Gemeindebibliothek temporär eine Gedenktafel Aufstellung. Und am sogenannten „Schöpphaus" befindet sich eine Gedenktafel für Hellmuth Stieff und seine Frau Ili. Hellmuth Stieff war zunächst – so wie Claus Stauffenberg – Befürworter von Hitler und der NS-Ideologie gewesen. Doch die NS-Verbrechen erschütterten ihn als Berufsoffizier zunehmend und er schloss sich der Widerstandsgruppe um Claus Stauffenberg an, die am 20. Juli 1944 das Attentat auf Hitler verübte und einen Staatsstreich herbeiführen wollte. Stauffenberg, Stieff und alle anderen des engsten Widerstandskreises wurden daraufhin verhaftet, gefoltert und hingerichtet. Ili Stieff hatte ihren Mann im Widerstand unterstützt und kam nach dem Attentat auf Hitler ebenfalls in Gestapohaft, so auch ihr Vater Adrian Gaertner. Sie lebte nach ihrer Freilassung im Oktober 1944 zunächst versteckt und kehrte erst nach dem Ende der NS-Diktatur nach Thalgau zurück, wo sie 1980 starb. 2019 widmete ihr Thalgau eine Ausstellung in der Hundsmarktmühle. (sr)

Literatur:

Bernhard Iglhauser: „Hut ab vor diesen Bekennern!" Thalgau 1914–1945, Thalgau 2008.

Horst Mühleisen: Hellmuth Stieff und der deutsche Widerstand, in: Vierteljahreshefte für Zeitgeschichte, 39. Jg., Heft 3, 1991, S. 339-377.

Karl Müller: Die Vernichtung des „undeutschen" Geistes. Theater und Literatur im Dienste des Nationalsozialismus, in: Sabine Veits Falk und Ernst Hanisch (Hg.): Herrschaft und Kultur. Instrumentalisierung – Anpassung – Resistenz, Salzburg 2013, S. 400–459. (Die Stadt Salzburg im Nationalsozialismus, Band 4).

61 KRIEGERDENKMAL, HOF BEI SALZBURG

Die Nesselgrabenbrücke zwischen Koppl und Hof bei Salzburg. Die SS plante am 4. Mai 1945, die Brückenpfeiler zu sprengen und damit den Vorstoß der US-Truppen zu verzögern. Matthias Roither und Theodor Leberbauer aus Hof versuchten dies zu verhindern, tappten jedoch bei der in Bau befindlichen Brücke in eine Falle der SS.

Bild: Susanne Rolinek

Reise

Pfarrkirche Hof bei Salzburg, Kirchengasse, 5322 Hof bei Salzburg

Gegend

Das 2013 neu eröffnete Veranstaltungszentrum K.U.L.T. Ort bietet ein umfangreiches Kulturprogramm. Musealer Plötzhof als eines der ältesten Bauwerke in Hof, früher als Gefängnis genutzt. Rauchhaus Mühlgrub. Jährliches Electric Love Festival am Salzburgring. Naturbadestrand am Fuschlsee. Wanderweg entlang der Fuschler Ache zum Russen-Gedenkstein an der alten „Russenstraße" von Thalgau nach Hof bei Salzburg, die von russischen Kriegsgefangenen während des Ersten Weltkriegs errichtet wurde. Skilanglaufgebiet und kleiner Skilift direkt im Ort bei ausreichender Schneelage in Betrieb. Burgruine Wartenfels am Fuß des markanten Schobers, eines viel begangenen, jedoch nicht zu unterschätzenden Aussichtsbergs (nur für Geübte, auch Kletterrouten auf der Südseite des Schobers). Zahlreiche Rad- und Almwander-, Schneeschuh-, Berg- und Mountainbikerouten rund um die Gemeinde. Wassersport am Fuschlsee.

„DACHAUREIF" DER EINE, GEFALLENER „HELD" FÜRS „DRITTE REICH" DER ANDERE

Neben dem Eingang zur Pfarrkirche in der Fuschlseegemeinde Hof bei Salzburg befindet sich ein Kriegerdenkmal in Erinnerung an die gefallenen Soldaten der beiden Weltkriege. Am Sockel des Denkmals wurde eine Gedenktafel in Erinnerung an die zivilen Opfer der Gemeinde montiert. Als Geste gut gemeint, verharmlosen die Worte auf dieser Gedenktafel jedoch die Taten des verbrecherischen NS-Regimes, wie die Verfolgung und Ermordung Andersdenkender und unerwünschter Personen.

Kriegerdenkmäler dominieren die Denkmalkultur in den österreichischen Gemeinden. Das 1922 in Hof eingeweihte und 1950 erweiterte Kriegerdenkmal steht stellvertretend für eine spezifische Form der Erinnerungskultur, die im Sinne einer eindimensionalen Heldenverehrung allgemein „unsere toten Helden zweier Weltkriege" ehrt, wie es in Hof geschrieben steht. Diese Form des Gedenkens klammert den Aspekt des verbrecherischen NS-Vernichtungskriegs völlig aus und erklärt alle zu Opfern – auch die Täterinnen und Täter. Erst Ende der 1980er-Jahre, Anfang der 1990er-Jahre wurden Denkmäler für jene errichtet, die vom NS-Regime verfolgt und ermordet worden waren, immer verbunden mit Konflikten und Diskussionen über die Notwendigkeit solcher Gedenkstätten.

Die Gemeinde Hof versuchte auch jenen, die während der NS-Zeit nicht als Soldaten im Krieg fielen, zu gedenken und ließ eine Tafel am Kriegerdenkmal montieren: „In der Heimat und für ein freies Österreich fielen: Egger Maria 1941, Enzinger Eduard 1941, Kittl Johann 1944, Edler von Remiz Gustav Nikolaus 1939, Roither Matthias 1945, Schlager Stefan 1939, Schorn Sebastian 1944". Diese Worte verharmlosen jedoch die Morde und Verbrechen von Gestapo, SS und anderen NS-Organisationen. Egger und Enzinger wurden im Rahmen der NS-Euthanasie in Hartheim

Das Kriegerdenkmal vor der Pfarrkirche in Hof bei Salzburg.
Bild: Susanne Rolinek

ermordet. Gustav Remiz (siehe Kapitel „Schloss Fuschl") und Stefan Schlager „fielen" nicht einfach, sondern wurden von der SS in den Konzentrationslagern Dachau und Mauthausen ermordet. Auch Roither, ein Landarbeiter, „fiel" nicht. Er wurde am 4. Mai 1945 von der SS erschossen, weil er kurz vor der Befreiung aktiv Widerstand leistete und gemeinsam mit Theodor Leberbauer versucht hatte, die Panzersperren der SS zu beseitigen, um der US-Armee ungehinderten Vorstoß zu ermöglichen. Auch die von der SS beabsichtigte Sprengung der Pfeiler der Nesselgrabenbrücke wollten die beiden verhindern. Dort tappten Roither und Leberbauer jedoch in eine Falle der SS. Die SS-Männer erschossen Roither sofort, Leberbauer konnte während der Exekution verletzt flüchten und versteckte sich bis zur Befreiung der Gemeinde durch die US-Armee.

Der auf der Gedenktafel am Kriegerdenkmal erwähnte Stefan Schlager wiederum, 1891 in ärmlichen Verhältnissen in Hof geboren, hatte die Ausbildung zum Gendarmen absolviert und war mit seiner ebenfalls aus Hof stammenden Frau Therese nach Bad Gastein übersiedelt. Als strikter Nazigegner und Postenkommandant der Bad Gasteiner Gendarmerie beobachtete er die politische Entwicklung während der Zeit des Austrofaschismus und den zunehmenden Naziterror mit Sorge. Gleichzeitig fühlte er sich bei seiner Arbeit gegen die immer radikaleren NS-Aktivitäten im Gasteinertal von den Behörden allein gelassen. Schlager konnte trotz aller Widrigkeiten im Jahr 1934 den illegalen Nazi und späteren Salzburger Gauleiter Anton Wintersteiger sowie weitere Bad Gasteiner Nazis verhaften.

Im März 1938, wenige Tage nach dem „Anschluss" Österreichs an Deutschland, verhaftete und misshandelte die Gestapo Stefan Schlager. Er sei „ehemaliger Marxist; eifrigster Systemanhänger; schärfster Gegner der N.S.; Tschechenstämmling und dachaureif". Im September 1939 wurde Schlager ins KZ Mauthausen deportiert. Der schwer an Ruhr Erkrankte starb dort am 4. Dezember 1939. Laut Zeugenaussagen wurde er an diesem Tag von der SS zu Tode geprügelt. Therese Schlager, die inzwischen ihre Mietwohnung in Bad Gastein verloren hatte und zurück nach Hof übersiedelt war, erreichte die Todesnachricht einen Tag später. Schlagers Witwe fuhr sofort nach Mauthausen und kam nach Aussage eines Mithäftlings von Stefan Schlager „noch rechtzeitig, um den Leichnam ihres Mannes zu sehen. Der Körper war derart abgemagert und entstellt, dass man ihn nicht mehr erkennen konnte." (sr)

Literatur:

Rudolf Ardelt: Nationalsozialismus und Krieg. Ein Lesebuch zur Geschichte Salzburgs, Salzburg 1993 (Lesebücher zur Geschichte Salzburgs, Band 2).

Hof bei Salzburg. Chronik und Heimatbuch, Hof 2023.

Johannes Hofinger: Nationalsozialismus in Salzburg. Opfer – Täter – Gegner, Innsbruck/Wien/Bozen 2016.

62 FLIEGER-DENKMAL IN ADNET

2016 besuchte der Oberbefehlshaber der Royal Air Force das kleine Denkmal in Adnet – zu Ehren der über Hitlers Domizil in Berchtesgaden abgeschossenen Besatzung. Sir Andrew Pulford (vorne mit Tarnjacke) war auch persönlicher Hubschrauberpilot von Queen Elisabeth II. Rechts von ihm Peter Schinnerl, Offizier des Österreichischen Bundesheeres und mittlerweile Militärkommandant von Salzburg. Links: Wolfgang Auer, Bürgermeister von Adnet, der vor Jahren mit den Recherchen begann und die Gedenkfeiern einfädelte.
Bild: Gerald Lehner

Reise
Kleines Monument bzw. Mahn- und Denkmal für britische Flieger-Crew beim Bauernhof von Josef Klappacher, Spumberg 20, 5421 Adnet

Gegend
Das kleine Salzburger Dorf Adnet ist seit Jahrhunderten bekannt für seinen Marmor. Das „rote Gold" war vor allem in der Hochgotik in weiten Teilen Europas berühmt. Viele Kirchen wurden mit Taufbecken aus Adneter Scheckmarmor ausgestattet. Von ehemals mehr als 40 Steinbrüchen sind immer noch einige in Betrieb. Es gibt ein großartiges Marmormuseum und Wanderungen auf einem Marmorweg mit viel Wissenswertem.

DER CRASH DES RIESIGEN LANCESTER-BOMBERS

Die Osterhornberge zwischen Wolfgangsee und Salzachtal begrenzen das Salzkammergut nach Westen gegen den zentralen Teil des Landes Salzburg. Dort stürzte in der kleinen Gemeinde Adnet am 25. April 1945 ein britisch-kanadischer Lancaster-Bomber auf die Wiese neben einem Bergbauernhof und zerschellte. Die Besatzung hatte zuvor einen Volltreffer aus Abwehrgeschützen der SS erhalten, als sie als eine von mehr als 350 Maschinen die zweite Regierungszentrale Hitlers auf dem nahen Obersalzberg in Bayern angriff.

Die Domizile des obersten Völkermörders und seiner Komplizen auf dem Obersalzberg bei Berchtesgaden wurden – knapp zwei Wochen vor Kriegsende – von einer britischen Luftflotte in Schutt und Asche gelegt. Der Geheimdienst in London vermutete fälschlicherweise, die deutsche Führung habe sich hier für den Endkampf zurückgezogen. Und auch die Befürchtung der Alliierten, die Nazis hätten eine gut ausgebaute „Alpenfestung" zur Verfügung, stellte sich als Mythos heraus.

Steuerlos, mit schwarzer Rauchfahne, in weitem Bogen und steilem Sinkflug raste die viermotorige Lancaster nach dem Treffer über die Stadt Hallein im grenznahen Österreich hinweg, ehe sie beim Adneter Ortsteil Spumberg auf einen Berghang des 1.648 Meter hohen Schlenken prallte. Pilot und Kommandant Wilfred De Marco aus Kanada war schon beim Beschuss mit Flak-Granaten gestorben – ebenso sein Navigator Norman Johnston. Auch Bordschütze Edward Norman – der an seinem Maschinengewehr im Bug kauerte – hatte die vielen Granatsplitter nicht überlebt.

Dem MG-Schützen Gordon Walker gelang noch in geringer Höhe der Absprung mit dem Fallschirm. Der öffnete sich jedoch nicht mehr voll, sodass er auf einem Berghang zu liegen kam, wo er wenig später verstarb. Mehr Glück hatten Flugingenieur Fred Cole, Funker Jack Speers und Bombenschütze Arthur Sharman. Das

Britisch-kanadische Besatzung des Lancaster-Bombers, der im Frühling 1945 auf die Bergwiese in Adnet stürzte.
Bild: Royal Air Force

Trio überlebte die Fallschirmabsprünge hoch über dem Salzachtal. Zwei waren unverletzt, Scharman brach sich ein Bein. Sie wurden nach eigenen Angaben von Einheimischen freundlich behandelt und kamen in Kriegsgefangenschaft.

Der Salzburger Isidor Rieger war 1945 ein Kind und hat den Abschuss gesehen. 2016 erzählte er uns bei einer Gedenkfeier davon: „Ganz hinten in der Staffel begann das Flugzeug zu rauchen, dann war eine riesige rote Flamme zu sehen. Die Maschine hat sich gedreht und ist steil heruntergekommen." Es gab – trotz des verbliebenen Benzins für den langen Rückflug – bei dem Crash auf der Bergwiese keine Explosion und keinen Brand. Schon wenig Tage später endete der Zweite Weltkrieg. Und die drei überlebenden Briten, die zusammen in der Stadt Salzburg inhaftiert waren, wurden von Waffenbrüdern der U.S. Army befreit.

In der Lancaster war noch sehr viel scharfe Munition für die Bordwaffen, sagen Zeitzeugen: „Ein Glück, dass den Kindern beim Stöbern damals nichts passiert ist." Auch Jugendliche und

Erwachsene aus der Region hätten sich bedient, Materialien und Wrackteile abmontiert und mitgenommen.

Bei dem Großangriff auf Hitlers Obersalzberg verloren die Alliierten nur wenige Flugzeuge – darunter dieses mit der Kennung LM756 F-Freddy. „Insgesamt waren 359 Lancaster-Langstreckenbomber und 16 Kampfflugzeuge des Typs De Havilland Mosquito beteiligt", weiß der Salzburger Historiker Wolfgang Wintersteller.

Seit Jahrzehnten recherchiert der heutige Adneter Bürgermeister Wolfgang Auer (ÖVP) zum Thema. Dabei kam er auch in den Besitz verschiedener Wrackteile. Zusammen mit dem Salzburger Militärkommandanten Peter Schinnerl vom Österreichischen Bundesheer, einem gebürtigen Adneter, initiierte Auer ab 2015 mehrere Gedenkveranstaltungen – zu Ehren der abgeschossenen Bomberbesatzung: „1945 haben große Teile der Bevölkerung diese Flieger sicher als Angreifer und Feinde gesehen. Heute muss man natürlich sagen, dass sie uns vom Nationalsozialismus befreit haben und große Anerkennung verdienen." Auer stellte Nachforschungen in britischen und kanadischen Archiven an und sprach mit Angehörigen in England und Übersee.

Am 24. April 2015 wurde bei einem internationalen Festakt an der Absturzstelle ein Denkmal aus Adneter Marmor eingeweiht – vor dem Bergbauernhof des Pferde- und Rinderzüchters Josef Klappacher, der den Grund zur Verfügung stellte. Ingenieur-Schüler der HTBL Hallein und die Kunstgießerei Schipflinger in Maishofen (Pinzgau) kümmerten sich um die künstlerische Gestaltung des kleinen Monuments. Der Österreichische Nationalfonds unterstützte das Projekt finanziell.

Ein Trompeter der britischen Luftwaffe spielte bei der Einweihung die Fanfare zum Totengedenken: „The Last Post". Rund 60 Briten und Kanadier waren neben hunderten Einheimischen und Prominenz aus der Politik anwesend. Mark Bailey, Botschafter Kanadas in Österreich, hielt eine Rede, ebenso Mike Babin, Kampfpilot und hoher Offizier der Royal Canadian Air Force. Knapp ein Jahr nach dem Festakt kam auch Sir Andrew Pulford nach Adnet, Kommandeur der Royal Air Force und persönlicher Hubschrauberpilot von

Nachkommen von getöteten Briten an der Absturzstelle des Lancaster-Bombers in Adnet bei einer Gedenkfeier im Frühling 2015. Hinten die Ostwand des Hohen Göll, Staatsgrenze von Österreich und Deutschland – wo Hitler ganz in der Nähe sein Domizil auf dem Obersalzberg hatte.

Bild: Gerald Lehner

Queen Elisabeth II. Er legte im Namen der Königin einen Kranz für die abgeschossenen Briten nieder.

Nach dem großen Gedenken wurde es in den Jahren darauf wieder stiller an diesem Ort in den Osterhornbergen. Heute motiviert das kleine Denkmal vorbeikommende Wanderer, Mountainbiker oder Skitourengeher zum Innehalten und Nachdenken. (gl)

Eine der wenigen heute noch flugfähigen Lancasters.
Bild: Royal Air Force

Literatur:

Florian M. Beierl: Geschichte des Kehlsteins. Ein Berg verändert sein Gesicht. Berchtesgaden 1994.

Roland Kaltenegger: Operation „Alpenfestung". Das letzte Geheimnis des „Dritten Reiches". München 2005.

Mel Rolfe: The Bomber Command Offensive As Seen Through the Experiences of Twenty Crews. London 2001.

Michael E. Seerwald: Hitlers Teehaus am Kehlstein. Gipfel der Macht? Geschichte in Bildern und Dokumenten. Berchtesgaden 2007.

Web:

TV-Dokumentation als Video-File & Fotos erhältlich: facebook.com/lehner.gerald

oder via E-Mail: dogman@gmx.eu

imschatten.org/salzkammergut

63 OBERSALZBERG

Hoher Göll (2.522 m) an der Grenze zwischen dem Berchtesgadener Land (Bayern) und dem Land Salzburg (Österreich). Hochplateau im Vorfeld auf bayerischer Seite, der sogenannte „Obersalzberg", wo Hitler und einige seiner höchstrangigen Komplizen ihre Domizile hatten. Bildmitte: heutiges Luxushotel Kempinski. Links Wohnbauten aus den späten 1930ern, in denen früher die SS untergebracht war. Rechts Schneereste bei einem lokalen Skilift.

Flugbild: Gerald Lehner

Reise

Dokumentation Obersalzberg, Salzbergstraße 41, 83471 Berchtesgaden

Gegend

Mit der 1877 von Mauritia Mayer begründeten Pension Moritz, die zahlreiche prominente Gäste beherbergte, wurde der Obersalzberg früh zur Wiege des Tourismus im Berchtesgadener Land. Um die Jahrhundertwende ließen sich hier auch viele bekannte Persönlichkeiten wie Carl von Linde mit Zweitwohnsitzen nieder.

1923 war Adolf Hitler erstmals hier. Später mietete er dauerhaft ein Haus und baute es nach dem Erwerb zum „Berghof", seiner repräsentativen Zweitresidenz, aus. Nahezu der ganze Ortsteil inklusive des Kehlsteins wurde ab 1933 zum Führersperrgebiet, schwer bewacht und abgeriegelt von der SS. Das Areal war in der Nachkriegszeit Teil eines Erholungszentrums der amerikanischen Armee.

KOMMANDOZENTRALE DES GLOBALISIERTEN VERBRECHENS

Berchtesgaden gehört geografisch zwar nicht direkt zum Thema dieses Buches. Wir empfehlen dennoch den Besuch der oberbayerischen Marktgemeinde wegen ihrer räumlichen Nähe zu Salzburg und zum Salzkammergut. Sie hatte einst weltpolitische Bedeutung und spielte eine Schlüsselrolle im Nationalsozialismus. Hier befand sich – neben Berlin – Hitlers globale Machtzentrale. Diese historische Bedeutung von Berchtesgaden wird in den meisten Reiseführern verschwiegen oder nicht näher erläutert.

Im August 1939 erlebte Hitlers Entourage auf dem Obersalzberg einen Freudentaumel des Diktators, der sich schon in der Endphase seiner Kriegsplanung befand. Hitler hatte über Kurzwellenfunk von seinem Außenminister Ribbentrop aus Moskau erfahren, dass Stalin sein Angebot zu einem Pakt angenommen habe. Nun hatte er freie Hand. Schon am 1. September marschierten deutsche Truppen in Polen ein, was durch den absehbaren Widerstand Großbritanniens und Frankreichs den Zweiten Weltkrieg auslöste. Ungeachtet der „Freundschaft" mit Stalin überfiel Hitler im Juni 1941 die Sowjetunion und brach hinter den Fronten den größten Massenmord der Weltgeschichte vom Zaun, dem nach britischen Schätzungen allein 18 Millionen russische Zivilisten zum Opfer fielen. Insgesamt verzeichnete die Sowjetunion 26 Millionen Kriegstote.

Am 19. November 1942, als Hitlers 6. Armee unter General Paulus bei Stalingrad von sowjetischen Verteidigern eingekesselt wurde, befand sich Hitler wie so oft nicht in Berlin. Als die Nachricht eintraf, schlief er sich auf dem Obersalzberg nach einer seiner langen Nächte an den Landkarten aus. Nachdem man ihn geweckt hatte, bekam er einen Tobsuchtsanfall auf der Terrasse seines Anwesens – angesichts der Pracht des Untersberges an der Grenze zu Salzburg. Am 22. September reiste er in seinem Sonderzug von Berchtesgaden nach Leipzig, und von dort weiter in die

Lancaster-Bomber über Hitlers Domizil auf dem Obersalzberg. Am 25. April 1945 warfen Besatzungen der Royal Air Force hier ca. 1.300 schwere Fliegerbomben ab. Danach waren auf dem Obersalzberg fast alle Häuser zerstört oder beschädigt. Abziehende SS-Wachtruppen setzten sie zudem in Brand. Das hielt weder die wenig später einrückenden US-Truppen noch die einheimische Bevölkerung von Plünderungen ab.

Bild: Royal Air Force

„Wolfsschanze" nach Polen. Hitler schob die Schuld an Stalingrad seinen Generälen zu, ahnte aber längst, dass diese Niederlage das deutsche Kriegsglück generell beenden würde. Dennoch oder gerade deswegen verwehrte er Zehntausenden deutschen und österreichischen Soldaten seiner 6. Armee die Gefangenschaft. Durch militärisch sinnlose Befehle hetzte er sie bei Stalingrad in den sicheren Tod, eine Tragödie, der bis zur Befreiung Europas vom Nationalsozialismus noch viele folgen sollten.

Kurz vor Kriegsende saß Hitler noch lebend in seinem Berliner „Führerbunker", als britische Lancaster-Bomber am 25. April 1945 den Obersalzberg mit 1.300 Bomben angriffen und das nahe Berchtesgaden verschonten. Dabei wurde neben der SS-Kaserne sein „Berghof" so schwer beschädigt, dass er später abgerissen werden musste. Hitler hatte das ursprünglich kleine Haus 1933 aus den Tantiemen für sein Buch „Mein Kampf" gekauft. Früher hatte es „Haus Wachenfeld" geheißen und der Witwe eines

Lederwarenfabrikanten aus Buxtehude gehört, die sich hier oft zur Sommerfrische aufhielt. 1928 hatte sich Hitler hier erstmals eingemietet.

Drohungen gegen Einheimische

Nachdem sich Hitler 1933 auf dem Obersalzberg niedergelassen hatte, strömten immer mehr seiner Anhänger in die Region. Von Einheimischen wurden sie als „Wallfahrer" verspottet. Wenig später ließ Hitler seinen „Berghof" großzügig ausbauen. Um das repräsentative Anwesen gruppierten sich Häuser von Martin Bormann, Hermann Göring und Albert Speer sowie ein Gästehaus, die Kaserne der SS-Bewachungsmannschaft, ein Gutshof mit Gewächshaus, ein Pferdegestüt und unterirdische Bunker. Heinrich Himmler, der gern von seinem Domizil in der Salzburger Trapp-Villa anreiste, besaß zwar kein Haus auf dem Obersalzberg, erwarb aber im nahen Schönau am Königssee für seine Zweitfamilie mit der Geliebten das „Schneewinkellehen". Dort bewahrte er Möbelstücke auf, die zum Teil aus Knochen und der gegerbten Haut von KZ-Häftlingen hergestellt waren.

Dass die Größen des Regimes hier residierten, ging auf Kosten der lokalen Bevölkerung. Zuerst hatte man den Bewohnern für Grundstücke und Häuser noch Preise über dem Marktwert angeboten. Als sich viele weigerten, kam die Mühle der Gewalt schnell in Gang. Nach massiven Drohungen verkauften die meisten oder wurden enteignet; insgesamt 57 Grundbesitzer. Der Fotograf Hans Brandner weigerte sich und protestierte bei Hitler. Einen Tag später deportierte ihn die Gestapo ins Konzentrationslager Dachau. Nach zwei Jahren Haft, die er nur knapp überstand, wurde er auf Bitten seiner Verwandtschaft entlassen und als Soldat an die Front geschickt. Brandner fiel in der Sowjetunion.

Hitler verbrachte mehrere Monate im Jahr durchgehend auf dem Obersalzberg und führte von hier aus die Regierungsgeschäfte. Hier empfing er – wie im Salzburger Schloss Kleßheim – zahlreiche Politiker und Regierungschefs: David Lloyd George, Marqués de Magaz, Arthur Neville Chamberlain, André François-Poncet, Carol II. von Rumänien, Ante Pavelić und Kurt Schuschnigg. Seine

Im Vordergrund das völlig neu gestaltete Museum „Dokumentation Obersalzberg", das die jüngere Geschichte des Ortes, der Region und Hitlers Vernichtungskrieg, den Holocaust und den Nationalsozialismus allgemein für alle Altersgruppen hervorragend darstellt. Links oben das Luxushotel Kempinski, wo früher Bauten der SS standen.
Flugbild: Gerald Lehner

Geliebte Eva Braun, inoffizielle „Hausherrin" auf dem Obersalzberg, lud oft ihre Verwandten und Freunde auf den „Berg" ein, wenn sich Hitler in Berlin, München oder im militärischen Hauptquartier „Wolfsschanze" in Polen aufhielt.

Auf Anregung von Hitlers Sekretär Martin Bormann finanzierte die NSDAP zu Hitlers 50. Geburtstag ein besonderes Geschenk. Auf dem Kehlstein über dem Obersalzberg wurde das bis heute intakte Kehlsteinhaus gebaut („Hitlers Teehaus", „Eagle's Nest"), das nicht nur wegen seiner grandiosen Aussicht mittlerweile jährlich von mehr als 500.000 Besuchern frequentiert wird. Beim Bau in den 1930er-Jahren wurden keine Zwangsarbeiter, sondern Fachkräfte aus Deutschland und Italien angeheuert. Für sie gab es in der Abgeschiedenheit der Berge sogar ein eigenes Bordell. Sie sollten nicht mit Einheimischen in Kontakt kommen und nichts ausplaudern. Hitler selbst hielt sich als gebürtiger Innviertler nur selten beim Kehlsteinhaus auf, weil er die ausgesetzte Lage im Hochgebirge nicht mochte und auch Anschläge befürchtete.

Erholungszentrum der U.S. Army bis ins Jahr 2000

Nach der Befreiung der Region durch die US-Armee und Soldaten Frankreichs gingen 1947 große Teile des Obersalzberges ins Eigentum des Staates Bayern über. Die früheren Besitzer erhielten ihre Gründe mehrheitlich nicht zurück. Die USA behielten weiter Nutzungsrechte und errichteten in den ehemaligen Wirtschaftsgebäuden von NSDAP und SS ein Erholungs- und Wintersportzentrum für ihre in Deutschland stationierten Soldaten samt deren Familien. Hier konnten auch Einheimische, Familien, Schüler und Studenten aus dem nahen Salzburg, günstig die Skilifte benutzen. Der frühere „Platterhof" mutierte bei den Amerikanern zum „Hotel General Walker". In der ehemaligen Offiziersmesse der SS befand sich eine Rock-, Jazz- und Blues-Bar. Unter Präsident Bill Clinton wurde im Jahr 2000 das Erholungszentrum der US-Armee aufgelöst, sehr zum Missfallen vieler junger Leute in der Region.

Der Freistaat Bayern genehmigte wenig später den Bau eines neuen Luxushotels, und 2005 eröffnete das „Interconti Resort Berchtesgaden", das heute das Landschaftsbild des Obersalzberges dominiert. Opfer des nationalsozialistischen Regimes protestierten – vergebens – gegen die ihrer Ansicht nach geschichtslose und zu kommerzielle Nutzung des historisch belasteten Areals. (gl)

Literatur:

Florian M. Beierl: Geschichte des Kehlsteins. Ein Berg verändert sein Gesicht. Berchtesgaden 1994.

Roland Kaltenegger: Operation „Alpenfestung". Das letzte Geheimnis des „Dritten Reiches". München 2005.

Michael E. Seerwald: Hitlers Teehaus am Kehlstein. Gipfel der Macht? Geschichte in Bildern und Dokumenten. Berchtesgaden 2007.

Web:

obersalzberg.de/
hdgoe.at/alpenfestung
imschatten.org/salzkammergut

PERSONENREGISTER